河合隼雄著作集

ユング心理学入門

1

岩波書店

序説　ユング心理学に学ぶ

人生の選択

一九五二年京都大学を卒業したときは、一生、高校の教師をする決心をしていた。しかし、高校の教師としてマンネリズムに陥り堕落するのを防ぐためには、「何らかの意味で自分自身が進歩していないと駄目だ」と言う先輩教師の忠告に従い、京都大学の大学院で心理学を学びつつ、高校の数学教師をする、という道を選んだ。数学では「進歩」するはずがないことはよくわかっていたし、心理学を学ぶことは、高校教師として必要なことだと考えたからである。

一生、高校の教師をする、というのでその道にだけ専念していたとしたら、今ごろはどうなっていただろう。はじめに意気込んでいたような、「日本一の高校教師」になり得ていただろうか。こと志とは違ったが、今自分のしていることが、「高校教師」と非常に似たことをしているという思いもある。私の書くものは高校生程度の学力があればすべて読めるはずである(もっとも学力だけでは読みにくいものも大分あるが)。そんな意味で、あんがい初志は貫徹されているかもしれない。

心理学を学びはじめてしばらくして、自分のやりたい心理学、つまり臨床心理学を学ぶためには、アメリカに行くより仕方がないと思った。日本には正直のところ指導者が居ない、と言ってよかった。

心理学を学びはじめたころ、私はどうしても心理療法やカウンセリングができなかった。自信がなかったのである。人間のために役立つことをする前に、人間を「知る」ことが大切と思われた。そこで、ロールシャッハ・テストという心理テスト(実はこれはテストではないと思うようになったが)にのめりこんだ。ロールシャッハ法に関する当時の権威であるブルーノ・クロッパーの本を、一字一句おろそかにせぬ態度で読んだが、どうしてもわからぬところがある。どうせ駄目とは思いつつ質問の手紙を書いた。驚いたことに、クロッパーから返事があって、それは自分のミスである、しかし、これまでそれを指摘した人は一人もなかった、とある。私は驚き、喜んだ。このことが私のアメリカ留学の気持を促進した。

アメリカ留学の意志を強めたことのもうひとつの要因として、一九五七年に京都大学で行われたアメリカ・セミナーがある。ミシガン大学のボーデン教授の講義は極めて明快で、しかも体験に支えられた深さをもち、私が心理療法やカウンセリングに関してもっていた、かずかずの疑問を氷解させてくれた。このころは、私も少しずつカウンセリングをはじめていた。というよりは、高校生がいろいろと相談に来るので、せざるを得なかったのである。

留学に際して、クロッパーとボーデンの両先生のどちらの方に行くかで大いに迷った。ボーデン先生には直接に接して、その偉さがよくわかっている。にもかかわらずクロッパー先生を選んだのは、やはり、見も知らぬ日本人にあれだけ率直な返事を下さった、という事実が大きく作用していたと思う。そして、自分では気がついていなかったが、この選択は、将来私がユング心理学を学ぶことにつながっていたのである。

念願がかなってフルブライト留学生として、UCLAでクロッパー先生にお会いしたときは感激も大きかった。しかし、すぐに厳しい状況に直面しなくてはならなかった。クロッパー先生は大変に忙しくて、教室で講義時間に接することができるだけなのである。下手な英語でアメリカの大学院生たちに伍して意見を述べるのは極めて難しい。このことは、私の日本的甘えを払拭するのに役立ったように思う。先生に認めてもらうためには、クラスで何とか発言するしかない。とはいっても、今日もうまくゆかなかったと感じる日の方が多かったと思う。

分析体験

クロッパー先生の講義は素晴らしかった。それは単にロールシャッハに関する講義であることを超えて、心理療法について、臨床心理学全般についての洞察に満ちていた。そのうちに、私はこのような講義ができるのも、先生の人生観がゆるぎないものとして確立しており、それはユング心理学を支えとしているものだということに気づいた。

講義が終ったときの僅かの時間に、私は前記のことを先生に言い、ユング心理学を勉強してみたいと言った。先生は今から自分は大学の書店に行くところなのでちょうどいいと言われ、書店まで一緒に行って、フリーダ・フォーダムの『ユング心理学入門』(Frieda Fordham, An Introduction to Jung's Psychology)を推薦された。私は早速読み出したが面白くてやめられない。「これだ。この心理学が私の求めていたものだ」という気持が強くした。

読んでいるうちに「分析家になろうとするものは、自らが分析を受けねばならない」という文があり、強いショックを受けた。当時はこんなこともまったく知らなかったのだ。まず、自分も受けねばと思う反面、それで自分の欠点がつぎつぎとわかったら、心理療法などしない方がいいという結論にならないか、と真剣におそれた。それでも、クロッパー先生の助手と雑談しているとき、自分が分析を受けてみるのもどうかなあ、とあいまいなことを言った。ところが数日後にクロッパー先生より電話があり、「お前は分析を受けたいそうだが」とのこと。驚いたが日本人的に「イエス、イエス」と言っているうちに、何もかもきまってしまって、先生の弟子でチューリッヒのユング研究所で資格を取って帰国してきたというシュピーゲルマン博士に分析を受けることになってしまった。

「欠点がばれるとどうしよう」というおそれはあったが、ともかく分析を受けに行った。シュピーゲルマン博士に会うとすぐ、恐れも不安もなくなり、自分の生い立ちについて熱心に話をした。「これほど話のわかる人が居るのか」というのが実感であった。欠点がどうのこうのというよりは、私という「人間」をそのまま深く受けいれてくれる人がいる、という感じであった。

しかし、分析は主として「夢分析」であると聞いたときには驚いてしまった。「夢のような非科学的なことは信用できない」と私はすぐに言った。日本人の非合理性、あいまいさなどが大嫌いで、西洋の合理主義、明快さが好きでそれを学びとるためにアメリカに来たのだ。そこで「夢」など持ち出されるとたまったものではない。博士は私の言うことを聞くと、「しかし、夢分析を経験したこともなく、それを非科学的というのこそ非科学的ではないか。ともかく少しやってみてから判断してみてはどうか」と言った。これには私も参ってしまった。

つぎの分析の日までに私はまったく思ってもみなかった不思議な夢を見た。それはまるでひとつの物語のようでそれ自身面白かったが、意味はまったくわからなかった。しかし、分析家に報告し、内容について連想を重ねてゆくと、連想のときに自分の語る言葉が鍵となって、夢の様相が変化し自分の重要な問題点と重なり合ってくる。ジグソーパズルの駒がピタリピタリと収まって、絵が浮かびあがってくるようであった。初回夢(initial dream)というのは、うまくゆくと、このように本人の過去から未来にかけての展望を示すような性質をもつが、私は典型的な初回夢の経験をしたようである。博士が「お前は東洋と西洋の間にたって、実に貴重な貢献をすることになるだろう」と言ったのを、今もよく覚えている。

このような経験を重ねつつも、私の「科学主義」はなかなかひるまず、「ユング心理学の非合理性」についての攻撃を続けた。分析の時間はしばしば討論の時間となった。今からふり返って、シュピーゲルマン博士に感謝するのは、私のしぶとい抗議を嫌がらず、すべて受けて立って正面から話合ってくれたことである。あるとき彼は、「お前のものごとを疑う力の強さは大変貴重なものだから、一生無くさずに、あらゆることを疑い続けるといい」と言ってくれた。この助言は今もなお生きているようである。

クロッパー、シュピーゲルマン両先生の推薦を受けて、私はスイスのユング研究所に留学することになった。一年半もアメリカに留学したのだから「十分に箔がついている。そこで、スイスに三年も行くと出世の機会を失う」と熱心に忠告して下さる人もあった(当時の留学はこのような感覚でなされていた)。しかし、私はここでもっと徹底して道を窮めないと、ほんとうに他人のために心理療法ができるほどにはなれないことをよく知っていた。まだまだ未熟であった。

スイスでは、マイヤー先生とフレイ先生と男女二人の分析家についた。二人の分析家につくことは一長一短だが、「自我の強化に役立つ」とフレイ先生に言われたことがある。西洋人に比して私の自我をもっと強化すべきだと思われたことは、今から思うとよく了解できる。スイスでは私の分析体験は一段と深くなり、浅薄な科学論争をする必要はなかった。ただ、ユング派の分析家のなかに合理的思考力の弱い人が居る事実は、見逃すことができなかった。幸いにも私の分析家は二人共そんなタイプではなかった。

学問と人間

ユング研究所で学び、分析体験を重ねながら明確にわかってきたことは、ユング心理学においては学問と人間とが切り離せない、ということであった。そして、この点が、私がユング心理学に惹かれていった大きい要因のひとつであると思う。ユングの心理学はユングという人と切り離して語ることができない。この著作集の第一巻に、『ユングの生涯』を入れたことは、故なしとしない。

『無意識の発見』という名著を書いたエレンベルガーは、深層心理学の場合、その理論と理論の創案者の人間の在り方は不可分であるという立場をとり、そのような姿勢でこの書物を書いている。そして、フロイトやユングの理論の生まれてくる中核に、彼の言う「創造の病い」(creative illness)を置いているのは、まさに卓見と言うべきである。

ユングの創造の病いの体験については本文を見ていただきたい。精神病圏のレベルに達する深い無意識の作用を受けながら、それを克服する努力をするなかで、彼の普遍的無意識や元型の理論が生まれ、彼自身の神話やマンダラが見出されてゆく。そのなかで、彼の心理学の理論が徐々に形成されてきたのである。

ユングが自分の独自性を打ち立ててゆく際に、先達としてのフロイトとアドラーのことを考え、両者のどちらが正しいかを判定するのではなく、人間のタイプの相違ということを考えついたのは注目すべきことである。外向—内向ということだけではなく、それと四つの心理機能と組み合わせることを考えたわけであるが、私はユングのタイプ論が好きで、これによっていろいろと考えたものである。

分析を受けはじめたころは、自分自身のタイプを内向的思考型と思っていた。そして、その線に沿って自分のことを分析していたが、次第に内向的直観型と思うようになった。ユング派の分析家に、これは一番多いタイプであると思われる。ユングもそうであったろうと思う。一般に「直観」というものは、あまり評判がよくない。私自身も自分のせっかくの直観を根拠のないこととして斥け、失敗をしたことがあったが、今では自分の直観に相当の信頼をおいている。ユングのタイプ論は、今後まだまだ新しいことを発見してゆく余地のあることと、私は思っている。

タイプ論にも見られることだが、二つの対立する考え方や立場などのどちらが正しいかを断定せず、両者の補償作用によるダイナミズムに注目し、常に全体的（ホーリスティック）にものごとを見ようとするのが、ユングの考えの特徴であり、それはまた彼の人間性の在り方を反映している。ユングという人は一筋縄でとらえられない、普通では両立し難いようなものを多く内在させて生きていた人らしい。

ユング研究所留学中は、ユングの直接の弟子に接したので、ユングは今も生きているのかと思うほど、ユングという人の魅力について生き生きとした話を聞くことができた。ユングと同一化しているような人が多いなかで、私の分析家のマイヤー先生のみは、ユングとの適切な距離をもって語る感じがあって、嬉しく思った。同一化がひどい人の話を聞くと、どうしても私の生来の懐疑癖が頭をもちあげてくるのである。一九六二年にスイスに留学したのだが、ユングはその一年前に死亡し、私は直接には会ったことはない。残念と言えば残念だが、これも運命というものだろう。

もしユングに直接会ってみれば、あれほどの人物だから私も強い同一化の傾向をもち、それ以後の私の人生の展開も少しは変っていたことだろう。はじめに述べたように、私がユング派の分析家になったきっかけは、いろいろと偶然の重なりとも言えるし、全体としてみると大きい必然の動きとも言うことができる。私がユングに会い損なった事実も、そのなかのひとつに考えていいであろう。

『ユングの生涯』を書く上で、ユングの高弟の一人、フォン・フランツ女史にユングについていろいろと話を伺った。それにしてもユングの凄い『自伝』もあるし、ユングについての本も多いのでいまさら私が書かなくとも、と言いかけると、「そんなことはない。日本人のために日本人のあなたが書くべきです」と強く言われ、書くことを励まされたことを思い出す。その言葉を念頭に置きながら、『ユングの生涯』を書いたが、果してそれだけのことが出来たかどうか。

ユング心理学の特徴

ユング心理学は、その人の生き方と心理学が重なってしまうので、ユングのことを述べているうちに自分自身のことが入りこんできたりして記述がおかしくなってしまう。しかし、これも致し方のないことである。一人一人が「自分の」ユング心理学を構築すればいいとさえ言うことができる。ユング心理学の根本は「個性化」(individuation)ということだから、ユングの言うとおりに従おうとする人はユング派ではない、と言えるわけだ。ユング心理学の特徴の最大のこと——と私は思っている——は、堅固な体系を真理として提示することではなく、人間の心、ひいては生き方に対する根本姿勢を問うていることである。簡単に言ってしまえば、人間をその意識することだけではなく、可能な限りその全存在を尊重し、そこに生じてくることを可能な限り受けいれようとすること、と言えるだろう。

フロイトが父親との関係にこだわらざるを得なかったように、ユングはその母親という存在に強い関係を感じていたようだ。そんなことから直接的に導き出せることではないが、西洋の近代における極端な父性原理の強調のなかで、ユングは珍しく母性原理の意義について考えた人である。先に述べた「全体性」や「全存在」などということも、これに関係してくる。

父性原理は「切断」の機能をもつ。西洋近代に強調された父性原理によって、近代科学や個人主義が生まれてきた。そこにおいては、他から自立した「自我の確立」が極めて大切な目標となった。自我＝意識の強調に対してフロイトが無意識の重要性を提起したことは革命的と言ってもいいことだが、彼はその無意識をいかにして自我のコントロール内に置くかを熱心に考えた。彼の心理学は従って、父性原理のもとに築かれてゆく。

ユングは母性原理にも注目し、自我を超えて人間を全体として見ようとした。というよりも、彼自らが体験した幻覚などは容易に自我によってコントロールできるものではなく、心を全体として扱わざるを得なかったというのが妥当であろう。そこで彼が重視せざるを得なくなったのが、イメージである。ユングの重視するイメージについては、本文の「心像と象徴」のところを読んでいただくとよくわかるだろう。

本文にもユングの「理念の特徴が、その明確さにあるとすれば、原始心像の特徴はその生命力にある」という言葉を引用しているが、人間の心を全体的にとらえようとすると、イメージによることになり、それは生き生きと語ることができるにしろ、明確さに欠けることになってくる。前述したように分析家のシュピーゲルマン博士と「論争」したときに、ユング派の人には「うさんくさい人」が多いと言ったことがある。現在でも、ユング派は「うさんくさい」ので嫌と思っている人は多いことだろう。人間存在というものがそもそもうさんくさいので、これはある程度致し方ない、と私は思っている。その「ある程度」がどのくらいか、自分のうさんくささをどの程度自覚しているかが大切なことだ、と今は考えている。

ユング心理学の特徴のひとつに、事象を継時的に見て因果関係を知ろうとするだけではなく、共時的に見て全体的な布置（コンステレーション）を読みとろうとするところがある（『入門』では、ユングの言う synchronicity を「同時性」と訳しているが、その後は「共時性」という訳にしている）。共時性についてアメリカ留学中に知ったとき、これはユング心理学というだけではなく、今後の科学を考えてゆく上で極めて重要なことと思った。ただ、この考えは誤解を招いたり無用な攻撃にさらされたりすることも多いので、『入門』においては軽く触れる程度にしている。その後、一般にもある程度受けいれられるようになって私の考えも発表するようにした(本著作集第十一巻、十二巻に収録されている)。

フロイトが人間の心の発達を性心理学的に見て、成人に至るまでの発達段階を設定したことは周知のとおりである。ユングはむしろ、人生の中年以後の方に焦点をあて、死をも射程に入れた心理学を構築しようとした。幼いときから「死」について考え続けてきた私にとって、こんな点でもユング心理学は魅力があった。従って、ユング心理学は宗教との関連性が強くなってくる。この点も非常に重要であるが、『入門』では自分の力量の限界を考え、あまり触れなかった。この点についても時と共に徐々に論じることになった。

ユングの心理学を深く理解しようとすると、キリスト教ということの重みを痛感させられる。キリスト教がほんとうに自分の身についていないと、ユングの言うとおりの彼の説を理解するのは極めて困難に感じられる。キリスト教徒ではない私は、そのような厚い壁の存在を実感することが多かった。はじめに述べたようにユングの心理学は、その人の生きる在り様と心理学を簡単には切り離せないからである。これも既に述べたように、ユングの心理学を人間の生き方の根本姿勢を問うもの、と考えることによって、私は「ユング派」であると思っているし、「私なりの理解」によって「ユング心理学」を語っていると思っている。これも致し方のないことである。

最後に、ユングが非常に重要と考えた「自己」について少し述べておく。キリスト教徒ではない日本人がユングの説を好きになるとき、ユングの「自己」の考えに強力な接点を感じるようである。私自身もそうであったし、『入門』にはそのようなニュアンスを感じさせる記述もある。しかし、その後の長い経験のなかで、「自己」に対する精密な検討が必要と感じはじめた。この点に関しては、本著作集第十一巻所収の論文に相当に論じているが、その巻の「序説」において、ユングの「自己」についてあらたに論じてみたいと思っている。

河合隼雄著作集第1巻　ユング心理学入門　目次

序説　ユング心理学に学ぶ

I

ユング心理学入門……3
第一章　タイプ……4
第二章　コンプレックス……30
第三章　個人的無意識と普遍的無意識……54
第四章　心像と象徴……78
第五章　夢分析……105
第六章　アニマ・アニムス……156
第七章　自己……181

II

ユングの生涯……209

第一章　はじめに……210
第二章　地下の世界……221
第三章　もう一人の私……230
第四章　精神科医として……244
第五章　フロイト……258
第六章　無意識との対決……276
第七章　ユングと曼荼羅……289
第八章　分析心理学の確立……305
第九章　発展と深化……321
第十章　ユングにおける東洋と西洋……334
第十一章　晩　年……344
第十二章　エピローグ――ユングの死をめぐって――……354

解　題……363
初出一覧……366

I

ユング心理学入門

第一章　タイプ

一九〇七年フロイトと初めて会ったユングは、彼の協調者としての道を歩むが、早くも一九一二年、彼の発表した『リビドーの変遷と象徴』において、両者の相違は明らかとなり訣別する。フロイトと別れたユングは自分の道を求めて苦闘するが、その後最初に発行された本が、人間のタイプについて述べたものである。[1] これはユング自身が語っているように、彼の進む道がいかにフロイトやアドラーと異なっているかを位置づけようと努力した結果、生じてきたものである。[2] ユングはフロイトとアドラーの相違は、彼らの事象に対する基本的態度の相違であると考え、そのような異なるタイプについて記述しようと試みた。これは事象に対する個人の意識的な態度を取り上げている点で、ユングが後に、無意識内の心的過程を明らかにすることに力を注いだのに対して、重要な意味をもっている。無意識の心的内容の問題を取り上げる前に、このように個人の意識的態度について考慮せねばならぬことを、これは示唆している。ユングは、このような意識的態度を問題としつつ、つねに無意識の補償作用(compensation)について考慮を払っており、この両者の相補性と、心の全体性への強い関心は、彼の生涯をかけて研究しようとした自己(self)の考えを明らかに内蔵していて、彼のタイプに関するこの著作の重要性を示している。

ユングの用いた内向(introvert)・外向(extravert)の言葉は、誰知らぬものがないほど有名であるが、彼の本来の考えはあまり理解されていないようにも思われる。次に彼の考えに従ってタイプの問題を述べてゆこう。

1 人間の類型

人間の性格や気質を考え、そのなかに類型を見いだそうとすることは、遠くヒポクラテスの気質論から、現在のクレッチマー(E. Kretschmer, 1888-1964)やシェルドン(W. H. Sheldon, 1898-1977)に至るまで数多くの試みがある。しかし、類型論による人格研究については、多くの批判や混乱が存在しているので、ユングの考えを述べる前に、この点について考えている点を述べてみたい。

まず、タイプを分けることは、ある個人の人格に接近するための方向づけを与える座標軸の設定であり、個人を分類するための分類箱を設定するものではないことを強調したい。類型論の本を初めて読んだようなひとがおかしやすい誤りは、後者のような考えにとらわれてしまって、すぐに人間をA型とかB型とかにきめつけてしまうことである。こうなると個々の人間は分類箱にピンでとめられた昆虫の標本のように動きを失ってしまって、少なくともわれわれ心理療法家にとっては役立たないものとなってしまう。実際、完全に内向とか、完全に外向とかいったひとは、(少なくとも正常者においては)考えることができない。類型学を一つの座標軸と考えると、むしろ軸上に存在したり、ずっと静止していたりするひとはまれであり、軸からのずれや、軸を一つの基点としてその動きを追跡することによって、個人の特性をみてみようとするものであって、この点はるかに実際的である。また、この軸の設定法が、ユング、クレッチマー、あるいはシェルドンによって少しずつ違い、ある個人を記述する場合、どれかの座標が他のものよりも都合がよいという場合もあるわけである。

次に、人間の基本的態度(basic attitude)と外的に観察しうる行動(observable behavior)との関係の問題について考えてみたい。この両者の関係の複雑さのために、類型学において多くの混乱が生じていると思われるからである。すなわち、多くの類型学者、とくにヨーロッパにおけるひとびとが、人間の基本的態度のほうに、意識的・無意識的に強調点をおこうとしたのに対して、今世紀における客観主義の強調と相まって、とくにアメリカでは、観察しうる行動に重点をおこうとする研究が多くなってきた。しかし、この基本的態度は外的行動と必ずしも一対一に対応していないという複雑な問題を有している。たとえば、内向的態度のひとは必ずひとづき合いが悪いとか、行動的でないとか、簡単に行動におきかえていうことができないのである。といっても、基本的態度を説明するには、結局何らかの観察しうる行動を記述する言葉を用いねばならぬという困難がつきまとう。このため基本的態度を説明する言葉を全体として一つの布置を示すものとしてみず、一つ一つの言葉を切り離してみるようなことをすると、一つのタイプを記述する言葉のなかに、矛盾するようなものを見出したり、異なるタイプの間に同じような記述の言葉を探し出したりすることができる。

これは、硬い行動主義の観点からすると不可解に思われようが、このようなことが起こるのも、さきに述べたような基本的態度と外的な行動のずれから生じてくる結果でいかんともしがたい。類型学、あるいは性格学におけるヨーロッパとアメリカの相違はまた、ロールシャッハ(H. Rorschach, 1884-1922)がそのテストにおいて中心概念として取り上げた経験型の考えが、アメリカでほとんどかえりみられなくなった事実にも認められる。あるいはユングの内向—外向の考えをもとにしているように見えながら、質問紙法(いわゆる向性検査)によって測定される向性は、ユングのそれと似て非なるものとなっていることも、前述の点に大いに関連している。この点、われわれは人格の類別について考えるとき、それが前述した二つの観点のどちらに強調点がおかれているかに注意すべきであると思われる。

次に、なお類型論を混乱させる大きい要因としては、ユングがつとに指摘している人間の心の相補性の問題が取り上げられねばならない。すなわち、人間の心自身に、そのタイプの一面性を補償しようとの傾向が内在しているため、そのひとの行動の皮相的な観察や、本人の主観的判断にのみ頼るときは、問題をますます混乱させてしまうと考えられる。思慮深いと思われるひとが急に感情を爆発させたり、ひっこみ思案と皆が思っているひとが、多人数の前で平気で歌をうたってみたりする例は、探し出すのに苦労しない。これらを、単純に目立った行動のみで判断してゆくのはむずかしいことである。

実際、外的行動のみで簡単に判断しがたいような基本的態度を問題にする必要はないように思えるが、心理療法に従事するものにとっては、むしろこのほうが有用性が高いのである。それは、このような基本的態度を問題にしようとする場合、こちらの主体性を関与させてゆき、外的行動よりも深いレベルまで視野を広げようとの態度が必要となり、これは客観科学的よりもむしろ現象学的な接近法へと近づいてくるためである。このことは、ヨーロッパ流の類型学がアメリカの実験心理学者(したがって日本の心理学者)に不評判であるにもかかわらず、実際生きた人間にあたっている精神科医や、心理療法家に、すてがたい魅力を感じさせる理由の一つであると思われる。アメリカにおいても、実際の臨床家であるマンロー(R. Munroe, 1903-)は、その精神分析諸学派についての大著において、ユングを紹介したなかで、アメリカの学生も、もう少しユングの本を読んでくれると、テスト結果をすぐに行動的な特徴に直接結びつけたりせずに、基本的な傾向(underlying trends)を感じとらせることに、これほど自分も苦労しなくてもすむのだがと嘆いている。[3] そして彼女も、この人間の基本的傾向と観察しうる行動のずれを指摘し、ロールシャッハ・テストによって明らかにされるのは、むしろ前者のほうであることを強調している。[4]

以上のように述べてきたが、もちろん、このように把握された態度と行動が無関係であるという気持はない。そして、実際には、基本的態度としてユングの考えた内向―外向の概念が、toughminded（硬い心）型の心理学者の驍将アイゼンク（H. J. Eysenck, 1916- ）によって承認されている事実[5]は、真に注目に値する。

今まで述べてきた点を考慮にいれながら、ユングの類型学をみてゆきたいと思う。

2 一般的態度、内向―外向

フロイトとアドラーの相違を、ユングは両者の基本的態度の相違によるものと考えた。すなわち、フロイトは人間の行動を規定する要因として、その個人の外界における人間や事件を考えるのに対して、アドラーでは、そのひとの内的な因子、つまり権力への意志を重要視している。このように、同じ事象をみても、それに対する態度が異なると、考え方も、見方も変わってくる点に注目して、人間には異なる二つの一般的態度があるとユングは考えた。つまり、あるひとの関心や興味が外界の事物やひとに向けられ、それらとの関係や依存によって特徴づけられているとき、それを外向的と呼び、この逆に、そのひとの関心が内界の主観的要因に重きをおいているときは、内向的といい、両者を区別した。ユングの言葉を借りると、次のとおりである。[6]

世のなかには、ある場合に反応する際に、口には出さないけれど「否」といっているかのように、まず少し身を引いて、そのあとでようやく反応するような一群のひとびとがあり、また、同じ場面において、自分の行動は明らかに正しいと確信しきって見え、ただちに進み出て反応してゆくような群に属するひとびとがある。前者は、それゆえ、客体とのある種の消極的な関係によって、また、後者は客体との積極的な関係によって特徴づけられている。……前者は内向的態度に対応し、後者は外向的態度に対応している。

新しい場面に入るときの行動によって、両者の相違が特徴的に出てくる。こういった場合、外向型のひとはつねに適当に行動できるのに対し、内向型のひとはどこか、ぎごちない感じがつきまとう。外向型のひとは、それほど深く考えないのに、適当に話しかけ、適当に黙り、まるでその場面に前からずっといたかのように、全体の中にとけ込んでふるまうことができる。内向型のひとは、当惑を感じ、こんなことをいっては笑われるかもしれぬと思って黙り、ときには、「こんなときは、にぎやかにしなければならない」などという考えにとらわれて、馬鹿げた行為をしてしまって、あとで一人後悔してみたりする。このように外向型のひとが、新しい場面において能力を発揮できるのに対して、内向型のひとは、自分にとって気の合った、親しい環境のなかで、その能力を発揮できる。新しい場面では、無能力者のように見えたひとが、だんだんと場面に慣れるにしたがって、徐々にその能力を示してきて、他のひとを驚かすほどの深さを示すような例を、われわれは思い浮かべることができる。

外向的なひとは一般に、子どものときに得をすることが多い。幼稚園や小学校などの新しい環境にすぐ適応し、先生や大人たちの考えを感じとって行動し、不安をあまり感じないで、新しい場面に積極的に働きかけてゆく。もっとも、外向性があまりにきついときは、外界に対する興味の度合いがすぎて、危険なことをしたり、動きすぎたりして、おとなしい子どもの好きな先生には、目ざわりになるときもある。これに対して、内向的な子どもは、幼稚園や小学校の低学年で困難を感じることが多い。彼らは友人をつくりにくく、先生にもなじみにくい。

ゆたかな才能をもっていても、それを伸び伸びと出すことができず、それはときに、変なものとさえ見られやすい。このために、内向的な子どもは先生や親の心配の種になるが、これは実のところ、別に何も心配すべきことではない。むしろ、このときに大人たちがその性格を矯正しようと努めたり、異常であるときめつけたりすることによって、発達の過程を歪められる場合が多いように思われる。このような外界の圧力にもかかわらず内向的で才能のあるひとは、徐々に自分の世界を広げて立ち上がってくるが、その世界はやはり偏ったものとなっていて、深い知識をもっていながら、その偏りのために自分をも他人をも悩ましているひともある。外界の圧力に抗して、偉くなってから、他人をいじめ、世間を攻撃することによって、昔、自分が外界から受けた傷の仕返しをしているようなひともないではない。ともかく、教師が内向的な子どもを、それも一つの正常な人間のあり方として受けとめて、長い目で育ててゆくことは、このような偏りをなくするため非常に大切なことと思う。

外向的なひとは、一般的にいって社交的で、多くのことに興味をもち、交友関係も広い。その適当な考えと行動は、多くのひとがスムースに関係をもち、実務を遂行してゆくための大きい基礎となっている。しかし、外向的なひとの考えは、とかく皮相的になることも多く、月並なことになりがちである。他のひととのつながりを背景として、適当に自信をもって行動しているが、ときどきは少しの外的障害につまずいて、もろさを示すこともある。この点、内向的なひとが過度に自己批判的で、自信なさそうに見えながら、いったん思いこむと少々の障害にはたじろがない態度をとるのと好対照をなしている。内向的なひとは、親しい自分の領域以外では、とかく客体との関係がスムースにゆかない点に特徴がある。なかには、自分自身の内的な充足にのみ心がけ、それを外部に伝えることに無関心になっているようなひとさえある。

これら二つの一般的態度は、もちろん完全なかたちでは存在せず、普通は、これら両方の態度を共に持ち合わせている。しかし、大体はどちらかの態度が習慣的に現われ、片方は、そのかげに隠れている場合が多い。このため、ある一人のひとを、外向型とか内向型とか、類別することも可能になってくる。この二つの型は、生まれつきの個人的素質に帰せられると、ユングは考えた。その証拠として、この両者が社会的階層の差や性差などに無関係に生じること、このような傾向が非常に小さいときから認められること、および、その個人の素質による態度を逆転させると、はなはだしい疲労現象が現われ心の健康が害されること、の諸事実をあげている。ユングの説に全面的に賛成するかどうかはともかくとして、最後にあげた点は注目すべきであると思う。実際、神経症の患者のなかに、その環境の強い圧力によって、自分の根本的態度を歪めているためと考えられる事例が、ときに見受けられるからである。外向型の両親に育てられた内向型の子どもとか、内向型の両親のもとに生まれた外向型の子どもなどが、両親の態度を取り入れようとして苦労し、ある程度は成功しながら、結局は、どこかで障害が生じてくるような例や、内向の国日本から、外向の国アメリカに渡った留学生が、一所懸命にアメリカの生き方に順応するように努力し、外的には成功しながら、神経症的な症状に悩んでいる例などをあげることができる。

環境の圧力について述べたが、これに関連して、一つの集団(家庭、社会、時代精神等)が、どちらか一方の態度に高い価値判断をおく傾向のあることを指摘しなければならない。たとえば、ユングも指摘するごとく、西洋においては、むしろ外向的態度を好み、これを社交性に富むとか、適応がよいとかの肯定的な言葉を用いて叙述するが、内向的態度は、自己中心的、むしろ病的であるとさえ考えられる。これは、ヴァイニンガー(O. Weininger, 1880-1903)が、その性格論のなかで、内向的性格に注目しながら、それを自己性愛的とか、自我中心的と呼んだことや(7)、フロイトにとっては、内向的とは自閉的と同じような意味をもち、病的なものと考えられていたことにも表わされている。実際、アメリカにおいては、introvert(内向的)という言葉は、一般には変人、不適応者という意味を含んだ感じで受け取られるほどである。これらに対して、東洋では、少なくとも近世までは、内向的態度が高く評価されてきた。かくて、東洋はその内的な豊かさと、物質的貧困とを享受することになったが、近年に至って西洋の文明の進歩に魅せられるあまり、少なくとも日本においては、外向的態度を高く評価する考えのほうが強くなってきたともいえる。もちろん、これは西洋と比較した場合、伝統的な内向性に対する反作用としての不必要な外向性の強調となったり、内向性の基礎の上にのせられた薄い外向のメッキとして、浅薄なものとなったりはしているが、ともかく、このように世界の全体的傾向として、外向的態度を重要視する事実が認められるのに対して、ユングの心理学は一つの反旗をひるがえしたものとも考えられ、また、それゆえにこそ、心理療法に有効な意義をもっているとも思われる。

次に、内向・外向の態度がつねに一面的な行動によって貫かれているとは限らないことを指摘したい。たとえば、ふだんは大きい声で返事もできぬほど控え目なひとが、満座のなかでカッポレを踊ったり、いつもはにぎやかにパーティの気分を盛り上げるひとが、わけもなく急に沈み込んでしまったりする例を、われわれはしばしば経験する。このことを説明するため、ユングは意識の態度に対して、無意識の態度を考え、この両者は補償的関係にあるものと考えた。すなわち、意識の態度が一般に外(内)向的なひとは、その無意識の態度が内(外)向的で、もし意識の態度が強調されすぎると、後者がそれに対して補償的に働くのである。そして意識の態度の一面性があまりに強いときは、無意識の態度は、ときに意識の制御を破って病的な性格をもって出現することが認められる。実際、このような観点から、ユングは外向型のひとの神経症にヒステリーが、内向型のひとに精神衰弱症(psychasthenia)が多くみられることを説明している。

すなわち、ヒステリーは外向型のひとの特徴として、他人の注意を自分にひきつけ、他人に強い印象を与えようとの自己顕示性の傾向や、外界からの影響を受けやすいという点で、被暗示性が高い点が認められる。また話し好きで、他人に気に入られたいために、ありもしないことを喋ることもある。しかし、この外向的な一面性に対する反作用として、肉体的な障害という手段を用いて、外へ向きすぎた心的エネルギーを無理に内に向けようとする無意識の側からの動きが生じ、その症状は複雑化する。そして、内向的な性格を帯びた空想活動が盛んとなったり、まったく他を顧慮しない自己中心的な態度をとったりするようになる。

また一方、内向型のひとの神経症として精神衰弱症があげられる。これは、内向型のひとが客体との関係を努めて断ち切り、客体の価値を低く見ようとすればするほど、その無意識の態度は客体のとりことなってしまう。その内的な相克の戦いのために、自らを消耗してしまうのである。一般のひとが求める名声や地位などをまったく無視して、自分はそれなどに無関係に優位であると確信していながら、その無意識の心の動きは、無視したはずの名声や地位を求め、そのひとは不愉快な興奮を経験することになる。そして、このひとは外的には別に何も行動しないのに、その内部の戦いで神経症になってしまう。この病気の特徴は、一面における神経の異常な敏感さと、他方、非常な疲れやすさによる、鈍感とさえ思われるような動きのなさとして現われる。

今まで述べた点から考えると、個人の行動が意識的な態度の表われか、無意識的な態度のそれかを区別せずに取り上げる場合は、その個人のタイプを決定することが非常にむずかしいことがわかる。そして、これには観察者自身の型もからみ合っていて、この点について、ユングは次のように述べている(8)。

一般的にいって、判断に頼る観察者は意識的な性格を把握しやすく、知覚的な観察者は無意識的性格のほうによりよく影響されるだろう。つまり、判断は主として、心的過程の意識的な動機のほうに関心を持つのに対し、知覚はたんなる現象を記録するものだからである。

結局、無意識の態度による行動は、どこか偶発的で無制御であり、幼児的であったり、ときに異常な、あるいは病的な感じがしたりするので、このことによって、意識の態度による行動と区別することができ、これら両者の行動を区別してはじめて、あるひとの型が判定できるわけである。

3　四つの心理機能

今まで述べてきた二つの一般的態度とは別に、各個人はおのおの最も得意とする心理機能をもっているとユングは考えた。心理機能とは、種々異なった条件のもとにおいても、原則的には不変な、心の活動形式であって、ユングはこれを四つの根本機能、すなわち、思考(thinking)、感情(feeling)、感覚(sensation)、直観(intuition)に区別して考えた。たとえば、一つの灰皿を見ても、これが瀬戸物という部類に属すること、そして、その属性のわれやすさなどについて考える思考機能、その灰皿が感じがいいとか悪いとかを決める感情機能、その灰皿の形や色などを的確に把握する感覚機能、あるいは灰皿を見たとたん、幾何の円に関する問題の解答を思いつくような、そのものの属性を超えた可能性をもたらす直観機能、これらはおのおの独立の機能であって、ある個人が、これらのうちのどれかに頼ることが多い場合、それぞれ、思考型とか感情型とかであると考える。これに前節に述べた態度が結びつくので、内向的思考型、外向的思考型というようにして、八つの基本類型が出来上がる。そして、一般には、これらの基本類型の中間に属するひとも多いわけである。

これら四つの機能のうち、図1にも示したように、思考と感情、感覚と直観とは対立関係にある。つまり、思考機能の発達しているひとは感情機能が未発達であり、逆に感情機能が発達しているひとは思考機能が発達していないという関係にある。これは感覚と直観についても同様である。実際、思考力が高いひとが、一つの絵画を前にして、その好き嫌いや感じを表明するよりも、まず「わからない」と考えこんでしまう例や、誰かと話をしていて、その会話から直観的に素晴らしいことを思いついたひとが、その相手の服装や、場所、はなはだしいときは相手の名前まで覚えていないなどという例を、しばしば経験する。このようにある個人が主として依存している心理機能を主機能(main function)、その対立機能を劣等機能(inferior function)という。ここで、劣等機能とは未分化なものをさすのであって、弱いものをいうのでないことに注意すべきである。むしろ劣等機能は未分化ではあるが強いとさえいいうる。たとえば、すべてを知的に考え、感情をまじえずに事を処理してゆくことを得意とする思考型のひとが、何かつまらぬ美談に感激してしまって涙を流したり、皆が驚くような浪花節的な同情を示したりするとき、これはたしかに強くはあるが、未分化な反応というべきである。これは未分化な劣等機能が突然に、制御をこえて現われたと考えられる。実際、劣等機能というものは、ときどき、われわれの制御をこえて働き、われわれを驚かし、おびやかすものである。これらの関係については次節において、詳しく述べる。

感覚と直観は、まず何かを自分の内に取り入れる機能であるのに対し、

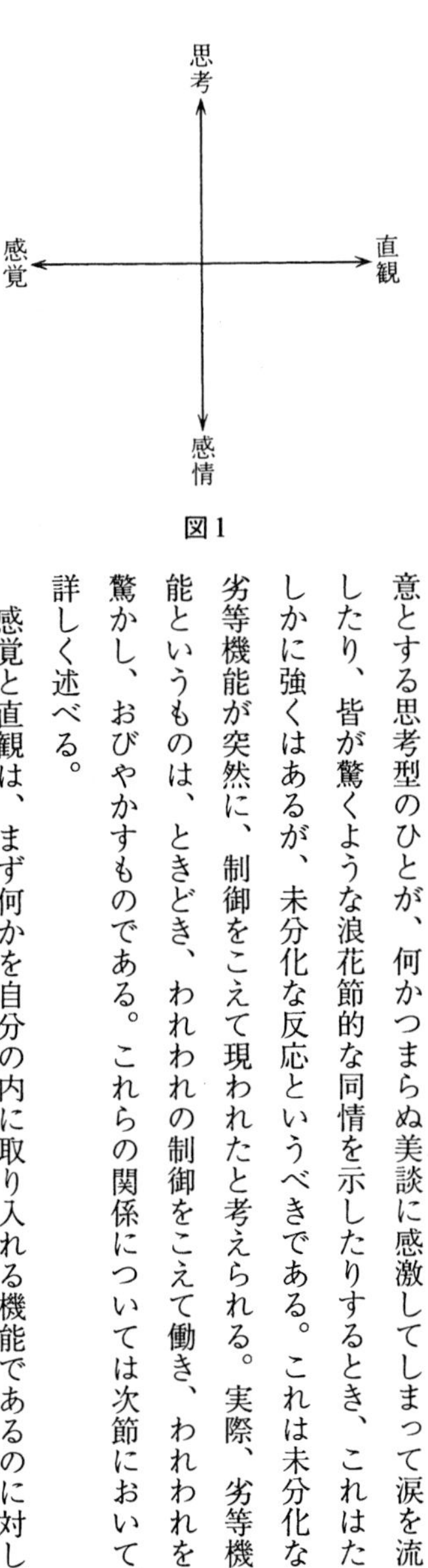

図1

思考と感情は、それらを基にして何らかの判断をくだす機能であるとも考えられる。事物の色や形、あるいは何かの思いつきは、まったく文句なしに存在するが、思考や感情は、それについて概念規定を与えたり、良し悪しを判定したりする。この点から考えて、ユングは思考と感情を合理機能(rational function)、感覚と直観を非合理機能(irrational function)とも呼んでいる。この場合、非合理とは理性に反しているという意味ではなく、理性の枠外にあるという意味である。直観と感覚は、現われてくるかぎりの事象を、ともかくそのまま知覚することを本領としており、それに方向づけを与えたり、法則に照らし合わせて取り上げることをしないということである。ここで、感情を合理機能と考えるのは不思議に思われようが、ユングのいう感情機能は、あとにも述べるように、好き嫌い、美醜の判断の機能をさしており、これらの判断はある個人にとって、一つの体系なり、方向づけをもっている。このような意味において、これを思考と共に合理機能と呼んでいる。実際、思考型や感情型のひとは、自分の思考体系や、感情の体系を強くもちすぎているために、現実をそのまま認識できなかったり、困難を感じたりする。このひとたちの発する典型的な質問は、「どうして、そんなことをうまく思いついたのか」とか「そんな馬鹿げたことがどうして起こりうるか」とかである。そして、直観型のひとや感覚型のひとの答は簡単である。「ともかく思いついたのだから」、「ともかく起こったのだから」しかたないのである。いくら非合理であると嘆いても、現実はともかくそうなのだから(just so!)しかたないことを、思考型や感情型のひとはときに忘れてしまうのである。これで、一応全般的な説明を切り上げて、次に各機能について、個別的に述べてゆきたい。

(1)思考　ユングは思考を、「その固有の法則に従って、与えられた表象内容に概念的なつながりをもたらす心理機能である」[9]と述べている。そして、思考はその対象としての、感覚によって知覚される外的な事実や、心の内部の無意識的主観的なものに依存しているが、前者の要素が強い場合は外向的思考であり、後者の場合は内向的思考である。

外向的思考型のひとは、自分の生活を知性の与える結論に従わせようと努めている。そして、その考えの方向づけは客観的な外的事実によってなされる。このようなひとが内的なこと、哲学や宗教を問題にしているときも、結局は周囲のひとびとの考えを基にしたり、取り入れたりしている場合が多い。新しい独創的な考えよりも、一般に受け入れられる考えの図式を作り上げ、例外を許さぬ態度によって、これを守ろうとする。これがうまく行われるときは、実際的な問題について、よい組織を作り上げたり、社会に役立つ理論を提供するひととなるが、この図式が固くなるにしたがって、わかりきったことでも必ずしゃべりたがる一言居士や、他のひとも自分と同じように考えていると決めこんで、一つの型にはめこもうとするようなひととなる。この型のひとは、感情を抑圧している点が特徴的で、芸術や趣味、友だちづき合いなどを軽視する。これらのことを抑圧しがたくなった場合でも、自分の思考の図式のなかにそれを取り入れようとしていることが容易に認められる場合が多い。つまり、あくまで趣味と実益を兼ねる趣味だとか、考えることを主体とする趣味などを取り上げているからである。さて、感情があまりにも抑圧されているときは、ときに本人の意識的な制御をこえて表面に現われることがある。たとえば、つねに論理的・合理的であることを誇りとする学者が、自分と反対の学説に関しては、まったく感情的反発としか思われない言動をしたり、道徳の守護者といいたいほど堅い道徳観をもって行動していたひとが、誰が見ても下品と思われる女性に魅せられて、破廉恥な事件にまき込まれたりすることがある。これほどにひどくないにしても、一般に堅い外向的思考型のひとは、その例外を許さぬ態度や、息抜きとしての未分化な感情反応によって、家族を苦しめていることが多い。

内向的思考型のひとは、新しい「事実」についての知識よりは、新しい「見解」を見出すことを得意とする。ユングは、内向的思考型の代表としてカントをあげ、外向的思考型のダーウィンと対照せしめている。この種のひとの思考の深さは、ときにまったく独創的な体系として輝きを発するが、また、ひとによってはまったく伝達不能のひとりよがりに堕してしまうこともある。この伝達のむずかしさによるいらだちが、彼の未分化な感情反応と結合して、異常に破壊的・攻撃的な考えや、行動となって現われる場合もある。あるいは、感情反応が攻撃的なものとならず、素朴な無邪気さとして現われ、いわゆるオッチョコチョイといった態度になる場合もある。ごく親しい、よく理解してくれるひとに対しては、その考えの深さは尊敬の的となったり、強い感化を及ぼすことにもなるが、一般には、このようなひとは良い教師にはなりがたい。だいたい、教えることそのものに興味をもっていない場合が多いのである。内向的思考型のひとの変わった感じを如実に示すものとして、ショーペンハウアーの愉快な逸話がある(10)。ある日、彼は瞑想に耽ったまま、公園の花壇の中に入り込んでしまっていた。これを見て、園丁が、あなたは自分のしていることがわかっているのか、自分がだれだかわかっているのか、とどなった。「ああ――、その答がわかってさえいれば!」とショーペンハウアーは答えた。

(2)感情　感情機能は、ユングによると、与えられた内容について、これを受け入れるか斥けるか、一定の価値を付与する機能である。したがって、一つの判断作用であるが、思考が概念的なつながりを与えようとするのに対して、好き・嫌いとか、快・不快とか、一義的には主観的な目的で行われるもので、知的判断からは区別される。

外向的感情型のひとは、自分の気持に従ってそのまま生きているが、それは環境の要求するところと非常によく一致しているので、スムースに行動してゆくことができる。ともかく、皆が「よい」と思い「すばらしい」と思うことは、このひとにとってもそうなのである。一般に、思考型は男性に多く、感情型は女性に多いとユングはいっているが、このような外向的感情型の女性は、パーティには欠かせないひとである。多くのひとが何か調和した楽しい雰囲気をかもし出すためには、このような心理機能が非常に大切である。初対面のひとに好感を与え、「適当な」関係をつくることの必要なセールスマンなどとしても、この型のひとは才能を発揮する。実際、この型の女性は、よき社会人、家庭人として、対人関係を円滑にし、機転がきき愛嬌があって、多くのひとに好かれて暮らしている。しかし、あまりにも外向的になると、客体のもつ意義が強くなりすぎ、主体性を失い、感情の最大の魅力である個性がなくなってしまう。こうなると、他人に気に入られようとする努力が、わざとらしく見えたり、その浅薄さが露呈されてきて、やりきれないものとなる。客体の意義が強くなりすぎると、それを引きおろすために、今まで抑圧されていた未分化な思考機能が頭をもち上げてくる。このときは、「それは結局……にすぎない」という断定によって、今まで感情的には重んじていたものの価値を一度に引き下げようとする。「宗教は阿片にすぎない」とか「妻とは性生活を伴う女中にすぎない」とかの言葉によって、今までの価値を踏みにじるのである。いつもは楽しいお喋りの場であるＰＴＡの会合で、誰かがこのような思考機能を働かし始めると、がぜんそれは討論と演説の場となり、劣等な思考機能は感情に支えられて活動する。そして、会員のひとは、何か自分でも気づかなかった新しい才能を発揮したような快感と、けっして見せるべきでなかったみにくい面をひとにさらしたような不快感のまじった気持を味わいながら帰途につくのである。

内向的感情型のひとには、「静かな水は深い」という言葉がいちばんぴったりであると、ユングはいう。外から見ると控え目で、不親切、無感動のようにさえ見られるひとが、深い同情や、細やかな感情をもっていることがわかり、ひとを驚かすときがある。このようなひとは、正しくはあるが、その場面には不適当な判断によって自ら苦しまねばならぬときがある。たとえば、友人の新調の服を、すばらしい、よく似合うと皆で楽しく語っているとき、それが少しもすばらしくないことを(困ったことに、その判断は正しいときが多い)、感じてしまい、何といっていいのかわからなくなったりする。この型のひとは、その深い感情に支えられ、歴史に残るほどの自己犠牲的な行為をしたり、高い宗教性や芸術性を示すこともある。客体との関係があまりにもなくなると、自分の感情判断を押し通すために、わがままとなり、ときには残忍とさえなる。他人に伝えられぬ自分の内的な気持は、子どもへと投影されることも多く、行き場を失った母親の情熱はすべて子どもへと吹き込まれ、この子どもが成長し独立してゆくことを非常に困難にする。かくて、愛情深い母親に育てられた問題児が出来上がる。あるいは自分の気持の表現ができぬことと、劣等な思考とが入りまじって、他人が自分のことをどう思っているのかと思い悩み、何につけても考えこんでしまって、この内面的な戦いに疲れ果て、精神衰弱症になるひともある。これらのひとも、もし自分の感情を表現し、伝えられるグループがあると、そのなかでは暖かい親切なひととして、不変の友情を楽しむことができるのである。

(3) 感覚　感覚は生理的刺激を知覚に仲介する機能である。この場合、外向的感覚はわかりやすいが、内向的感覚が存在するかどうか疑わしいと思うひともあろう。しかし、感覚にも主観的要因はあり、外界からの刺激そのものよりも、それをどう受けとめたかという内的な強度が大きい要素となっている場合がある。このときは客体からの働きかけは、たんなるきっかけにすぎなくなる。これはたとえば、同じものを写生させても、ひとによって非常に違った作品を描き出す点にも認められる。

外向的感覚型のひとは、まさにリアリストそのものである。客観的事実を、事実そのままに受け取って、その経験を集積してゆく。これに思考や感情の助けがあまり加わらぬときは、このひとは気楽な、そのときその場の現実の享受者となる。あちこちの料理店の場所や味をよく覚えて、仲間で飲みに行こうというときは、適当な場所に連れてゆき、愉快に楽しむことのできるひとである。これが低級化すると、粗野な享楽主義者となり、異性を感覚を楽しませる対象としてしか考えられなくなったりする。また、洗練されたものとして、上品な耽美主義者となる。また、感情機能と適当に結びついて、音楽や絵画の才能として現われたり、思考機能の助けを借りて、的確にして膨大な資料の蓄積を得意とする学者を生み出すことになる。ともかく、実生活を円滑にしてゆくためには、どうしても必要な機能であるが、これのみにあまり偏るときは、やはり抑圧された直観の被害をこうむることになる。つまり、このように現実的なひとが、何か一つのことに関して、真に非現実的な迷信とさえいいたいようなことにとらわれている例を、われわれは見出すことができる。

内向的感覚型のひとは、内向的直観型のひとと共に、現在という時代においては外界への適応に非常な困難を感じているひとと思われる。この型のひとは外界からの刺激そのものよりは、それによってひき起こされる主観の強度を頼りとしているので、このひとを外から見るかぎり、その行動はまったく不可解に見える場合が多い。皆が美しい花畑と見るものが、このひとには恐ろしい燃え上がる火に見え、小さい一つの目の中に、広い海の深淵をのぞいたりする。そして、これらのひとは、その見たものを適切に表現することがむずかしいので、そのままにしておいて、一般には他人に従って生きている場合が多い。いつもは他人の支配下に属し、従順そのものと見られているひとが、ときに、とんでもないところで頑固さを発揮することもある。しかし、もしこのひとが、自分の内部に見聞したものを、他人に伝えるだけの創造性をもつときは、偉大な芸術家として、その才能を開花させる。そして、この芸術家の描き出した像は、われわれの内部の奥深く作用を及ぼし、われわれは、自分の内部に確かに存在するものを、このひとが描き出すまで、どうして気づかなかったのかと思ったりする。そして、このひとが、その像を作り出したり、考え出したりしたのではなく、まさに、見聞したことをそのまま伝えようとしていることに気づくのである。かつて、画家のシャガールは、空想の世界を描いているといわれるのを嫌って、「私は現実の世界、内的現実(inner reality)を描いているのだ」と答えたという。

(4) 直観　これは事物そのものよりも、その背後にある可能性を知覚する機能である。その過程は無意識の道をたどって生じるので、どうしてそれが得られたのか、他人にもわからず、本人さえも説明に困るという厄介な性格をもっている。このため、直観型のひとが、その結論を推論や事物の観察によって得られたように思い込んでいる場合も多い。しかし、その説明をよく聞くと、先行した正しい結論に未分化な思考や観察があとでかぶせられているにすぎないことがわかる。筆者は、かつて典型的な直観型のひとがあるひとの話を聞き、「あなたのいうことはよく理解できないが、ともかく全面的に賛成です」というのに出会ったことがある。理解しないのにどうして賛成できるのかというのは野暮な話である。このような場合、ともかく結論の正しさが第一なのである。感覚が事実性を追求しようとするのに対し、直観は可能性に注目するものである。このため、どんなひとでもまったく八方ふさがりの状況におかれ、他の機能に頼ってはいかんともしがたいときは、たとえ直観が主機能でないひとでも、それが自動的に働き出すのに気づくのである。

外向的直観型のひとは、外的な物に対して、すべてのひとが認めている現実の価値ではなく、可能性を求めて行動する。よい思いつきで特許をとろうとするひと、相場、仲買、あるいは対人関係においては、隠されている情事を嗅ぎつけたり、未完の大器を掘り出したりすることに情熱を傾けるひとなどがある。この直観が思考や感情による判断によって補助されていないときは、この型のひとは、種はまくが、収穫は得られないひとになる危険性が高い。つまり、一つの可能性を見出しても、その仕事が完成しない前に、彼は次の新たな可能性に気をとられて、そちらに行ってしまい、ひとところに腰をおちつけて仕事の成果を楽しむことができない。結局は彼のあとにきたひとがこの成果を得ることになってしまって、直観型のひとは、他人を富ますことに力を傾けながら、自分はいつも貧困に苦しまねばならぬ。このような傾向が強くなると、抑圧されていた感覚機能が制御を破って現われる。これは荒唐無稽な点で感覚型のひとの陥りやすい状態に似ているが、感覚型のひとが、何か宗教的・神秘的なものにとらわれるのに反して、この型のひとは、現実的な事物にとらわれる。それは自分の身体に対するとらわれとしての心気症や、事物に対する無意識の繫縛と考えられる強迫症状や恐怖症となって現われることもある。

内向的直観型のひとも理解されがたく、外界に適応しがたいひとである。自分の内界のなかに可能性を求めて、心像の世界を歩きまわっているひとが、それを他人に伝えるのに困難を感じるのも、もっともなことである。このひとは外界の事象にはひどく無関心で、すべてのひとが最近に起こった事件を問題にして話し合っているときに、「あっ、そんなことがあったかな」とつぶやいたりする。ともかく不可解で非生産的であり、このため、他人の支配下に使われている場合も多い。外側からみるかぎりは、無関心、自信のなさ、不可解な当惑などがみられるのみだから、周囲のひとから過小評価されるのも無理はない。しかし、この型のひとが、自分の得たものを外に表現する手段を見つけた場合(思考や感情を補助として使用する場合が多いが)、独創的な芸術家、思想家、宗教家などとして、輝かしい成功をおさめる。あるいは、その直観があまりに鋭い場合は、同時代のひとびとに見棄てられ、次の時代のひとに拍手される運命を背負う。ともあれ、彼を動かしたものは未来への可能性であるのだから。これほど、極端でないにしても、この型のひとは、自分の内部の一種の独創性に悩まされているひとということができる。これは実際生活にはむしろ都合の悪いものだから、自分の本来の傾向を無視するため、無理に機械的・実際的なことをやろうとして、内的な摩擦のため神経症に陥っているひともある。
以上、四つの心理機能、および八つの基本類型について述べたが、実際には、それほど、純粋な型はなくて、いろいろな機能がからみ合っているものだと、読者の方は感じられたと思う。次節においては、このような点に、もう少し注意して述べてみたい。

4 意識と無意識の相補性

内向的態度と外向的態度、あるいは主機能と劣等機能の相補性については、簡単に言及してきたが、意識の態度が一面的になるとき、それを相補う働きが無意識内に存在することは、ユングがつとに認め、重要視してきたところである。この点について、もう少し詳しくみてみよう。

一例として、外向的直観型のひとを考えてみよう。このひとが直観によって得たものを適切に獲得してゆくためには、必ず思考か、感情機能による判断の助けを必要とする。ここで、もし思考が第二次機能であるとすると、感情は第三次機能で、多分に未分化となり、感覚は劣等機能として、最も未分化なものである。図2を見ていただくと、この関係が明らかになると思うが、この場合、純粋な直観型であると、直観—感覚の軸の傾きがなくなり、思考、感情ともに平等にある程度未分化なものとなる。図示したようなひとは、思考的直観型とも呼べるだろう。また、思考型のひとであれば、たんに考えるのみでなく、その素材を提供するものとして、直観か感覚かを第二次機能としてもっているわけである。この場合、第二次機能の助けがないと、裏づけのないものとなったり、陳腐で退屈な論理の遊戯になってしまう。そして、ある個人はその主機能をまず頼りとし、補助機能を助けとしつつ、その開発を通じて、劣等機能をも徐々に発展させてゆくのである。このような過程を、ユングは個性化の過程(individuation process)と呼び、人格発展の筋道として、その研究をし、心理療法場面においても人格発展の指標として用いた。これらの関係は夢分析において特徴的に現われることがよくあり、その例は第五章にあげるが、一例として思考型のひと(二十五歳の男子)の特徴的な夢をあげておく。夢で、このひとはトランプのブリッジをしていた。自分の両隣りは兄と弟であったが、自分の向こう側に坐っているのは見知らぬ女性であった。自分はそのひとと組であって、トランプを始めることになったが、自分の持ち札にはハートがなかった。

トランプ、麻雀など四人で遊ぶ競技は、このような意味をもって、よく夢に出てくる。この夢の詳しい連想は省略するが、連想から兄と弟が、直観・感覚型の要素をもっていることが明らかにされ、「ハート」についての連想では、「情熱、愛情」と答える。この夢は明瞭すぎて解説の必要もないくらいであるが、自分がこれから相手をしなければならぬもの、つまり、感情機能について、自分はあまり知っていないこと(見知らぬひと)、その機能の発展について、女性ということを問題にしていかねばならないことなどを物語っている。それに持ち札に「ハート」が一枚もないとは、真にこの思考型のひとの現在の状況を如実に描き出しているものというべきだろう。劣等機能は見知らぬひとや、ときには抗しがたい怪物の姿をとったりして夢に現われる。現在では、ともかく一芸に秀でることが生きるための近道であるので、主機能が一面的に開発され、劣等機能の抑

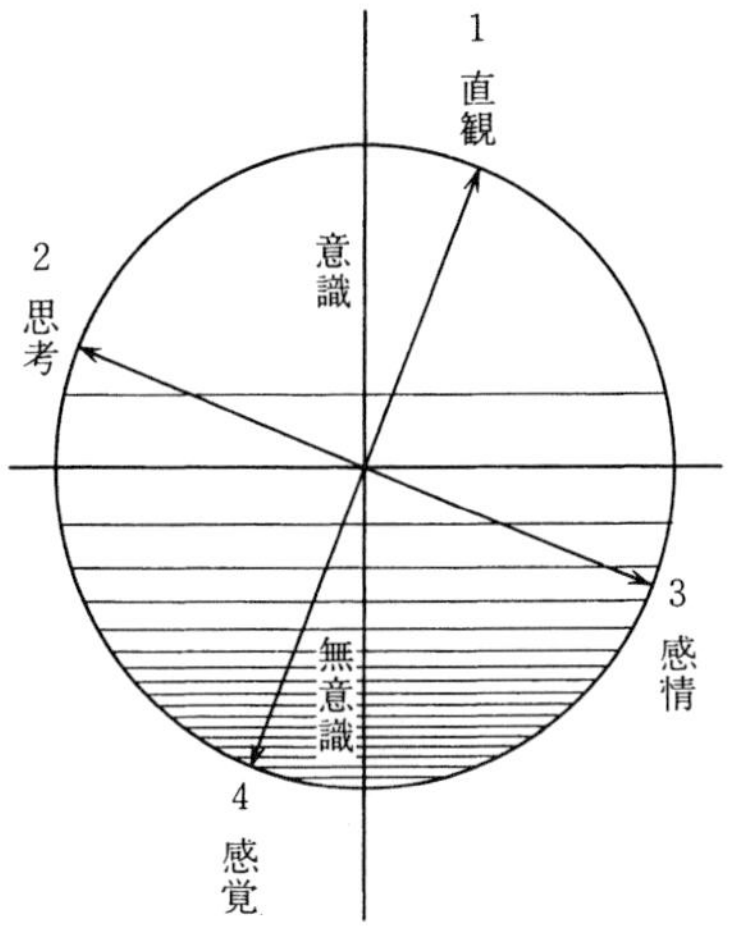

1 直観
2 思考
3 感情
4 感覚
意識
無意識

図2

圧がきかなくなったところで、神経症となり心理療法家を訪れるひとが多い。あるいは、逆に、周囲の期待に応えようとして、主機能の発展を抑えすぎたために悩むひともある。一般に「女らしさ」として要求される外向的感情機能を無理に重視して悩んでいる思考型の女性もある。またこれとは反対に、男女同権の新しい道を歩もうとし、思考機能と男性とを同一視し、男性に劣らぬ生き方をしようと思考機能を発達させ、本来は豊かにあった感情機能を無理に抑圧し、大学院を卒業してから悩む女性もある。しかし、一般的にいって、心理療法の場合、劣等機能の開発をすぐに手がけるような無謀なことをするよりは、補助機能の発展に心がけるほうが適当な場合が多い。これらのことは、とかく公式主義に陥ると危険であって、その事例ごとに慎重に考えるべきである。なお、一般に男性の場合は、主機能によって生きようとの態度が強く、型がわかりやすいが、女性の場合は、鋭さよりも柔かさが期待されるため、一つの機能が鋭角的に開発されていないことが多く、したがって、その型もわかりにくいようである。

自分と型の異なるひとを理解することはまったく困難であることをユングは強調する。われわれは自分と反対の型のひとを不当に低く評価したり、誤解したりすることが多い。外向型のひとにとって、内向型のひとは、わけのわからない冷淡な臆病者と見え、逆に後者は前者を、軽薄で自信過剰なひとと思う。また、音楽を聞いても、主機能の相違によって、音の構成に注目するひと、そのかもし出す感じに酔うひと、音楽よりは音そのものを愛しているようなひとと、音楽の背後にある不可解な何かに心をおどらせるひとなどの差が生じてくる。そして音楽好きという点で話が合うはずのひとが相手の不可解さにあきれるのである。たとえば思考型の男性は感情型の恋人に、「マズルカとワルツの区別もつかなくて、ショパンが好きだとよくいえたものだ」といい、彼女は「あなたは、音楽そのものより、その分類と解説のほうが得意のようね」と反撃する。あるいは、感覚型のひとは、直観型のひとが、ベートーベンが好きだ好きだといいながら、どうしてあれほど音質の悪いプレーヤーで平気でいるのかを不思議に思い、また、直観型のひとは、君は音楽よりもステレオの機械が好きなのではないかとやり返したくなるのである。

ところが、ユングも指摘しているように、実際には、自分の反対の型のひとを恋人や友人に選ぶ傾向も強いのである。これを簡単に述べると、自分と同型のひとに対しては深い理解を、反対型のひとに対しては抗しがたい魅力を感じて結ばれるといってよいだろう。そして、自分と反対型のひとに強い引力を感じることは、前に述べた自分の内部における個性化の過程が、外にも呼応して生じてきたものと考えられる。そのようにして、二人のひとが結ばれるが、相反する型のひとが結ばれた場合、数年後に、両者が他を理解しようとして、あまりにもお互いが知り合っていなかったことを発見して驚いたり、同型のひとが理解によって結ばれながら、しばらくたって、互いに魅力が感じられなくなって別れようと思ったりすることが多い。これら俗にいう倦怠期は、夫婦が共に、自分の個性化を目ざして歩もうとの努力を払わぬかぎり避けられぬものである。考えてみると、自分にとって親しい場所(家庭や仲間の集まり)は、自分の劣等機能発展のための練習をする適切な場所となっていることがわかる。この場面で、たんなる無意識からの反応として劣等機能を暴走させるばかりでなく、それらを正面から取り上げて生きてゆくことに心がけると、少しずつではあるが発展の道を歩むことができるだろう。たんなる反応のくり返しは、発展につながらないのである。

ユングのタイプ論は、まず意識の態度に注目することによってタイプを分けることを明確にし、ついで、意識と無意識の補償作用の存在の指摘へとすすんだ。そして、このため、外的な行動としては複雑さが加わり、タイプの判定の困難なことを述べている。結局、ユングの強調するのは、意識の一面性を嫌い、あくまで全体性へ向かって志向する人間の心の働きであり、これを個性化の過程として明らかにしつつ、心理療法場面における適用性へと高めていったということができる。そして、このタイプ論の背後に、ユングが後に彼の説の中心概念として発展させていった自己(self)、心の全体性(psychic totality)の考えを認めることができる。

ユングの考えたタイプは、内向・外向の点では相当外的な行動観察によっても、確認されるものであるが、心理機能の点に関しては疑問をもつひともあろうと思われる。しかし、実際、自分が内的に考えてみて、自分の性格を改変し発展させてゆくべき方向を見出そうとしたり、今まで不可解だったひとをよりよく理解しようとしたり、人間関係を改善してゆこうとするときに、よき指標となることは、相当強調してよいものと思われる。一言にしていえば、外からではなく、内から見た性格論としての意義を十分にもっているというべきであろう。

なお、日本で、ユングの考えをそのまま適用できるか否かにも疑問が残る。これは、西洋において、意識の態度(自我)が非常に重視されるのに対して、東洋では、意識のみならず、心を全体としてとらえる態度が強く、むしろ、未分化な全体性を尊ぶ傾向が強かったので、ユングのいうような一つの心理機能の発達ということが存在しがたいと考えられるからである。一つの機能を発展させるよりは、たとえ未分化でも全体としてのまとまりを追う傾向や、得意なもの(主機能)を伸ばす楽しみよりは、不得意なものに注目して「苦行」しようとする生活態度などに結びついて、際立った型を見出しがたくしているようにも思われる。筆者の帰国以来のわずか二年の経験では、外人の場合ほど、はっきりとはしていないが、やはり相当役立つ場合も存在しているようである。今後、この点に注意しながら、心理療法の経験を重ね、もっとはっきりした結論を得たいと思っている。

注

(1) Jung, C. G., Psychological Types, Routledge & Kegan Paul, 1921.

(2) Jung, C. G., Memories, Dreams, Reflections, Pantheon Books, 1961, p. 207.

(3) Munroe, R., Schools of Psychoanalytic Thought, The Dryden Press, 1958, p. 567.

(4) Munroe, R., *ibid*., p. 569. なお、ロールシャッハとユングの内向—外向に関する考えの比較については、Bash, K., "Einstellungstypus und Erlebnistypus : C. G. Jung and Hermann Rorschach," J. Proj. Tech., 19, 1955, pp. 236-242. を参照されたい。

(5) アイゼンクは精神分析には絶対反対で因子分析の手法を重視しているが、それによっても内向、外向の因子は重要として認めている。

(6) Jung, C. G., Modern Man in Search of a Soul, Harcourt, Brace and Company, 1933, p. 85.

(7) この点について、ユングは、Psychological Types の四七二頁に述べている。ヴァイニンガーは、『性と性格』の著者として有名なオーストリアの哲学、心理学者。

(8) Jung, C. G., Psychological Types, p. 427.

(9) Jung, C. G., *ibid*., p. 611.

(10) Fordham, F., An Introduction to Jung's Psychology, Pelican Books, 1959, p. 39.

第二章　コンプレックス

コンプレックスという用語を現在用いられているような意味で、最初に用いたのはユングである。彼は、一九〇六年に発表した言語連想実験についての著作のなかで、[1]「感情によって色づけられたコンプレックス」(gefühls-betonter Komplex) なる語を用い、これは後に簡単にコンプレックスと呼ばれるようになった。ユングの導入したこの用語は、内向・外向の言葉と共に、広く一般のひとに用いられ、心理学の専門外のひとでも誰知らぬものもないほどになった。わが国では、初め心的複合体などと訳されていたが、現在ではコンプレックスのままで用いられるほうが多いようである。コンプレックスは、内向・外向と共に、このように広く用いられるわりに、本来の意義について深く知るひとは少ないようで、ここにあらためてコンプレックスについてのユングの説を紹介するのも意味のあることと思う。コンプレックスの現象の解明は彼にとって非常に重要なものであり、彼は自分の心理学をコンプレックス心理学 (komplexen Psychologie) と呼んでいたこともある。[2]

1　連想実験

言語連想の方法を心理学に用いることは古くからなされていたが、これを臨床的に用いようとしたのはユングが最初である。彼は簡単な言語の連想において、反応時間が相当おそくなる事実を認め、それは知的な問題というよりも、むしろ情動的な要因によって起こると考え、これを臨床的に応用しようとして、言語連想実験の方法を確立したのである。一見普通の反応でも反応時間がおそいときは、背後に情動的な要因が働いている一例として、彼は、「白」に対して、しばらくちゅうちょしてから、「黒」と答えた患者の例をあげている[3]。これに対して、あとで白に対してさらに連想を聞くと、白は死人の顔を覆う布を連想させたことや、最近この患者の非常に親しい親類のひとが死んだこと、そして、黒は喪の色としての意味をもつことなどがわかった。つまり、白に対して黒はまったく普通の連想のように見えるが、時間のおくれを生じたのは、これだけの患者の感情の動きが関係していたためであることがわかったのである。

時間のおくれのみならず、他にも注目すべき障害が生じることが明らかになったので、それらをユングはコンプレックス指標として取り上げたが、それについて述べる前に、まず、ユングの用いた刺激語をあげておく(表1)。これを適用するのは簡単で、「今から、単語を一つずつ、順番にいってゆきますので、それを聞いて思いつく単語を一つだけ、何でもよろしいからいってください」といって、ストップウォッチを持ち、刺激語をいって相手の反応語と時間を書きとめてゆけばよい。時間は普通四分の一秒を単位として書き込む。つまり一秒半であれば6と書くわけである。興味のある読者は、三三頁の表の刺激語によって試みていただきたい(他人に頼んでやってもらうのが理想的であるが、一人ででも少しはその感じがわかると思うから、試みていただきたい[4])。

以上、全部の連想が終わったあとで、「もう一度くり返しますので、前と同じことをいってください」といって、再検査をする。覚えているときは「+」、忘れているときは「-」を記入、違った言葉をいったときは、それを記入してゆく。実際にやってみると、相当程度忘れていることがわかるだろう。

このような簡単な連想においても、いろいろな障害が起こることが認められる。すなわち、(1)反応時間のおくれ、(2)反応語を思いつけない、(3)刺激語をそのままくり返して答える、(4)明らかな刺激語の誤解、(5)再検査のときの忘れ、(6)同じ反応語がくり返される、(7)明らかに奇妙な反応、(8)観念の固執(たとえば、頭に対して、胴と反応、続いて緑に対して、尾と反応したり、前の観念が固執される)などである。他にもあるが、以上がユングのあげたおもなものであって、コンプレックス指標(complex indicator)と呼ばれている。このように簡単な連想過程において、多くの障害が生ずる点に注目して、ユングは連想実験によって無意識の心的過程の研究を行なった。われわれの連想を妨害するもの、すなわち、意識の制御の及ばぬ心的過程の存在を認めざるをえないと考えたのである。前にあげた例であれば、白の連想として、黒とか、雪、白布などが普通に思い浮かぶが、このひとの場合、最近にあった親しいひとの死ということが心の底に強い感情を伴って存在しており、そのため連想過程は、白→白布→死人の顔→喪→黒、と長い道をたどり、そのために著しい時間のおくれが生じたのである。この場合は時間のおくれとして現われたが、事情によっては、連想が停止してしまって何もいえなかったり、あるいは、死人→死→生きると連想して、「白」という刺激語に、「生きる」という奇妙な反応をするかもしれぬし、あるいは死の観念が固執されて、次の「子ども」という刺激語に「死ぬ」と反応して驚いたりするかもしれぬ。このようにして障害はいろいろなかたちで生じるが、それらを注意深く調べてゆくと、障害を起こす言葉が一つのまとまりをもっていることを見出せる場合がある。たとえば、今の例であると、「別れる」に

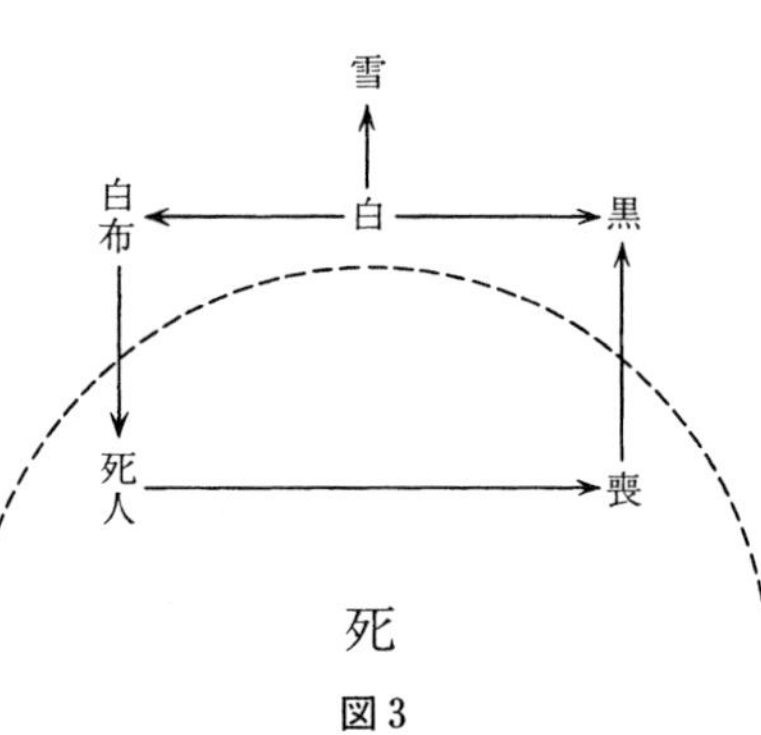

図3

表1　ユング連想検査の刺激語

1. 頭	21. インキ	41. 金	61. 家	81. 礼儀
2. 緑	22. 怒り	42. 馬鹿な	62. 可愛い	82. 狭い
3. 水	23. 針	43. ノート	63. ガラス	83. 兄弟
4. 歌う	24. 泳ぐ	44. 軽蔑する	64. 争う	84. 怖がる
5. 死	25. 旅行	45. 指	65. 毛皮	85. 鶴
6. 長い	26. 青い	46. 高価な	66. 大きい	86. 間違い
7. 船	27. ランプ	47. 鳥	67. かぶら	87. 心配
8. 支払う	28. 犯す	48. 落ちる	68. 塗る	88. キス
9. 窓	29. パン	49. 本	69. 部分	89. 花嫁
10. 親切な	30. 金持ち	50. 不正な	70. 古い	90. 清潔な
11. 机	31. 木	51. 蛙	71. 花	91. 戸
12. 尋ねる	32. 刺す	52. 別れる	72. 打つ	92. 選ぶ
13. 村	33. 同情	53. 空腹	73. 箱	93. 乾し草
14. 冷たい	34. 黄色い	54. 白い	74. 荒い	94. 嬉しい
15. 茎	35. 山	55. 子ども	75. 家族	95. あざける
16. 踊る	36. 死ぬ	56. 注意する	76. 洗う	96. 眠る
17. 海	37. 塩	57. 鉛筆	77. 牛	97. 月
18. 病気	38. 新しい	58. 悲しい	78. 妙な	98. きれいな
19. 誇り	39. くせ	59. あんず	79. 幸運	99. 女
20. 炊く	40. 祈る	60. 結婚する	80. うそ	100. 侮辱

一応，ユングの用いていたものを訳したが，名詞を形容詞にするなど，やむなく品詞を変えたものがある．なお，こうしてみると文化的な差によって，わが国で用いるのが不適当なものがある．たとえば93の乾し草などで，これはたんに草としたほうがいいだろう．また，85は，こうのとりで，これはこうのとりが赤ちゃんを持ってくるお話は，ヨーロッパであれば誰でも知っているためであるが，一応，鶴に変えておいた．なお，英語のものは，文化差を考慮してドイツ語のとは少し変えてある．わが国でも，もし本格的に使用するときは，不適当なものは変えるべきであると思う．

対して反応がおくれ、「死」と答えたり、「悲しい」に対して「別離」と答え、再検査のときに、それを忘れて「死」と答えたりする。このようにして、多くの心的内容が同一の感情によって一つのまとまりをかたちづくり、これに関係する外的な刺激が与えられると、その心的内容の一群が意識の制御をこえて活動する現象を認め、無意識内に存在して、何らかの感情によって結ばれている心的内容の集まりを、ユングはコンプレックスと名づけた。

それは、初め、感情によって色づけられた複合体(feeling-toned complex)と呼ばれたことは、さきに述べたとおりである。このようにコンプレックスは、それぞれ一つのまとまりをもって存在しているが、これに対して、われわれの意識も、それなりのまとまりをもって存在している。人間が生まれてから成長するに応じて、その意識体系も複雑になるが、それが一貫した統合性をもっていることは大切なことである。この統合性をもつゆえに、われわれは一個の人格として認められ、また、いわゆる個性というものも感じられるのである。ユングは、この意識体系の中心的機能として自我(ego)を考えた。この自我の働きにより、われわれは外界を認識し、それを判断し、対処する方法を見出してゆく。これによって、われわれはその場面場面に応じた適切な行動をとってゆくわけである。ところが、この統合性をもつ自我の働きを乱すものがある。それがコンプレックスである。さきほどの例であれば、自我の働きによれば、白→黒の連想は簡単なことなのであるが、その底にあるコンプレックスが働きかけて、それを乱す。このようにコンプレックスは、それ自身ある程度の自律性をもち、自我の統制に服さないので、実際生活のうえでいろいろな障害をわれわれに与える。いちばん大切なときにあるひとの名前が全然思い出せなかったり、肝心なところで赤面してどもってしまったり、「お礼はけっしていただかぬつもり」というべきときに、「お礼はけっしていただくつもり」といってしまったりする。われわれのいい間違いや、偶然の失敗とみられるもののうち、実際は無意識内のコンプレックスの働きによるものがいかに多いかを、フロイトはその著『日常生活における精神病理』に、多くの例をあげて説明している。コンプレックスは自我の統制外にあるので、それによって起こった障害は、「まったく思いがけない」ものと感じられ、あるいは、「何かに取りつかれた」としか考えられないような性質のものが多い。コンプレックスは、実際おとぎ話に出てくる小人たちのように、われわれの知らぬ間にいたずらをして、大失敗をさせては喜んでいるように思われる。あるいは、これはむしろ昔のひとたちが、コンプレックスの犠牲となったとき、その経験を書きとめようとして、「いたずらものの小人」などという心像を作り出してきたと考えるべきかもしれない。

コンプレックスは一つの共通な感情によって、まとまりをもっていると述べたが、それは中心となるような核をもっている。それの最も典型的なのが、心的外傷である。たとえば、自分の父親によって性的行為をされた女性があったとする。この女性はこの耐えがたい経験を無意識のなかに抑圧して生きてゆくことだろう。実際、このような事実を常に意識内に入れておくことは非常にむずかしいことであるから、抑圧されるのも当然のことといえる。その場合、この経験に伴う恐怖感、嫌悪感なども共に抑圧され、その後、これに類似の感情を伴う経験がだんだんとこれに吸収されてゆく。教師にひどく叱られた経験とか、急に犬に噛まれそうになったことなどが、これに重なってゆくかもしれぬ。そして、このコンプレックスはますます強大なものになって、自我の存在をときに、おびやかすものとなる。このひとは自分では意識的にはわからぬ理由で、馬がむやみに怖くなる恐怖症になるかもしれない。つまり、馬という外的刺激がこのひとのコンプレックスを活動せしめ、それに伴う恐怖感がこのひとをおそうのである。このコンプレックス内に貯えられた感情が強力であるほど、その吸収力も大であって、少しでも類似性のあるものは、引きよせて巨大になる傾向がある。この中核をなすものは、ユングによると、前述したような、自我によって受け入れがたかったため抑圧された経験と、その個人の無意識のなかに内在していて、いまだかつて意識化されたことのない内容との二種類に分けられる(5)。あるいは、このようにはっきりと分けて考えないにしても、コンプレックスという場合、つねに抑圧された心的外傷を探し求めようとしたり、抑圧されたという点から、つねに否定的な感じのみをもつことがないように強調したいのが、ユングの狙いであるとみるべきであろう。

これは、ユングが連想実験を通じてコンプレックスの存在を考えていた頃、一方フロイトも夢分析や催眠現象などを通じて同様のことを考えていたわけで、これを知り喜んだユングは、一九〇七年フロイトと会い、両者の協調が始まるのであるが、今述べたような無意識に対するユングの見方は明らかにフロイトとの相違を示すもので、両者の別れてゆく理由の一つともなった。すなわち、フロイトにとって無意識の心的内容は抑圧されたもの、そして性的な欲望との関連の深いものと考えられたのに対して、ユングは、フロイトの説を認めながらも、無意識の内容はそれのみでなく、建設的・肯定的なものも存在することを強調しようとしたのである。そして、抑圧された経験としてのコンプレックスのみでなく、その背後に、もっと深い元型的なものを認めてゆこうとしたのである(元型に関しては、次章において説明する)。ユングの無意識に対する肯定的な見方は、前章における意識と無意識との相補性の考えにも明らかに示されているが、これからあとの章において述べることにも、多く認められると思う。

ユングの用いた言語連想法は、現在の臨床心理学における強力な武器である投影法の最初の基礎を築いたものということができる。ユング自身は、その後、あとで述べるような心像と象徴の研究に専念し、言語連想法をあまり発展させなかった。しかし、一見簡単に見えながら意義が深く、かつ使い方を考慮するといまだ新しいものを引き出せる可能性をもつ方法として、われわれはもっと注目してよいのではないかと思う。この方法をこの節で簡単に示したのもそのためで、読者が連想法のアイデアを生かしてゆく方法を見出してゆかれれば幸いである。

2 コンプレックスの現象

前節に述べたように、コンプレックスは自我の統合性を乱し、障害を生じるものであるから、この構造や現象を、とくに自我との関連性においてよく知っておくことが大切である。コンプレックスは、そもそもその内容が自我にとって容易に受け入れがたいものであるから、最初、自我がこの存在に気づかないのも当然である。すなわち自我による抑圧の機制が働いているわけである。これは隣国との間に厚い防壁を築き、交易もせずに自国内のみで平和を保っている状態にもたとえられよう。しかし、国境ではときに小競り合いが起こったり、ゲリラが侵入して民家を破壊したりして、やはり敵国が隣に存在していることをわれわれに気づかせるのであるが、これは前節に例をあげたように、正常なひとたちでも、ときどきコンプレックスの働きによって、とんでもない失敗をする現象に相当すると思われる。これがだいたい、一般の普通人の状態である。ところが、もし、この抑圧の防壁が非常に堅くて、隣に敵国のあることさえ知らないでいる間に、敵国は長年月の間に強力になって、こちらの力をしのぐほどになっていたとしたらどうであろうか。

このような状態の最も劇的な場合が、二重人格の現象といえる。つまり今までの人格とまったく異なった人格が出現するので、これはまさに、自我がその王座をコンプレックスに乗っ取られたような状態である。この二重人格の問題については、フランスの学者ジャネーの詳細な研究があり、ユングはそれを高く評価している。[6] そして、二重人格の問題は本質的にはコンプレックスの問題と同じものであると述べ、ただ、すべてのコンプレックスが自我と入れ代わりうる性格をもっているか否かは断言できないとしている。二重人格の実例については次章で述べるので、ここではこれ以上詳しく述べないが、この現象の存在することによって、われわれはコンプレックスの自我に対する自律性と、その脅威を知ることができる。

二重人格の場合は、コンプレックスの力が非常に強くなり、自我と主権を交替したような現象であったが、これほど特殊な場合は少ないとしても、強力になったコンプレックスに対処するため自我はいろいろな方法をとることになる。これが自我防衛の機制(defense mechanism)といわれるものであるが、ここではそれについて詳しく述べることは省略し、おもなものをあげて考察する。まず考えられるのが同一視(identification)の状態である。つまり、どれかのコンプレックスと自我が同一視され、自我はコンプレックスの影響下におかれる状態である。しかしながら、同一視といっても部分的なものから、相当全体的なものに至るまで程度の差があり、それに従って意識の障害の程度にも差があることを知っておかねばならない。たとえば、普通人であっても、多少ともそのコンプレックスと同一視を行なっているものであって、その好例としては、男性であればその父親に、女性であればその母親によく似た考え方や行動をしていることが多い事実があげられる。われわれは幼時から、その同性の親に対してときに非常に批判的になり、あるいは攻撃的にさえなりながらもそれを表現できず、それらが父親像や母親像を一つの中心としてコンプレックスを形成してゆく。そして、成人してから、ふと気がつくと、あれほど嫌に思ったり反発したりした親の考え方や生き方を、そっくりそのまま同様にしていることがわかって、驚いたり苦笑したりすることが多いのである。このような場合は、もちろん正常な範囲に属するものであるが、これがたとえば、一人の男性の母親との同一視が強かったり、女性が父親と強い同一視を行なっていたりするとどうなるだろうか。この極端な場合として、同性愛に陥ることさえ考えることができるだろう。あるいは、同一視の程度が自我の全面をおおうものとなって、「私は神様である」とか、「そのうちに全世界を治める」とか信じだした場合は、非常に問題も大きくなっているといわねばならない。このような例を、われわれは妄想型の分裂病のひとたちに見出すことができる。

ここで大切なことは、同一視の程度が極端にひどくなったこのような場合は、自分の父や母などの個人的なものを超えて、神や帝王などの像が対象となることが多い事実である。このことは、コンプレックスがたんにある個人の経験に基づき、その経験のなかで抑圧されたもののみの集まりと考えるにしても、その背後に、その個人的経験を超えた普遍的なものの存在を考えることが必要なことを示している。このような点に着目して、ユングは普遍的無意識や、元型の考え方を発展させてくるのであるが、それについては次章に述べることにする。ある個人の個人的経験としての実際の母親、あるいは母親像を超えて、いわば「母なるもの」とでも呼べるような普遍的なものの存在を問題にしようとするのである。このようなユングの考えは、ある個人の幼児期の体験を非常に重視するフロイトと異なることになり、この点でも両者は分離してゆくのである。

両親との同一視のことを述べたが、実際に人間はその親の欠点から自由になることは困難であり、その欠点をしらずしらずのうちに取り入れてしまうことが多い。そして、もしそれに気づいた場合、今度は反発するか、逃れようと努めるあまり、反対の極に走る危険性が非常に高いのである。「私の両親は厳格すぎた」と批判しているひとが、今度は放任しすぎる親となって失敗したりする例が多いのである。そして結局は、これも両親の欠点から自由になったとはいいがたいのである。この場合は、むしろ、同一視の機制が働いていてそれに反発するあまりの反動形成(reaction formation)を行なっているものといえる。このように、相反するものが強い程度で存在することもコンプレックスの特徴であり、浅いか深いかの差はあるにしても、一つのコンプレックスは、それと相対応するコンプレックスをどこかにもっているとさえ考えられる。たとえば、強い劣等感コンプレックスをもつひとは、どこかに強い優越感コンプレックスをもっているのがつねである。ただ、この両者のうちどちらかが自我に近く存在しているため意識されることが多いだけである。劣等感コンプレックスのために、いつも自分を卑下したり、引っ込みがちのひとも、実はその背後に大きい優越感コンプレックスがあり、実のところ、その両者の大きい落差によって余計に劣等感を感じさせられているというべきである。自分のようなものは存在してもしかたないと自殺をはかったひとと話をしていると、自分がせめて日本人として世間に役立てることは一人でも人口を減らして(すなわち自殺して)、日本の人口問題の解決につくすことだ、などというナンセンスな話が真面目に語られ、なおも聞いていると、「私のように悩んでいるひとは世界中に多いことと思うが、できればそのような世界中の悩めるひとを救うような仕事がしてみたい」などということが語られる場合が多い。死ぬより外に存在価値がないというほどの劣等感と、全世界の悩めるひとを救いたいなどという優越感とが共存していることに読者は驚かれるかもしれないが、実はこのような例のほうがむしろ多いのである。自殺を企てるひとがすべてこのような単純なものでないことはもちろんであるが、高校生くらいの若いひとたちで自殺未遂をしたひとと話し合う場合など、このような例にあうことが多い。そして、われわれ心理療法家としては、電圧の高まった電極のようなこの相反するコンプレックスの間にショート、あるいは放電が起こることをさけ、両者を適当に連結してゆくことを心がけるのである。

次に大切なものとして、投影(projection)の機制が考えられる。自分の内部にあるコンプレックスを認知することを避け、それを外部の何かに投影し、外的なものとして認知するのである。実際、「人間は皆、ズルイものですよ」と主張するひとが、非常にズルイひとであったり、「人間というものは結局薄情なものです」と嘆くひと自身、あまり親切なひととはいえないような場合が非常に多い。そして、これらの場合、「人間は」とか、「ひとというものは」という一般的な呼称のなかに、いっているひと自身が含まれていないような感じがあるのも面白いことである。自分を除いておいて、ひとは皆ズルイ、などというのは、投影の機制が働いていることを如実に示している。この投影の程度が強くなり、すべてのひとが自分の悪口をいっていると思ったり、ついにはその悪口が自分が一人でいるときでさえ聞こえてきたり(幻聴)し始めると、これは病的なものといわねばならない。このように病的なものではないが、われわれ普通人にしても、大なり小なり投影の機制を働かして生きている。すなわち、自分のコンプレックスを他人に投影して自我の安全をはかるわけである。しかし、普通人が投影をする場合は、投影をされる対象となるひとがある程度それを受けるきっかけのようなものをもっている場合が多い。つまり投影されるに値するだけのコンプレックスをある程度もっている。このため、この投影を受けたひとが、そのコンプレックスを逆投影することも多く、二人の間の関係はますます悪くなってしまうこともある。このようにコンプレックスは誘発現象のようなものを起こしやすいので、自分の内部に多くのコンプレックスをもっているひとが他人のそれに(自分のではなく)気づきやすいこともある。そして、このようなひとが自分は「感受性が強い」のでカウンセラーに適していると確信しているような場合もある。前に自殺未遂をしたひとが世界中の悩めるひとを救いたいと述べた例をあげたが、このようなコンプレックスにおびやかされたひとたちが、自分の内部にたち向かってゆくよりも、外のひとたちを救うことを考えるのも、一種の投影の機制が働いているものと考えられる。

このようにいっても、投影の機制はつねにマイナスの面をもっているというのではない。むしろ、逆にこの投影によって、われわれは自分のコンプレックスを認知し、それと対決してゆけるとさえ考えられる。たとえば、自分のなかの権威に対するコンプレックスを投影して、目上のひとであるとすべて恐ろしいように思っている場合を考えてみよう。ある一人の目上のひとをいつも恐ろしいと感じていたが、そのひとが実は親切な、やさしい面をもっていることを体験したとする。その場合、この現実を認める目をこのひとがもっているとき、「おやっ」と思うに相違ない。そして、このひとは今までの恐ろしいと思っていた感情が現実に即していないこと、つまりは、そのようなものが自分のコンプレックスに根ざしていたことを悟るのである。これを投影のひきもどし(withdrawal of projection)というが、われわれは自分の投影を生きることにしりごみせず、同時に現象を観察して取り入れてゆく態度をもつならば、自分にとって悪と見えていたひとの行動のなかにそれとは違ったものを見出すに相違なく、このときに投影のひきもどしが行われるのである。このようにして、われわれは自分のコンプレックスを認知するのであるが、この、「投影―投影のひきもどし」の過程において、コンプレックスのなかに貯えられていた心的エネルギーは、流れ出て建設的な方向へと向かってゆくことになる。このようにコンプレックスの内容を自我のなかに統合してゆく過程には、つねに情動的な経験が伴うものであって、たんにコンプレックスについて知的な理解をし、その内容について名前をつけ(概念化し)ても、むしろ統合過程をはばむための防衛の手段として役立つのみといわねばならぬ。概念化によって一時的にコンプレックスの働きを抑えたように思っても、ユングもいうように、われわれがコンプレックスを無視できたように思っても、コンプレックスのほうがわれわれを無視してはくれないのである。[7]

コンプレックスの投影の問題からコンプレックスを自我内に統合する過程について述べたが、これを要するに、コンプレックスの解消を目ざすならば、それと対決してゆくより他ないということである。これは心理療法によって悩みを解消するという場合、このよい方法によって、積年の悩みがすっと消え去るというような望みをもっているひとも多いが、心理療法によってまずなされることは、実のところ悩みとの対決であり、悩みを深めることであるといわねばならない。このような過程が実際どのように心理療法の過程に生じてくるかを次節に例をあげて説明する。

3　コンプレックスの解消

コンプレックスの解消は手をこまぬいていてできるものではなく、それに対決してゆくことによって初めてなされるということを前節に述べたが、ここに一つの遊戯療法による治療例を示して、その過程を明らかにしたい。この事例は、小学三年生の男子で、不潔恐怖を主訴として母親と共に来談したものである。[8] 便所へ行ったあとで十分間も手を洗っていたり、食事のときなどもつねに不必要な清潔さを要求して母親を困らせている。この治療を引き受けることになり、週に一回、親のカウンセリングと子どもの遊戯療法を並行することになった。詳しいことは省略するが、親のカウンセリングの間にだんだんと明らかになってきたことは、祖母による極端な過保護が大きい問題で、このためにクライエントはつねに世話をやかれて育ってきたということである。御飯を食べさせてもらったり、靴をはかせてもらったりすることは幼稚園にゆくまで続き、近所の子どもたちと危い遊びをすることもつねに禁じられて育ってきた。このような子どもが自分の自我を発達させるうえにおいて、自主的に行動したり、少しでも攻撃的なことをすることを極端に抑圧してきたことは容易に想像できる。ときには近所の子どもといたずらもしたかったであろうし、つまみ食いをしたいときもあったかもしれない。しかし、これらのことはつねに禁止されたため、この子どもの自我のなかに組み込まれることなく、コンプレックスとなって形成されていったに違いない。そして、それらの内容は、やってみたくてしかたなかった気持や、禁止に対する反発の感情を伴って、強い感情に色づけられたものとなったことであろう。しかしながら、この子どもは外から見るかぎり、行儀のよい、よい子として見られてきたに違いない。このよい子としての自我のうしろに、強いコンプレックスが形成されてきたのであるが、このコンプレックスを名づけるならば、一応、攻撃性あるいは活動性のコンプレックスとでもいえるだろう。

攻撃性と活動性を一緒にするのは不明確なことといわれるだろうが、後述するようにコンプレックスの現象は複雑なので、簡単には名づけにくい。この場合、反発心や強い感情がきつく出れば攻撃的と一般には思われようし、また、このコンプレックス内の力が適当に自我のなかに取り入れられるときは、活動的といわれることにもなろう。これは英語の aggression という言葉が最も適切なものであろう(これは攻撃性と訳されているが)。人間が攻撃的であることは好ましいことではないが、攻撃性を過度に抑圧するときは、むしろ活動性のない弱い人間となってしまう。ただ、この場合、この子どもが攻撃性をまったく抑圧してしまっていると考えるのは間違いである。知的には非常に高い子どもであったので、勉強はできるし、知的な活動性は高かった(来談したときは、強迫症状のため勉強にも障害がおきていたが)。また、家庭内では、容易に想像されるように内弁慶ぶりを発揮していた。

この例をみてわかるように、コンプレックスの現象は複雑である。この場合に、攻撃性の抑圧という点を単純に公式的に考え、まったく活動性のない子どもと考えるひとは、教室でこの子どもを観察して、活発に発表するのを見て驚いたり、家ではやんちゃで困りますなどといわれて、わからなくなったりするだろう。つまり、攻撃性といっても意味が広く、そのうちのどのような部分がコンプレックスとなっているか、を考えるべきである。そして、自我の統制の弱まる場合(たとえば家庭内など)では、コンプレックスの力が少し強くなって、行動が変化するという事実も知っておかねばならない。これらの複雑な現象を知らず、公式的な考えに頼ってばかりいると、わけがわからなくなったり、他人のコンプレックスに名前をつけてばかりいて、何ら建設的な意味がなくなってしまうのである。

この事例の場合は、前述のような攻撃性を抑圧しながらも、知的なレベルが高い点もあって、今までは成績のよい、おとなしい子として成功してきたが、とうとうコンプレックスの力が強力になって、それを抑え切れなくなった。自我は、容認しがたい攻撃性の出現に対して強い恐怖感を抱くが、それを内的なものとして認めることをあくまでも拒否して、外界に投影し、不潔恐怖の症状を形成するようになったと考えられる。以上の点が、この子の症状形成について一応考えられることであるが、これがわかったからといって治療が終わったわけではない。このように治療者にとってわかった話を患者に説いてみても始まらない。もちろん、以上のような点が、カウンセラーと母親との話し合いを通じて徐々に明らかにされてきたことは大きい意味をもつ。それは、母親自身が話し合いのなかで、自ら考え、自ら発見してゆく体験がなされるからである。そして、当人の子どものほうは、そのコンプレックスについて知的に知るのではなく、コンプレックスと対決してゆくことが治療のなかに要請されるのである。

コンプレックスとの対決といっても、治療者にとってまず大切なことは、この子どもが治療場面で自由に行動できる状況を作ってやることである。遊戯療法の根本は、治療者がクライエントに対して、クライエントのいかなる表現をも受け入れてゆく態度で接することである。この重要さがわからないひとが、もし遊戯療法を見る機会があったとすると、おそらく普通の遊びと区別がつかないだろう。このような受容的な態度で接すると、この子どもは初めのうちは、治療者とあまり口もきかず、自分だけで知的な遊びをしていたが、だんだんと攻撃性を発揮するようになる。三回目に来談したときは、組木を猛烈な勢いで打ち込む作業に熱中して、事物を対象として攻撃性を表わす。そして、次回には治療者に対してボーリングの競争をしようといって、これに熱中する。そのうち一所懸命になってくると、黒板につけた点数を黒板ふきで消すのがもどかしくなり、手で消して、その手で汗をぬぐうので、顔もよごれてしまう。ここに不潔恐怖のまったく裏がえしの行動が認められるわけであるが、このような現象は治療場面で、しばしば認められることである。前に、コンプレックスは相補的に存在し、劣等感と優越感が共存することを述べたが、この子どもの場合であれば、家族の禁止を破って、汚いことや危いことを気ままにしたい気持と不潔さを極端に恐れる気持が心のなかに共存しており、それが統合されずに片方のみが症状として出現していたわけである。そして、許容的な治療場面において、今まで抑えられていた行動が出現しだしたわけである。このような例は、極端に礼儀正しくていねいなクライエントが、来談する日をふと忘れてしまって、治療者に待ちぼうけをくわせたりすることなどにも認められる。このような行動は、六回目の際には非常にはっきりと認められ、クライエントは治療者とドッジ・ボールの投げ合いをする。治療者が受けるのをたじろぐほど精一杯ボールを投げつけ、汗をかきながら熱中し、よごれを気にせずに行動する。これらの行動を、今まで抑えられていたものを発散するとのみ考えるのは間違っている。たしかに、抑えている感情をたんに発散するだけでも効果はあるが、この場合、このような表出が治療者という一人の人間を相手としてなされること、治療者がその表出の意義について知り、それを受容することは非常に大きい意味をもっている。治療者の存在によって、クライエントは自分のコンプレックスをたんに発散させるだけにとどまらず、それを経験し、自我のなかに取り入れることができるのである。ここに、クライエントがボールの投げ合いを欲したことは、非常に象徴的である。攻撃性のボールを文字どおり受けとめた治療者は、それを正面からクライエントに対して投げかえすのである。この、受け入れと対決のくり返しのなかで、クライエントは今まで自我のなかから排除していたものを徐々に取り入れ、自我の再統合をはかるのである。

このように治療場面において進展が認められる一方、クライエントの家庭での行動はむしろ悪化したようになる。すなわち「便所にお化けがいる」とか、御飯を食べるとき、茶碗の中に何か変なものが入っているといったりして、強い恐怖感を示し、家人を心配させた。しかし、これは、今までの考察からすればむしろ当然のことであり、抑圧されていた攻撃性が治療場面において表出されるにつれ、それの外界に対する投影や、恐怖感が強く意識されだしたものと考えられる。つまり、外的な行動は悪化したように見えながら、むしろそれは治療が進展していることを示している。治療の経過中に行動がより悪くなることは、しばしば生じる現象であるが、治療者のもつ確信に支えられて、治療が継続され終結へと導かれてゆくのである。われわれの場合も、母親の不安は一時増大するが治療は続けられ、この子どもの攻撃性の表出はだんだんと質的な変化をみせる。第十回目ごろは、ボールを治療者に向かって投げず、壁に当てて受けとめ、連続何回できるかを治療者と競争するゲームに熱中する。そして、途中で水を飲みたいといい、そのときに自発的に手や顔を洗い、治療者のさし出したハンカチで拭く。これは家庭における清潔に対する欲求がコンプレックスに根ざす強迫的なものであったのに対して、ここでは、まったく自発的に、自我内に統合された行動として手や顔を洗うことができたとみることができる。そして、ハンカチをもっていなかったため、偶然、治療者のそれを借りることになったのも興味深い。すなわち、今までは攻撃の対象として、あるいは攻撃を加えてくるものとしてさえ見られていた治療者と親和的な関係をもったのである。これはあまりにも急激な変化であったのか、次回には少し混乱が認められる。すなわち、遊戯室に母親と一緒に入ることを固執し、治療者がそれを聞き入れず、プレイをするかしないかは自分の好きなようにするといいというと、遊びたくないといって帰る。しかし、次にはやって来て、今度は紙ヒコーキを作り、遠くへ飛ばす競争をして遊ぶ。そして治療者に面白い紙ヒコーキの作り方を教えてくれる。ここでは攻撃性は、より建設的なゲームを通じて表出され、同時に治療者に対して親和的な行動が示されている。そして、最終回には、まったく儀式的と呼びたいくらい、治療の初期にしていた遊びから、最終回に至るまでの遊びをやってみせ、「前こんなことをしたな」という。これは成人の心理療法の場合、終わり近くなると治療の経過をふり返り、自分の変化の過程を明確化しようとする話が現われるのとまったく揆を一にした行動であると思われる。このような過程を経て、約半年にわたる遊戯療法により、強迫症状も消失し、友人ともよく遊ぶようになり、治療を終結した。

ここにコンプレックスの解消の過程を示すものとして、一つの遊戯療法の過程を簡単に示し、一人の子どもが治療場面においていかにして自分のなかにある攻撃性に直面し、体験していき、それを自我のなかに統合していったかを明らかにした。この過程において端的に示されたことが、成人のコンプレックス解消の場合にも、まったく同様に生じることを読者の方は気づかれたであろうか。遊戯療法のすじをよみとることにあまり慣れておられない方のために、次に、これとまったく平行的と考えられるような例を、一人の大学生を例にとって考えてみよう。今まで攻撃的な面を抑圧して生きてきた学生が、大学に入学する。しかし、彼の抑圧されてきた攻撃性も大学入学を転機として徐々に芽生えてくるが、初めのうちは場面に慣れるまであまりひとともつき合わず、自分なりに行動している(遊戯療法の初め、知的な遊びをしている段階)。ところが大学にも慣れるにしたがって、彼の攻撃性は、ある一人の同級生の上に投影され、その「攻撃的な同級生」との戦いが始まる。勉強においてか、あるいはスポーツにおいてか、ともかく二人の競争は激しくなり、両者の攻撃は相互的なものになる。ここで、この同僚に負けぬように彼の頑張りが続き、攻撃のやりとりがくり返される(ボールの投げ合いの段階)。ときにはまったく憎い奴と思い、腹を立てたりしながら、その底のほうで、この学生は自分の潜在的な活動性を伸ばすにつれて、この同僚に対して「なかなかやるな」といった感じももち始めることだろう。

そして両者の攻撃性も頂点に達したかと思われるとき、この学生は、相手が案外親切な、いい男であることを発見して驚くのである。今まで敵と思っていた男が、味方であるのか、と思わされる事柄にぶつかるのである。ここで、彼は一種の混乱を味わいながらも、今まで攻撃的なのは相手とばかり思っていたのに、その実は、自分自身がそうであったこと、それに適当に攻撃的であることはけっして悪くないことなどを発見する。つまり、投影のひきもどしが行われるのである(治療者のハンカチで手を拭き、そのあとで混乱した段階)。その後、彼は今まで敵対視していた同級生と、よき友人となることだろう。彼らは互いに競いながらも友情を感じ合える、よきライバルとなることだろう。このように友情の確立されたことを知ったとき、おそらく彼らは、「お前を初めて見たときは、何と攻撃的な奴だと思ったよ」などと話し合って笑い合うことだろう(遊戯療法の終結時の儀式的行為)。かくて、この学生は、内的には自分の攻撃性のコンプレックスの解消と、その自我への統合を経験し、外的には一人のよき友人を獲得することになったのである。ここに簡単に述べた事柄が実際に行われるためには、実に多くの苦労と努力が伴うことはもちろんであり、もっと複雑な経過をたどることもあるだろう。それにしても、この過程の骨組みのみをみるとき、遊戯療法に示されたものと同様のものがあることがわかったと思う。このような点がわからないひとからみれば、たんに子どもと遊んでいるとしか思われない遊戯療法に、大きい興味をわれわれが感じるのもこのためである。遊びのなかに人格変化の過程がきわめて直接的に生き生きと表現され、それが治療者の胸を打つのである。

この例によって、コンプレックスを解消するために、われわれがいかに実際的な努力を払わねばならぬかがわかったことと思う。コンプレックスとの対決などというと、内向的な日本人の陥りやすい欠点として、「自分の内部を見つめて」苦行しなければならないと思い、自分の欠点について検討したり反省したり、「孤独を求め」て旅に出たりすることが多すぎるように思われる。そのような孤独な修行をするよりは、今の例に示したように、嫌いな同僚と争い、あるいはライバル同士のなかに芽生える友情に驚きなどしてゆくほうがはるかにコンプレックスの解消につながる場合が多いのである。前者のような方法の場合は、どうしてもコンプレックスについて考えることが多くなり、後者の方法のように、コンプレックスを生きてみて、それを統合してゆく努力とは異なるものになるからである。もちろん前者のような方法も大切なときがあり、考えることをやめて無意識のうちにコンプレックスに生きられているひと(本人は行動的な人間と自称している)も困りものであるが、コンプレックスというと、あくまで自分の心の内部の問題と思ってしまい、それがいかに外的なものと対応し、外的に生きることが内的な発展といかに呼応するかということが忘れられがちであるので、それを強調したのである。ここに内的なものと外的なものの呼応性を指摘したが、この事実も非常に大切なことである。つまり、その時機において、ある個人が対決してゆくべきコンプレックスがある場合、ちょうどその対決を誘発するような外的な事象が起こることである。このような内的外的な現象が、一つのまとまりをもって布置されるような事実をユングは非常に注目している。実際、人間はだれも無数のコンプレックスをもっているが、やはり、そのうちの、ある一つのコンプレックスを問題とし、対決してゆかねばならぬ時機のようなものがあると思われる。すなわち、前の例であれば、一人の子どもが、攻撃性を抑圧しながら一応問題なく生きてきたのであるが、小学三年生というこのときに、それは不潔恐怖という症状として現われ、それとの対決に迫られたと考えられる。あるいは、あとの例であれば、大学入学ということが一つの転機となっている。

このように考えると、強迫神経症という症状が発生し始めたり、あるいは、この大学生が一人の同級生に強い敵意を感じたりすることは、外的な行動としては望ましくはないが、内的にみた場合は、コンプレックス解消への努力の道程の始まりとみることができる。そして、コンプレックス自体、つねに否定されるべきものではなく、このような努力によって自我のなかに統合されるときは、むしろ建設的な意味をもつものとなることが認められる。コンプレックスはその自我にとっては、否定されるものと映り、破壊的な攻撃性と受け取られるのであるが、それが自我のなかに統合された場合は、むしろ望ましい活動性としてみられることも多いのである。このようにコンプレックスの否定的な面のみならず、そのなかに肯定的な面を認めようとし、また、外的には症状としてみられるもののなかに、建設的な自我の再統合の努力の現われを読みとろうとするような態度は、ユングの考え方の特徴を示しているものといえる。われわれは無数にもっているコンプレックスを数えたて、欠点の多い自分を不必要に反省したりするよりは、その時に布置されてきた(momentarily constellated)コンプレックスの現象をさけることなく生き、最初はネガティブにみえたもののなかに光を見出してゆく実際的な努力を積み重ねてゆくべきである。

コンプレックス解消の過程において、それとの対決の必要性を述べたが、これに従えば、コンプレックスを避けることはあまり建設的でないことは明らかである。しかも、コンプレックスは自我によって十分に経験することを拒否された感情によって色どられ、強化される点を考えると、いわゆる「劣等感をもたせないために」なされる教育的配慮は、むしろ劣等感コンプレックスを強化するのに役立っている場合さえあることを知るべきである。いかに先生が見て見ぬふりをしたり、心にもなくおだてたりしても、たとえ、その生徒はわからないにしてもコンプレックスのほうは見のがしはしないのである。劣等感コンプレックスの解消は、劣等の真の認識によってなされることが多いのは、人間にとって真に辛い事実である。だからといって、ここに教育者のひとたちが生徒の劣等性を指摘するのを奨励する気は毛頭ない。コンプレックスにさわられることは誰しも辛いことであり、そのコンプレックスとの対決という苦しい仕事を共にする決意もなく、たんにコンプレックスの痛みにさわるのを事とするのは、他家の床下にある不発弾を親切ごかしに爆発させに行くようなものである。「劣等感をもたせないこと」を信条として、コンプレックスとの対決を避けている先生を甘い先生というならば、「欠点を指摘することは教育者の役目」と信じ、生徒のコンプレックスの痛みにさわって喜んでいるのは、辛い先生とでもいうべきだろう。そして、両者とも、自分の内部にある大きいコンプレックスについては、まったく無意識な点が共通に認められるだろう。これは教育者の立場として述べたものであるが、コンプレックスに手をくだすことはまったく容易でないことは、今まで述べてきた点でも明らかであるから、一般には、他人のコンプレックスになるべくさわらないように努めることが、「社会人の礼儀」とされるのも当然のことといえる。

ユングの名を有名にしたコンプレックスについて、例をあげながら説明してきたが、無意識内に存在するコンプレックスが、いかにわれわれの意識的な行動と関連性をもち、重要なものであるかがわかったことと思う。ユングは、このようなコンプレックスの研究をさらに深めて、無意識内の奥へと迫ってゆくが、それについては章を改めて述べることにしよう。

注

（1） Jung, C. G., Diagnostische Assoziationsstudien, Barth, Bd. I, 1906 ; Bd. II, 1910. これは後に英訳して出版された。Studies in

Word Association, New York, Dodd, Mead and Co., 1918.

（2） 現在は、分析心理学（analytische Psychologie, analytical psychology）に統一されているが、ドイツ語圏内では、今でもコンプレックス心理学といっているひともある。

（3） Jung, C. G., The Psychology of Dementia Praecox, C. W. 3, p. 46.

（4） テストをマスターする場合、まず自分が受けてみることは非常に大切である。そして、自分でするよりも他人にしてもらうほうが意味が深い。この言語連想法も簡単そうにみえるが、やってみると興味深いものであるから、できるだけだれかに頼んで、やってみていただきたい。

（5） Jung, C. G., On Psychic Energy, C. W. 8, p. 11.

（6） ユングはジャネーを高く評価して、その影響を受けたことを認めている。なお、ジャネーの二重人格に関する研究は、L'Evolution Psychologique de la Personnalité, 1929. 関計夫訳『人格の心理的発達』慶応通信、一九五五年、の第二十二章参照。

（7） Jung, C. G., A Review of the Complex Theory, C. W. 8, p. 103.

（8） この事例の親のカウンセリングは、天理大学助教授の高橋史郎が担当、筆者が遊戯療法を受けもった。この事例についてのロールシャッハ法による検討についてはすでに発表してあるので、興味のある方はそれを参照されたい。河合隼雄／高橋史郎「遊戯療法の前後に施行したロールシャッハ法に言語連想法を併用した例」、『ロールシャッハ研究』V、一九六二年、一六八—一七九頁。

第三章　個人的無意識と普遍的無意識

前章において、無意識内に存在するコンプレックスの重要性について述べた。ユングは無意識の研究を続けていくうちに、コンプレックスの背後にまだ深い層があると考えるようになってきた。そこで、この章において説明する普遍的無意識(collective unconscious)や、元型(archetype)の考えが生じてくるのである。このように無意識内を層に分けて考えることは、ユングの心理学の特徴をなすものであり、彼のたてた普遍的無意識の概念は、多くの芸術家、宗教家、歴史学者などに歓迎されるが、[1]一方多くの誤解をも生じさせることとなった。実際、後述するように、ユング自身も初期の頃は、元型と元型的な心像とを同義語のように用いたり、理論的な混乱があったので、よけいに理解を困難にさせていたこともあったが、理論的に相当整理された現在においても、これらのことを説明することの困難さを痛感するものである。ともかく、できるだけ具体的にわかりやすく述べてみるつもりである。

1　普遍的無意識

ユングは無意識を層に分けて考え、個人的無意識(personal unconscious)と普遍的無意識(collective unconscious)とに区別する。これらを初めに概念的に規定してゆくよりは、実際的な例をあげて説明するほうがわかりやすいと思うので、筆者のもとに相談に来られた一つの事例について述べる。

これは中学二年生男子の学校恐怖症児で、約二か月間学校を欠席、もちろん本人がなぜ学校へ行かぬかはわからない。母親に連れられて、いやいやながら来談する。三回目の面接時に次のような夢を語る。

夢　自分の背の高さよりも高いクローバーが茂っている中を歩いてゆく。すると、大きい大きい肉の渦があり、それに巻き込まれそうになり、おそろしくなって目が覚める。

この夢について、この少年はほとんど何も思いつくことがない。夢分析の場合、夢内容についてその本人の連想を聞くことは欠かすことのできぬ重要なことである。しかし、この場合は本人は何も思いつくことがない。それよりも、この「肉の渦」といった思いもよらない内容と、その恐ろしさに本人自身もあきれているばかりである。このような場合、この夢内容は、このひとの意識からはるかに遠い、深い層から浮かび上がってきたとしか考えられない。ただ、この夢に対して一つの類推を許すのは、彼の症状としての学校恐怖症ということである。つまり、彼は何ものかに巻き込まれたかのごとく、家から外に出られないともいうことができる。

この少年は何も思いつくことはできないが、この夢の中心をなす恐ろしい渦は、われわれに多くのことを思い浮かばせる。この場合の渦は、渦巻線としてよりは、何ものをも吸い込んでしまう深淵としての意義が大きいが、このような深淵は多くの国の神話において重い役割を演じている。すなわち、地なる母の子宮の象徴であり[2]、すべてのものを生み出す豊饒の地として、あるいは、すべてを呑みつくす死の国への入口として、常に全人類に共

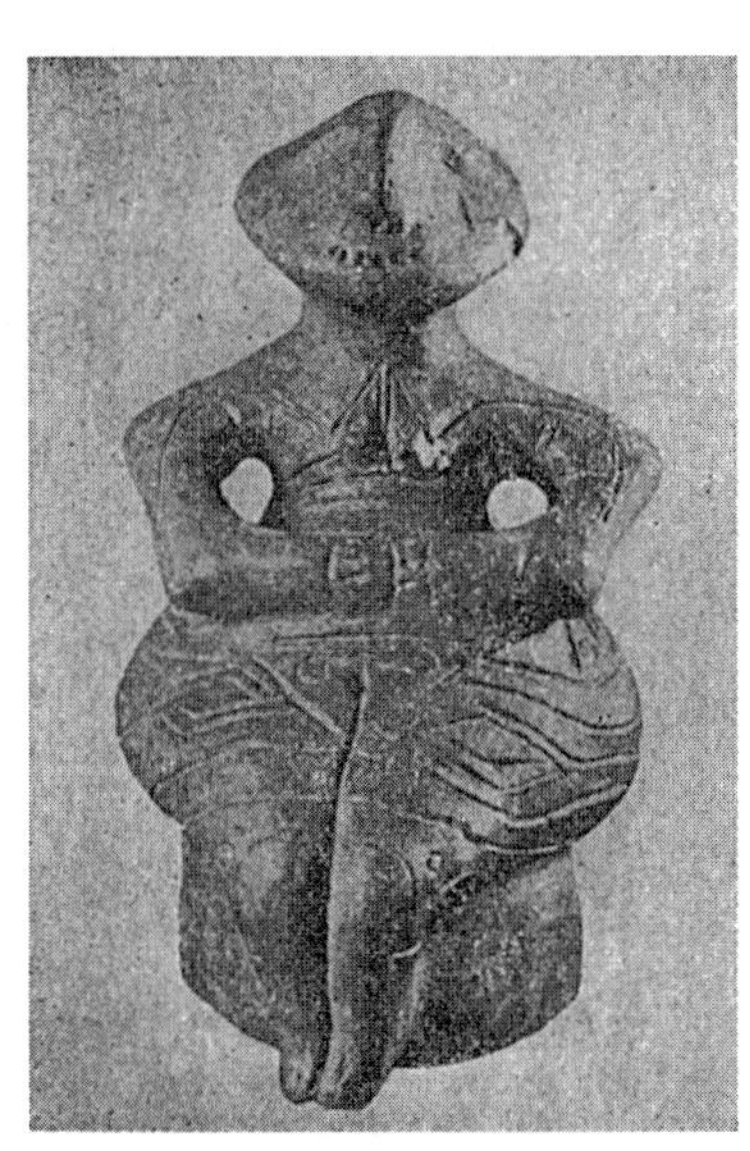

図4　新石器時代の女神像(トラキア出土)

通のイメージとして現われるものである。原始時代の人間にとって、地面から植物が育ち、また枯れて土にかえり(と彼らは思ったことだろう)、そして、また、新たな植物、生命が生まれ出てくることは、まったく驚きであり、不可思議であったに違いない。とくに、その植物、つまり穀物によって彼らの生命が維持される場合、この「土の不思議」は彼らの胸を打ったに違いない。かくて、「産み出すもの」としての、母、土、何かを蔵している深さなどは、一体として感じられ、地母神のイメージとして、全世界至るところに見出すことができる。

この、穀物の生成と、母なるものの意味を伝える神話の典型的なものとしては、ギリシャ神話のペルセフォネとその母デメーテルの物語をあげることができるだろう。そして、産み出すものとしての地母神が、また、死の神としての特徴をもつことも、多くの神話に共通に認められる。土から生まれ出た植物が、また土にかえるごとく、すべてを産み出す深淵はまた、すべてのものを呑みつくすものとしての意味も兼ねそなえている。このため、このまったく矛盾している生と死の両方を、一人の地母神が兼ねている例を認めることもできる。たとえば日本の神話で、国土を産み出した母なる神、伊耶那美は、後に黄泉の国に下って死の神となるのである。このような深い意味をもった母なるもののイメージは、全人類に共通に認められるものであるが、これを個人的な実際の母親像とは区別して、ユングは太母(great mother)と呼んでいる。地なる母、太母(グレートマザー)が、生の神であると同時に死の神である二重性は、渦巻線によって象徴されることもある。渦巻はまた、太母の乳房の象徴としても用いられるもので、太古からある太母の像には、よく現われるものである。[3](前頁の図4に、渦巻の印をもった太母神の像を示しておいたので参照されたい。)

渦巻について少し考察を重ねたが、再びわれわれの少年の例について考えると、この少年は、このような意味をもった太母の象徴としての渦のなかに足をとられて抜けがたくなっているのではないか。そして、この少年が学校を休んで最も熱中していたことは、石器時代の壺を見ること、そして、そのまがいものを自分で焼いて作ってみることであったことは、非常に示唆するところが大きいと感じられる。すなわち、壺は、産み出し、あるいはすべてを呑み込むものとして、最も普遍的に太母神の象徴となっているものだからである。実際、古代において、壺そのものが、あるいは壺に目鼻をつけたものが神として、信仰の対象となっていた例は多い(図5参照)。

図5 壺
(前8～前4世紀, プロシア出土)

また、この少年は、夢について初め何も連想できなかったが、次回の面接において、肉の渦のイメージの凄まじさについて話をしていると、急に、「僕は家で甘やかされているのが嫌だ」と語り、ここから治療的な話が発展したことを考えると、前述の点が、より裏づけられたものと思われる。そして、結局は父親が精神病であるので、それが級友に知れるのが嫌さに学校へ行かないのだと打ち明ける。さて、この場合、父親が精神病であることが、この少年が学校へ行かなくなった本当の原因であ

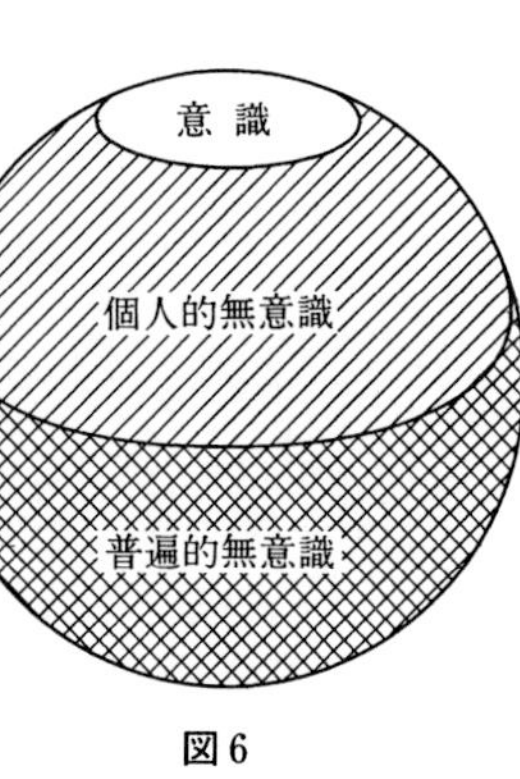

図6

るというべきであろうか。確かに、父親の精神病は辛い事実である。しかし、そのために学校へ行かないというのは、少し反応が強すぎると感じられないだろうか。このような場合、ユングは、「すべての心的な反応は、それを呼び起こした原因と不釣合いの場合には、それが、それと同時に何らかの元型によっても決定づけられていないかを探求するべきである」[4]と述べている。つまり、この場合であれば、父親の病気という原因と同時に、その背後にある元型的なもの(次節参照)を問題とすべきことを示唆している。実際、この事例の場合は、この弱い父親像の背後に渦巻いている肉の渦、つまり、何ものをも呑みつくす力をもった元型的な太母の像の存在が、大きい条件となっていることに、われわれは思い至るわけである。この少年が、これらのことについて語った後、父親の問題を未解決のままで登校に踏み切っていった事実も、父親のことが、むしろ派生的なことであったことを示している(父親の問題も、少年が登校したあとで、母親が処置を考えることになったが[5])。

この少年の夢に生じた内容は、彼の個人的経験としてよりも、神話的なモチーフとの強い連関性をもち、全人類に普遍的に存在する層に属しているものと考えられる。以上のような点から考えて、ユングは、人間の心のなかに意識と無意識の層を分けるのみでなく、後者をさらに個人的無意識と普遍的無意識とに分けて考えた。この三つの層をユングの言葉に従って述べると次のようになる[6]。

(1) 意識

(2) 個人的無意識　これは第一に、意識内容が強度を失って忘れられたか、あるいは意識がそれを回避した

(抑圧した)内容、および、第二に意識に達するほどの強さをもっていないが、何らかの方法で心のうちに残された感覚的な痕跡の内容から成り立っている。

(3)普遍的無意識　これは表象可能性の遺産として、個人的ではなく、人類に、むしろ動物にさえ普遍的なもので、個人の心の真の基礎である。

人間の無意識の奥深く、このような人類に普遍的な層を考えるのは、ユングの特徴であるが、この点も、彼がフロイトと説を異にして訣別してゆく原因となったものである。この普遍的無意識の内容は、さきの例にも示したように、神話的なモチーフや形象から成り立っているが、この内容は神話やおとぎ話、夢、精神病者の妄想、未開人の心性などに共通に認められる。このような例として、ユングは一人の分裂病者の妄想と、古いミトラ祈禱書に書かれてある内容との一致した例をあげている(7)。

これを簡単に述べると、ユングは病院で、ある分裂病患者が目を細めて窓外の太陽を見ながら、頭を左右にふっているのに出会った。患者はユングに対して、目を細めて太陽を見つめると、太陽のペニスが見え、自分が頭を揺り動かすと、それも動くが、それが風の原因だと語る。さて、ユングがあるときギリシャ語で書かれた前述の本を読んでいると、そのなかに、太陽からありがたい筒が下っているのが見えること、それが西に傾くと東風が吹き、東に傾くと西風が吹くこと、などが記されているのを発見する。前記の患者はギリシャ語は読めないし、この本が出版されたのも患者が妄想を語ってから後のことであるから、このような内容を患者がどこかで読んでいたとは考えられない。このように、患者の妄想と神話的な内容との一致は、たんなる偶然といって無視できるかもしれないが、いつもそうであったように、ユングはこの奇異な現象を偶然とは考えずに、真剣に取り上げて研究の対象としたのである。そして、これから後にも所々に述べるように、このような現象がたんなる偶然ではなく、とくにわれわれが心理療法という分野で観察を続けるときは、案外しばしば生じてくるものであることがわかってきたのである。

このような研究を通じてユングは普遍的無意識を考え、さきに述べたコンプレックスが個人的無意識内に存在するものであるならば、普遍的無意識の内容として、次節に述べる元型の考えを導入したのである。[8]

2 元型

前節にあげた例においては、一人の中学生の学校恐怖症という症状とともに、古い壺に対する愛着、渦のイメージなどと一連の、神話の主題としては、太母（グレートマザー）の象徴と考えられるものが同時に生じてきたことを示した。このように、人間の普遍的無意識の内容の表現のなかに、共通した基本的な型を見出すことができると考え、ユングは、それを元型と呼んだ。彼が、この言葉を初めて用いたのは、一九一九年であるが、[9]それまでは、ヤコブ・ブルックハルトの言葉を用いて、原始心像（primordial image, urtümliches Bild）と呼んでいた。しかし、後年にはこの両者を区別して用い、元型は仮説的な概念であって、心の奥深く隠されている基本的要素であり、原始心像は、それの意識への効果、すなわち意識内に浮かび上がってきた心像をさしているとした。つまり「元型そのもの」は、けっして意識化されることがなく、不可視の節点のごときもので、その表象としての原始心像（あるいは元型的心像とも呼ぶ）とは区別して考えることが必要である。

以上のことを少し比喩を用いて述べてみる。昔、原始人たちが森を開拓して住む所を作ったとする。この開拓された場所についてはは彼らもよく知っているが周囲の森の中はまったく無気味な場所である。さて、ある日、彼らの仲間が何ものかに殺されたとする。彼らはこれを何と説明するか。結局、森の中の不可知なXのためにと考えるだろう。これを彼らは、カミと呼ぶかアクマと呼ぶか、それはわからない。しかし、そのうち彼らが事象をよく観察するうちに、ある殺人のときは、必ずその周囲に同じ足跡を見つけ出すことがあるだろう。そして、また、ある場合は足跡はないが、どのひとも背中に大きい爪跡を受けて死んでいることを発見するだろう。この場合、彼らは、一様に森の中のXと考えていたもののうち、種類を分けて、甲と乙とか、何とか区別を始めることとなろう。この例において、開拓地は意識を、森は無意識を示していると考えてみよう（実際、夢ではそのように表わされることがよくある）。そして、殺人に伴う足跡は、意識に表われた原始心像と考えられるだろう。この場合、彼らは一度もその怪物を見たことがない。しかし、いつも生じる共通の型から、怪物Xの存在を仮定することは、当を得たことと思われる。そして、その型の類別によって、また怪物YやZを見つけ出し、そのやり口を研究することは、その防御策へとつながってくる。つまり怪物そのものの存在はわからないが、その現象を類別することによって、より効果的にその被害をさける手段も見つけうると考えられる。このことは、われわれが、意識化されることのない節点としての元型を、仮説的概念として導入することの意義につながっている。つまり、このような基本的な型を考えることによって、意識現象（この場合、原始心像）を把握し、われわれの意識体系が無意識からの原始的な力のもとに、ほしいままにされることの危険性を免れようとするのである。ただ、この場合、怪物Xと思っていたのは、実は開拓の際に森の中に逃げこんだ動物、たとえば熊であることが判明したようなときは、これは、われわれの図式でいえば、意識から抑圧された

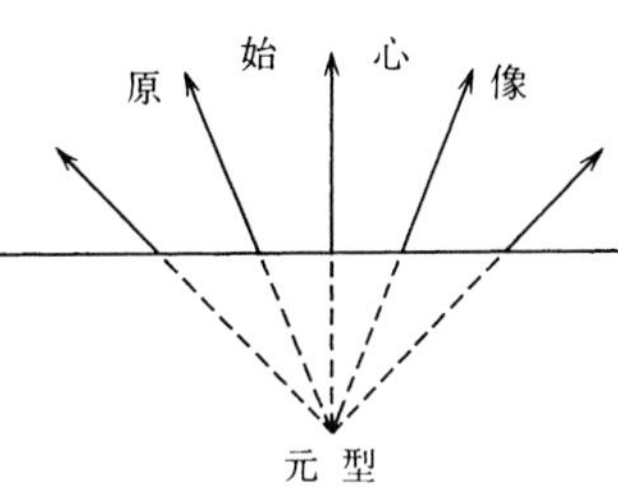

図7

個人的無意識の内容が、再び出現して意識の障害をひき起こしていたのが、はっきりと意識化されることによって、問題が解決される現象に相当することになろう。

以上のたとえからわれわれは神話の成立、あるいは神話の意味について考え及ぶことができる。さきに、たとえとして怪物による被害などを述べたが、実際には、原始人にとって自然現象のすべては、驚きと疑問の対象であったに違いない。夜と昼との交代、その間における太陽と月の動き、あるいは嵐や洪水などは、つねに彼らの心に何らかの働きかけをなしたに違いない。それがどのような反応を彼らの心のなかにひき起こしたかは、直接知るよしもないが、彼らの残した神話によって、ある程度の類推をすることができる。そして、これらの神話があまりにも明瞭に自然現象のアナロギーであることがよみとれるので(たとえば、太陽神話など)、結局のところ、神話は原始人が自然現象を説明するために考えだしたものとする学者さえあった。事実、初めは宗教的意味の強かった神話という母胎から、自然科学が育っていったのでもあるが、だからといって、神話を原始人の説明欲求に基づく低次の物理学理論のようにみるのは、あまりにも一方的にすぎると思われる。むしろ、そのような物理的説明としてのみならず、このような自然現象、およびそれによって生じる心の動き、驚きや悲しみや喜びなどを、自分の心のなかに基礎づけ、安定させてゆくための試みとして、神話をみることも大切ではなかろうか。この点、神話学者のケレーニィ[10]が、真の神話は事物を説明するのではなく、事物を基礎づけることのためにあると考えるのは、非常に示唆深い。この点について、もう少し詳しく説明してみることにする。

まず、自然現象が古代のひとによって記述される際に、どうして自然現象そのままではなく、空想的な話によってなされたのかを問題にしたい。たんなる物理学、天文学としてならば、東から昇る太陽はあくまでも、太陽の姿として記述されるべきであるのに、どうして、それは黄金の四輪馬車に乗る神として述べられねばならなかったのか。それについて、ユングは、古代のひとが外部の現象のみでなく、それが彼の心の内部に与えた動きをも述べようとしたのではないかと考える。むしろ、外に起こることと内部に生じる心の動きとは分離できぬものとして、その主客分離以前のものを、生き生きと記述しようとした試みとして、神話の言葉をよみとろうとするのである。この実例として、ユングは東アフリカのエルゴン山中の住民のところに滞在していたときの体験を述べている(11)。この住民たちが、日の出の際に太陽を崇拝することを知ったユングは、「太陽は神様なのか」と尋ねてみる。住民たちは、まったく馬鹿げたことを聞くという顔つきで、それを打ち消した。そこで、ユングは、そのとき空高く昇っていた太陽を指さして、「太陽がここにいるときは神様じゃないというが、東の方にいるときは、君らは神様だという」と、さらに追及すると、皆はまったく困ってしまう。やがて、老酋長が、「あの上にいる太陽が神様でないことは本当だ。しかし、太陽が昇るとき、それが神様だ」と説明する。つまり、彼らにとっては、朝になって太陽が昇る現象と、それによって彼らの心の内部にひき起こされる感動とは不可分のものであり、彼らには、その感動と昇る太陽とは区別されることなく、神として体験される。実際このような体験を把握することは、合理的な思考法のみで固められたひとにとっては、なかなか困難である。太陽は神であるか、神でないか、どちらかであるとか、太陽を崇拝するならば、太陽はつねに神であらねばならぬとか、はっきりと割り切って物事を考える態度をとるときは、このような、元型的な体験を把握することができなくなる。つまり、われわれの合理的知性にみられるような絶対的な区別がなく、主体と客体との不可思議な一体化が生じるのであり、これをユングは、レヴィ・ブリュルの言葉を用いて、神秘的関与(participation mystique)と呼んでいる。

以上のように考えると、神話というものは、それに対応する外的な事象が存在したことも事実であるが、それのみが神話を決定するものではなく、それと同時に、それに伴う内的体験が重要なものであることがわかる。わわれわれは、外的な現象に対して、「なぜ?」と尋ね、それを合理的な知識体系へと組織化してゆくと同時に、その底においては、心の内部に流れる体験を基礎づけ、安定化させる努力、すなわち、神話を作り上げることが行われているのである。このことを、さきにあげた神話学者のケレーニィは、「なぜ」の背後にある「どこから」(whence? woher?)という疑問に答えるものであると述べている。[12] 実際、嵐という現象を高気圧や低気圧、空気の移動などによって説明されるよりは、前にあるものは、家をも木をもなぎ倒して突進してゆく、オータンの軍勢の行進であるというお話のほうが、はるかにわれわれの心に直接に働きかけてくるのである。あるいは、その歌声によって舟人をひきつけ、深淵にさそい込む、ローレライの美女のお話は、われわれに、ローレライの不可知な美しさと、その裏にひそむ抗しがたい危険さを、生き生きと感じさせるのである。そして、それゆえにこそ、これらの話は、われわれの知的な判断によれば無意味であることが明らかであるのに、今なお、生命を保っているのである。そして、このような凄まじい嵐の神の男性像、美しさと恐ろしさを兼ねそなえた不可知の女性像は、われわれが世界中の神話やおとぎ話などを読めば、あらゆるところに見出すことができるのである。このように全人類に普遍的に認められるモチーフを、ユングが元型と呼んだとも考えられる。つまり、われわれ人間の知的なレベルではなく、もっと深いレベルにおいて、原初的な心性に通じる、表象の可能性が存在し、それらを、ある程度、類型的に把握することが可能である、あるいは、類型的にとらえることが便利であると考えるのである。

以上、神話との関連において、ユングの元型の考えを述べてきたが、もう少し説明をつけ加えたい。ユングの元型の考えが、よく誤解される点は、それを人間が古代に獲得したイメージが遺伝されたものと受け取られることである。もちろん、人間が生後に獲得したものが簡単に遺伝されるとは考えられず、ユングも、このようには考えていない。元型とはむしろ、人間が生来もっている「行動の様式」(pattern of behavior)というべきである。

あるいは、古来からの遺産としてみるならば、遺伝された理念とか心像とかではなく、そのような表象の可能性であある。つまり、昇る太陽を見たときに、それをそのまま太陽としてみるよりは、「神」として把握しようとする様式が人間の心の内部に存在していると考え、そのような把握の可能性としての元型を考えるのである。しかし、この元型そのものは、あくまで、われわれの意識によってはとらえることができず、結局のところ、その意識に与える効果によってのみ、認識されるにすぎない。そして、その効果こそが、さきほどから神話を例にあげて述べているような、原始心像なのである。実際、元型は、その姿を隠喩(metaphor)によってのみ、われわれに示すものといってよいだろう。そして、このような隠喩をよみとることのできぬひとにとっては、元型は合理的な理解を超えた深い謎としか感じられぬことだろう。

次に、元型的なものの把握を困難にする他の理由として、主体性の関与という点があげられる。さきに、エルゴンの住民の例をあげたとき、主観と客観の分離以前の一つの体験として、昇る太陽が把握されることを述べた。このように、元型的な心像の把握は、われわれの主体性の関与と、主体と客体を通じての一つの型の認識なくしては、不可能なのである。

以上の点から考えても、元型について、このような抽象的な論議を重ねることは、無意味なことであり、その実際例に基づいて話をすすめるほうが、はるかに意義があると思われる。以後は、もっぱら、例を示して説明を加えてゆきたいと思う。ユングが元型として取り上げたもののうち、とくに重要なものは、ペルソナ(persona)、影(shadow)、アニマ(anima)、アニムス(animus)、自己(self)、太母(great mother)、老賢者(wise old man)と名づけられるものである。このうち、太母については、すでに少し言及したが、その他のものについては、他の章でふれることにして、次節に、元型のうちで、最も理解しやすいと思われる「影」について述べる。

3　影

多くの元型のうちで、そのひとの個人的な心的内容と関連性が深く、したがって理解しやすいものが、影である。影の内容は、簡単にいって、その個人の意識によって生きられなかった半面、その個人が認容しがたいとしている心的内容であり、それは文字どおり、そのひとの暗い影の部分をなしている。われわれの意識は一種の価値体系をもっており、その体系と相容れぬものは無意識下に抑圧しようとする傾向がある。たとえば、子どものときからおとなしく育てられ、攻撃的なことをいっさいしないようにしてきたひとにとって、少しでも攻撃的なことは、その意識体系をおびやかすものとして、すべて悪いこととして斥けられる。この際、このひとの影は非常に攻撃的な性質をもったものとなる。また、実際生きてゆくうえにおいて、一般に、ひとびとは他人を傷つけるとか、極端にひとをだますとか、下品なことを公衆の面前で話すとか、のようなことはしないでいる。このような一般に社会で悪といわれていることは、影の大きい部分でもある。このような部分は比較的万人に共通しているが、個人によって価値体系や生き方が異なるように、その影も、非常に個人的な色彩が濃い面もある。しかし、このような影があってこそ、われわれ人間に、生きた人間としての味が生じるのであって、ユングも「生きた形態は、塑像として見えるためには深い影を必要とする。影がなくては、それは平板な幻影にすぎない」と述べている。[13] 影のないひとは、いかに輝いて見えても、われわれはその人間味のなさにたじろぐことだろう。シャミッソーの有名な『ペーター・シュレミール』のお話は、影を失った男の悲哀を、うまく描き出している。この素晴らしい物語の最後に、シャミッソーは、この物語を皆さんにおくるのは、人間として生きるためには、第一に影を、第二にお金を大切にすることを知って欲しいためだと書いている。これを見て、筆者はある精神分裂病のひとの夢を思い出した。夢のなかで、このひとは、自分の影が窓の外を歩いてゆくのを見るのである。自分の影が自分のコントロールを離れて、一人歩きを始めたらまったく危険きわまりないことである。

分析を受け始めると、ほとんどのひとがこの影の問題にぶち当たる。自分の生きてこなかった半面、いわば自分の黒い分身は、夢のなかでは、自分と同性の人間として現われることが多い。たとえば、次に、ある三十歳の男性の夢をあげる。このひとは非常に気の弱いひとで、赤面恐怖に悩んで治療を受けにきたのである。

夢 教室で勉強している。数学の時間で先生が私に質問をする。私は答えようとするが、全然思いつかない。先生は非常に意地悪い顔つきで、こんなものがわからないのかといい、しまいには「君はいつもこんな調子で、結局顔は赤くなるし、物はいえないし」という。他の学生たちまで、それに呼応して、「赤くなる!」とか、「何もできない!」とか叫び出し、私は冷汗を流して、目を覚ます。

この夢をみたひとは、小さいときから女のようにしてすごし、人に意地悪をしたり、権威的な態度をとったりすることが大嫌いで、また、そんなことはけっしてできなかったひとである。このひとが自分の意識体系から完全にしめ出してきたものが、この夢では総出になって、このひとをおびやかしている。連想の内容から、この先生像は父親の像とも関連の深いことがわかったが、分析の初期にあっては、このように影の像が、両親の否定的な面と重なって出てくることが多い(分析が進むにしたがって、それらは分化され、明確化されるが)。さて、この夢によって、このひとは、自分がひたすらきらってきた意地悪さや、攻撃性などが、実は自分の無意識の世界に強力に充満していることを知らされ、それに直面してゆくことを知らされたわけである。今の場合、抑圧されていたものは、確かに一般にもあまり承認しがたいものであるが、影はいつもそのように、一面的な悪とは限らない。次に、もう少し分析のすすんだ段階での他のひと(二十五歳の男子)の夢を示す。

夢　私の兄が何か反社会的なことをしたため逮捕されることになる。夢のなかでは、これは武士の時代のようになっていて、兄は拘引されるよりは切腹を希望する。私もそれを当然のことと思っている。ところが、切腹のときになって私は「死」の意味することがはっきりとわかり、必死になって兄を止める。「死なないで、ともかくどんなことがあっても生きてさえいれば、会うこともできるし話し合いもできる。死んだらおしまいだ、死なないで！」と私は叫ぶ。

この夢を見た男性は、何事も割り切って考え、あまり無理なことをしないのを信条としてきたひとである。社会できめられたことは守り、その線で合理的に生きてゆくのであり、この反面、夢に出てきた兄が、何とか現状を打ち破り、法律を曲げても、状態をよくするために行動するのと対照的であるという。そして、そのような兄の行動を、情に流されて無駄骨を折っているとよく思ったとのことであった。この場合、自分と好対照をなす兄の像が、影であることはいうまでもない。何か逮捕されるような反社会的なことをした点にも、はっきりそれが表われている。しかし、面白いのは、それからあとの筋において、このひとと影との間に微妙な役割の変化や関係が生じてくることである。逮捕よりは切腹をよしとして兄は死のうとし、自分も当然と思う。このあたりは社会的規範に従って割り切って考えるひとの態度がよく出ているが、反社会的な影の兄まで、この規範に従っているところが興味深い。そして最後の瞬間に、このひとの態度が逆転し、社会的な通念、切腹をよしとする考えに反して、生きることを兄にすすめて、死なないでと叫ぶのである。情に流されて無駄骨を折っている兄を笑っていた彼が、ここでは、自分の心のなかに流れる感情に従って、社会的通念を破って行動する。このようにして、彼は自分の影の死を救ったのである。そして、「生きているかぎり話し合える」と叫んだことも意義が深い。彼は今後、この死を免れた影との話し合いを続けることによって、おそらく、その生き方を変えてゆくべきことが示唆されているからである。

この例に見られるとおり、影はつねに悪とは限らない。確かに、このひとの場合であれば、行動的に生きることや、感情のおもむくままに生きることは、馬鹿げて見えたり、嫌だったりしたであろうが、それはむしろ、今後、自分のなかに取り上げられ、生きてゆかねばならない面と考えられる。つまり、今までそのひととしては否定的に見てきた生き方や考えのなかに、肯定的なものを認め、それを意識のなかに同化してゆく努力がなされねばならないのである。このような過程が分析において生じるのであって、これをユングは、自我のなかに影を統合してゆく過程として重要視している。分析というと、何か自分の心理状態を分析してもらって、分析家に、あなたは何型ですとか、こんなところがありますが、こんなところはありませんとかいってもらって終わるものと思うひともあるが、そんなに簡単なものではない。自分で今まで気づいていなかった、欠点や否定的な面を知り、それに直面して、そのなかに肯定的なものを見出し、生きてゆこうとする過程は、予想外に苦しいものである。影の自我への統合といっても、実際にするとなると、なかなか容易ではない。

夢の例をさきにあげたので、あるいはわかりにくかったかもしれないが、自分の影のイメージを、実在しているひとのなかに探すのは、それほどむずかしいことではない。自分の周囲にあって、何となくきらいなひとや、平素はうまくゆくのに、ある点でだけむやみと腹が立つようなとき、それらは自分が無意識内にもっている欠点ではないかと考えてみると、思い当たることが多いに違いない。われわれは自分の意識の体系をもっているが、それを簡単に作り変えるのは容易なことでないので、ともかく、それをおびやかすものは、悪として斥けがちになる。自分の知らないこと、できないこと、嫌いなこと、損なことは、ともすると悪と簡単な等式で結ばれやすい。たとえば、さきの赤面恐怖のひとの例をとると(このひとは日本人ではない)、このひとは軍人が大嫌いであった。このような場合、このひとにとって、「軍人のなかには偉いひともいる」ということを認めることは非常にむずかしいことであった。考えてみると、すべての軍人というのではなく、なかには偉いひともいるというのは当然のように思える。そして、知能の高いこのひとが、こんな自明のことを承認できぬのを不思議に思うかもしれない。しかし、問題はけっして知能の点ではない。これは知的判断の問題ではなく、このひとが長らくもち続けてきた人生観、それを単純な式であらわせば《軍人＝攻撃性＝嫌い＝悪》となるものを打ち破るという、たいへんな問題なのである。意識内の等式と違って、無意識内の等式は、不合理で、強力な情動によって武装された頑強さをもち、例外を許さぬ偏狭さをもっている。この等式に例外を認めることは、人生観の改変を意味する。それがすなわち、影の統合なのである。

実際、読者の方は、知能の高いひとが、あきれるほど偏狭な考えをときにもっていて、それをなかなか変えられぬ例をすぐ思いつくことができるに相違ない。それは、そのわかりきった命題を認めること、たとえば、女性のなかには頭のよいひともいる、とか、共産主義者のなかにもものわかりのよいひともいる、とかを認めることは、ただちに、そのひとにとっては、自分の影と直面することを意味する場合である。ともかく、実際には、自分の影に直面することは恐ろしいことなので、だれもが、何らかの方法で、自分の影を抑圧したり、認めることを避けようと努めている。ただ、この場合、抑圧があまりにも強すぎて、影と自我との間に交流がなさすぎるときは、影はより暗く、より強くなり、自我への反逆を企てることになる。これは、隣国を恐れるあまり、国境を閉ざして交易をしなかったら、そのうちに隣国が強力となって、攻め込んできたという状況にたとえられるだろう。影の自律性が高まって、自我の制御を越え、突発的な行動として外に現われるのである。この現象が最も劇的な形で現われるものに、二重人格の現象がある。あまりにも強く抑圧され、自我との交流を断たれた影は、だんだんと強力になり、それ自身が一つの人格となって自我に反逆する。この例としてセグペンとクレックレーの報告した有名な多重人格の事例[14]によって説明してみよう。

これはアメリカの二十五歳の家庭の主婦であるが、彼女は自分のまったく知らない間に、自分にはおよそ似合わない派手な衣服を買い込んでいて、服屋の料金請求を受けて驚いてしまうのである。彼女はまったく覚えがないが、服屋は料金を求めるし、彼女の衣装だんすからは、問題の衣装が出てくるので、いい逃れができない。このため、彼女は心理療法家のもとに治療を受けに来るが、なかなか、この不思議な現象の謎は解けない。とうとう、治療中に彼女を催眠状態にして話し合っていたとき、彼女とはまったく異なった人格が現われ出て、治療家を驚かすのである。この二人の女性(といっても肉体的には同一人物であるが)を区別して、治療家は、イヴ・ホワイトとイヴ・ブラックという名を与えている。さて、突然に現われたイヴ・ブラックは、彼女こそイヴ・ホワイトの無意識のうちに服屋に行き、彼女に似合う服を買ってきた人物であることや、その他、イヴ・ホワイトの知らぬうちに、いろいろといたずらをし、そのためにいつもイヴ・ホワイトが叱られていることを、愉快そうに話す。イヴ・ブラックこそは、この地味で、むしろ陰気でさえあるおとなしい家庭の主婦の影であった。実際、この二人の女性の性格はまったく、黒と白の好対照をなしていた。イヴ・ホワイトのほうは、地味で慎み深く、まるで聖女のようであり、いつも悲しみをたたえた表情で、陽気になることがなく、声も温和で慎み深いものであった。ところが、このイヴ・ブラックは、派手好みで、陽気で、小さい魔女のようで、声も粗野であった。そして、イヴ・ブラックのほうはイヴ・ホワイトの存在をよく知っており、ときにイヴ・ホワイトととって代わり、派手な服装を身につけて、ナイトクラブに現われ、その魅力をふりまいて男性たちと遊び、何くわぬ顔で帰宅する。翌朝になると、もう、イヴ・ブラックは消え去り、イヴ・ホワイトとなり、彼女は、自分には理由のまったく不明な頭痛と疲労感を感じて目覚めることになる。

さて、この治療家は、イヴ・ホワイトを催眠状態にして、イヴ・ブラックを呼び出し、この両者と根気よい話し合いを続け、これを統合された一つの人格とすることに努力するのである。その過程は省略するとして、ここに注目すべきことは、治療者がいみじくも名づけたように、人生の白い面のみを生きてきたイヴ・ホワイトの無意識内に、その生きられなかった黒い半面が人格化されて存在し、イヴ・ブラックとなって、それがイヴ・ホワイトの制御を越えて活動し、悩ますようになった事実である。これは、影の現象と、その恐ろしさを生き生きと示している好例であると思われる。

黒と白の二人のイヴの例はあまりにも劇的なものであるが、このような事実が、文学作品として描かれている素晴らしい例としては、スティーヴンスンの『ジキルとハイド』や、オスカー・ワイルドの『ドリアン・グレイの肖像』などをあげることができる。なお、このジキルとハイドの物語の骨子を、スティーヴンスンが夢のなかで見たという事実は[15]、なかなか興味深いことである。これらの一見、非現実的にみえる物語が、多くのひとの心を打つのも、結局は、これらがわれわれ人間の心の内的現実を見事に拡大して、明確にとらえてみせてくれたからにほかならない。われわれが普通に考えてみても、ジキルとハイドほどに、際立った白と黒の部分が心のなかで交代することは少ないにしても、酒に酔ったときとか、勤務を終えて家庭に帰ったときとか、われわれの自我の制御力が弱まるときに、普段の性格とは逆の性格が現われる例を容易に認めることができる。実際、われわれの影は、親しいひとの前ほど、よく現われる傾向があるので、どんなに偉大なひとでも、その奥さんや女中さんからは尊敬されないどころか、少しは軽蔑されていることも多いものである。

ある個人が、その影をあまりにも抑圧しているときは、結局その影の犠牲になる例の多いことをさきに述べたが、この犠牲が他人に及ぶような場合もある。すなわち、両親の影を子どもが生かされているとでもいいたいような例である。父親がまったく道徳的で、だれから見ても非の打ちどころのない教育者であるのに、その子どもはまったく逆の、手に負えない放蕩息子であるような例が、ときどき存在する。「子は親に似るもの」と単純に信じているひとは、このような例に驚くのであるが、この場合も、この子は親に似たのである。ただ、それは親の生きていない半面、その影に似たわけである。あるいは、いわゆる聖人の影を、その夫人が背負わされて生きている例もある。このようにして、一つの家族が一つの人格構造をもっているような感じを抱かせるような例は非常に多い。この場合、一見すると徳の高い教育者が、その放蕩息子のために名誉を傷つけられたり、心の清い聖人が悪妻に悩まされたりしているように感じられるが、実のところ、この放蕩息子や悪妻は、有徳のひとの影の犠牲者であるとの見方もできるのである。このようにいったとしても、もちろん、すべての宗教家や教育者が家族を苦しめているなどという気はない。実際、自分の影に直面して苦闘している真の宗教家や教育者はたくさん存在しているから。影の問題は生きてゆく上において、確かに厄介なものであるが、厄介なものであるだけに、これを他人に背負わすことなく、自分で責任を取って生きてゆくのが、本当の生き方であろうと思われる。

影を認知し同化することのむずかしさは、われわれに投影の機制をフルに用いさせることになる。自分の内部にある認めがたい影を他人に投影し、とかく悪いのは他人で、自分はよしとするのである。このような傾向が一般化し、一つの民族や一つの国民が、その全体としての影を何ものかに投影するような現象も、全世界を通じてしばしば認められるのである。たとえば、ある国によっては、他の一つの国民をまったく馬鹿にするとか、悪人であるとかきめつけて考えるようなことが非常に多い。われわれ日本人にしても、戦争中は鬼畜米英などと教えられ、アメリカ人はすべて鬼のように恐ろしいなどという単純な現象は起こりようもないが、この単純な考えを、一国のほとんどのひとが信じるという現象が、しばしば起こるという事実を認識することは大切なことである。内部にあるはずの悪を他にあるように信じることは、何と便利なことか。このことを知っている狡猾な為政者は、適当に影を投影する方法を探し出すことによって、全体の団結を高める。その顕著な例として、ヒトラーによるユダヤ人の排斥をあげることができるだろう。ヒトラーの強力な全体主義体制によって生じる問題を、すべて悪としてのユダヤ人に国民の目を転じさせることによって、免れようとしたとも考えることができる。「結局悪いのはユダヤ人だ」という標語によって、個々のひとは責任逃れの団結を固めてゆくことができる。この現象は、人間がグループをなすところ、つまり、一つの村で、学級で、家族内で、あるいは友人間にさえ、つねに起こる現象である。しかし、他に悪者を作ることによって得られた団結は、みせかけの強力さにもかかわらず、きわめてもろい反面をもっているものである。真の団結は、グループの個々の成員が、その影を認識し、責任をもって同化に努めることによって維持されるものである。

影の部分のうち、個人的色彩の強い部分は、そのひとにとって否定的に感じられるが、結局は、その否定的な面に直面し同化してゆこうとするときは肯定的な意味をもってくることが多い。この例として、さきに兄の切腹をとどめた夢を見たひとをあげた。実際、影のなかに光を見出すともいえるような、この微妙なニュアンスを知ることは、影の理解にとって真に大切なことである。しかし、影のなかでも普遍性の強い部分、普遍的影(collective shadow)と呼ばれる部分は、多くのひとびとに共通に悪として感じられてきたものであり、これを内的に認知してゆくことは、非常にむずかしい。このような普遍的な影のイメージは古来から、悪魔や鬼、化け物などとして、各国の民話や伝説のなかに表わされている。そして、これらの話を心して読むことにより、われわれ人間が、自分の影の現象をどのように考え、あるいは感じてきたか、そして、影の問題にどのように対処してきたかを知ることができる。これらの詳細な分析は、また機会を改めて試みることにして、ここでは、その重要性を指摘することにとどめておく。ただ、このように昔話とか、悪魔などについて語ると、人工衛星が飛ぶ時代においては、まったく時代錯誤であるとの感をもつひともあろうが、筆者の問題にしているのは悪魔の存在ではなくて、そのような心像を作り出した、心の現象についてであることに注意していただきたい。たとえば、現在では非科学的な悪魔やお化けを恐れるひとはほとんどなくなった(まったくないとはいえぬようだ)が、これはけっして、われわれの心のなかにある非合理な影の消滅を意味していない。このため、現在のひとたちは、癌恐怖症にかかる。いつも合理的に生きているひとが、少しの腹痛から胃癌だと自己診断を下し、医者にゆくのを恐ろしがったり、なかには医者の科学的判定を疑ってまで、まだくよくよと心配したりする例は、すぐに見つけ出すことができる。ここに大切なことは、癌そのものは実在することが科学的に証明されているが、その恐怖のほうはきわめて非科学的なものが多いことである。非合理な恐れを、科学的な対象に向けることによって、自分の恐怖心を近代的だと思っているひとは、悪魔を恐れて祈った昔のひとたちの心性とあまり差がないというべきだろう。われわれは、昔話の主人公たちを笑ってばかりもいられないのである。もちろん、癌そのものは実在し、恐ろしいものであり、われわれはその対策に力をつくさねばならない。しかし、それと、非合理な癌恐怖症とはまったく別物であることを知らねばならない。

さて、日本と西洋とを比較して考えると、われわれは西洋人よりは、影の魅力について、はるかによく知っていたように思われる。実際、筆者の少ない経験においても、影のなかに光があること、あるいは悪を同化する努力のなかに善が生じてくることなどの考えを述べた際に、西洋人は多くの場合、困惑したり強い反対を示す。また、あるときは、このような事実を知ったときは、素晴らしい発見をしたように喜ぶのである。ところが、日本人の場合は、さきのようなことを述べると、むしろ当然のこととして受け取られることが多い。西洋がキリスト教による強い善悪の判断や、合理主義による明確な思考によって、影の部分を意識から排除することに努め、したがって、その影の同化という問題に足ぶみしているときに、東洋人は、陽の極まるところ陰となり、陰の極まるところ陽となる心の現象の複雑さについての知識を豊富にもち、影の多い生活を楽しんできたものともいえる。

注

(1) たとえば、ハーバート・リード、ポール・ティリッヒ、アーノルド・トインビー、それに神話学者のケレーニィなど、わが国にもよく知られているひとたちを、ユングの考えを受けいれて、その専門の分野に適用しているひととしてあげることができる。なお、ユングの考えの簡単な紹介をした後、それと他の分野との関連、社会的意味について述べたものとして、次の本がある。Progoff, I., Jung's Psychology and its Social Meaning, Grove Press, 1953.

(2) Neumann, E., The Great Mother, Routledge & Kegan Paul, 1955, p. 170.

(3) Neumann, E., *ibid.*, p. 124 ; p. 106. 写真も同書による。なお日本における地母神の像と思われる土偶に、渦巻模様のあるものも多い。

(4) Jung, C. G., Mind and Earth, C. W. 10, p. 32.

(5) この事例については、第三回日本精神病理・精神療法学会におけるシンポジウム「精神療法の技法と理論」において、ユング派の特徴について述べた際、その考え方を示す例として取り上げた。これは雑誌『精神医学』九巻七号、一九六七年、に掲載してあるので、事例に興味のある方は参照されたい。

この少年は六回の面接後に登校して、その後もずっと学校に行っている。なお、この事例では父親が精神病であるが、学校恐怖症児の家庭において、父親が弱い存在であることは非常に特徴的に認められることである。これは、この家庭における強い元型的な母親像の存在と対応しているものと考えられる。

(6) Jung, C. G., The Structure of the Psyche, C. W. 8, pp. 151-152.

(7) Jung, C. G., *ibid.*, pp. 150-151.

(8) Jung, C. G., Archetypes of the Collective Unconscious, C. W. 9, I, p. 4.

(9) Jung, C. G., Instinct and the Unconscious, C. W. 8, 1919, p. 133.

(10) このような神話に対する考えは、詳しくは、Jung, C. G. & Kerényi, C., Essays on a Science of Mythology, Harper & Row, 1949. のケレーニィの序論を参照されたい。

(11) Jung, C. G., The Structure of the Psyche, C. W. 8, p. 154.

(12) Jung & Kerényi, *op cit.*, p. 7.

(13) Jung, C. G., Two Essays on Analytical Psychology, C. W. 7, pp. 236-237.

(14) Thigpen, C. & Cleckley, H., The Three Faces of Eve, McGraw-Hill, 1957. 川口正吉訳『イヴの3つの顔』白楊社。

(15) スティーヴンスン、岩田良吉訳『ジーキル博士とハイド氏』岩波文庫、一九五七年、訳者の序参照。

第四章　心像と象徴 (1)

前章において、元型そのものについては、われわれは知ることができないが、それの意識に対する効果としての原始心像を把握することはできると述べた。このような観点から、ユングは人間の心のなかに存在する心像(image, Bild)の意義、そのあり方などの研究を非常に重要視した。心像はちょうど、意識と無意識の相互関係の間に成立するもので、そのときそのときの無意識的ならびに意識的な心の状況の集約的な表現ともみられ、その心像の意味をよみとることは、非常に大切なこととなる。意識と無意識の相補性に注目し、外界と内界の微妙な対応性を重んじるユングにとって、この心像の研究が重要視されたのも当然のことといえる。心像の研究は、必然的に象徴(symbol)の研究へと彼を向かわしめ、象徴のもつ創造性の意義を強調し、それをたんなる記号(sign)と区別して考えてゆく点に、ユングの特徴を見出すことができる。実際、ユングの心理学を非常に特徴づけているのは、このような心像と象徴という領域に、彼が着目した点にあるといえる。この章では、心像と象徴について説明するが、これによって、ユングの心理学の特徴を明らかにすると同時に、今までこのような考え方を全然されなかったひとのために、この領域へ入ってゆくための橋渡しをしたいと思う。

1 心像

ユングのいう心像は一般に用いられるような外的客体の模像という意味は相当うすくなる。むしろ、心像は心の内的な活動に基づくもので、外的現実とは間接的な関係しかもたない無意識からの所産であるといえる。そして、これはあくまで内的な像として、外的な事実とは区別して、その個人に受け取られるものであるから、幻影や幻覚とは異なるものである。幻覚の場合は内的な像が外的現実として受け取られたりして、混乱を生じる病的なものであり、心像はそのような混乱や病的な性格を伴うものではない。このような心像は普通、外的・現実的な価値をもたぬようにみえるが、それは大きい内的価値を有している場合があり、外的なものとも微妙なつながりを有しているものである。この心像のもつ意義について、その特徴として、具象性、集約性、直接性、という点から考察してみたい。

この内的な心像は、われわれの理念の前段階の状態、あるいは理念の生まれでる母胎であると考えられる。われわれが意識的に思考するときは、いろいろな概念をその思考の要素として、それらを組み立ててゆくのであるが、その概念そのものは何らかの心像をその母胎としてもち、それによって無意識の層につながっている。そして、概念のレベルにおける規則と、心像のなかにおける秩序とは、同一ではなく交錯している点に、いろいろな問題が生じてくる。図8に示したような概念的には全然違うものとして分類されているものが、心像の世界では、父の像、母の像としてまとめられている場合もあるだろう。意識の世界では明確に区別され、整理されていたものが、心像の世界のなかでは、思考の対象としての概念が感情や感覚機能の対象としての属性と混合し、意識の

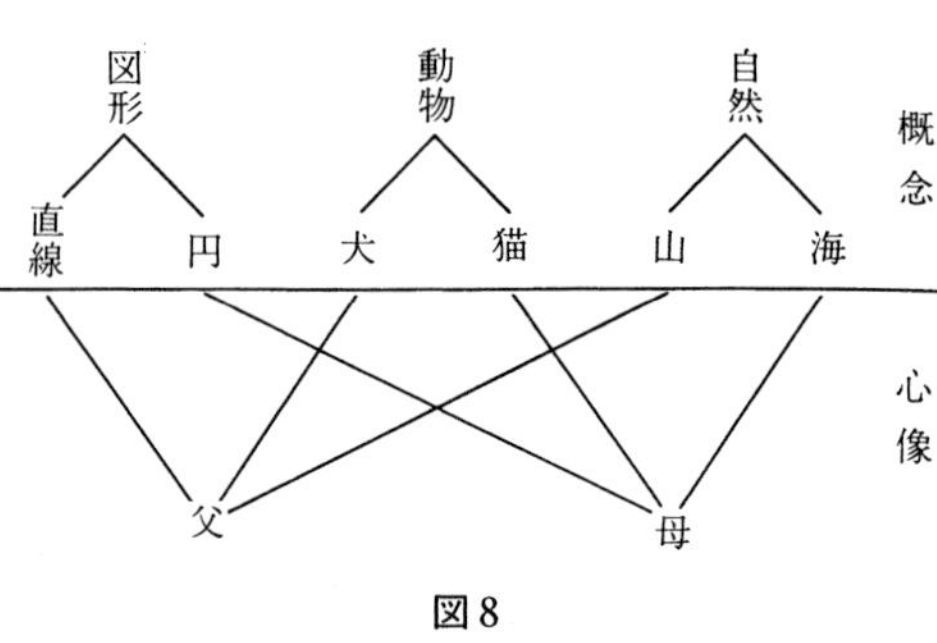

図8

世界での時間や空間の秩序を破り、何らかの心像として具象化され、錯合されてゆく。この世界では排中律さえも、しばしば無視されてしまうのである。すなわち部分が等しいと全体も等しいというような非合理な規則が通用する世界であるから、等しくないものが、しばしば相等しいものとされ、たとえば、母、渦、壺などが同一のものとして存在したりするのである。そして、このような非合理的な心像が、具体的なイメージをもって、より高い段階の理念の母胎として存在しており、ある一つの考えが、このような具象化された形で、生き生きと表現されることもあるのである。たとえば、第一章第4節にあげたトランプの夢では、「持ち札にハートが一枚もない」という、きわめて具体的なイメージが、この夢を見たひとにとっては、自分の生き方に関して、いろいろと考えさせる素材を与え、かつ、自分の現在の状況を生き生きと伝えることになるのである。このように心像の世界があまりにも具象的であるため、かえって一般のひとの理解を困難にしている。具体的なものにとらわれて、その真の意味を見失ってしまうのである。これは、数学の世界があまりにも抽象的であるため、その背後にある具体物との関連がわからず、一般のひとに難解と思われるのと好一対をなしている。

もっとも心像の世界は、具象的であるので、むずかしいと思うよりは、むしろ馬鹿らしいように感じられることが多いかもしれない。しかし、一見馬鹿らしくみえる心像が、強い心的エネルギーをもって形成されているとき、それは意識の世界の概念の組織を打ち破るほど強力なものとなることもある。たとえば、強い権威的な父親像をもち、それを恐れているひとは、自分より目上のひとに対すると、どうしても父親像とこれが重なってしまって、よい関係を結ぶことができなくなる。実際、われわれが神経症のひとに対するとき、合理的な説明がいかに無意味であるかをつねに感じさせられる。対人恐怖のひとに、人間は恐ろしくないことを説明しても始まらない。これらは、結局、そのひとの合理的な判断や、概念の統合性の問題よりも、その背後にある心像の世界へと焦点を向けねばならぬことを、われわれに感じさせる。つまり、概念の世界よりも、むしろ非合理に満ちた心像の世界を扱う点に、心理療法家の特性を認めようとする。すなわち、心理療法家とは、その主体性の関与を通じて、患者の心像の世界を共に体験し、把握して、心像の世界内部の分化と統合を目ざしてゆくものということができる。

心像の把握の困難さは、その集約性においても認められる。内的な像は具象的であるが単純ではない。いろいろな素材の複合体であるが、それ自身の独立した意義をもち、ユングの言葉によると、「心の全体的な状況の集約的表現[2]」である。心像が表現するものは、無意識内の内容全部などというものではなく、ちょうどそのときに一つの布置を形成した(momentarily constellated)内容の表現である。このような布置は、一方では無意識からの所産であると同時に、他方、そのときの意識の状態にも依存している。

たとえば、第三章第3節の初めにあげた、赤面恐怖症のひとの夢について考えてみよう。この夢のなかに現われた意地悪い教師について、このひとは、これは自分の伯父で軍人になっているひとによく似ていたことを思い出す。ついで、自分の父は軍人タイプであったが、母親は音楽や文学に親しむようなひとだった、そして、自分は母親に似ていたので、父親から厳しく叱られて、小さいときから父親を恐ろしく思っていたことを話す。兵役に入ったときも、もちろん成績は悪いし、さんざんな目にあったこと、母親のほうの親戚は芸術家などが多いのに、どうして父親の親類(伯父)は軍人のようなものになったのだろうと思った。数学の時間という点からは、自分は学校ではだいたい成績がよかったが、数学だけは不得意で、問題ができなくて恥をかいたことがある。また、夢のなかで、級友たちが自分をひやかすところがあるが、自分の名前がおかしい名前なので、級友たちによくひやかされた。考えてみると、その頃から赤面することが多かったように思う。自分は、だから、自分の名前が嫌でしかたがないのに、父親はむしろそれを誇りとしているようなのは、まったく腹にすえかねることであった。そして、これらの話に続いて、結局、自分の出生の秘密が語られ、話はより深い問題へと発展してゆくのである。

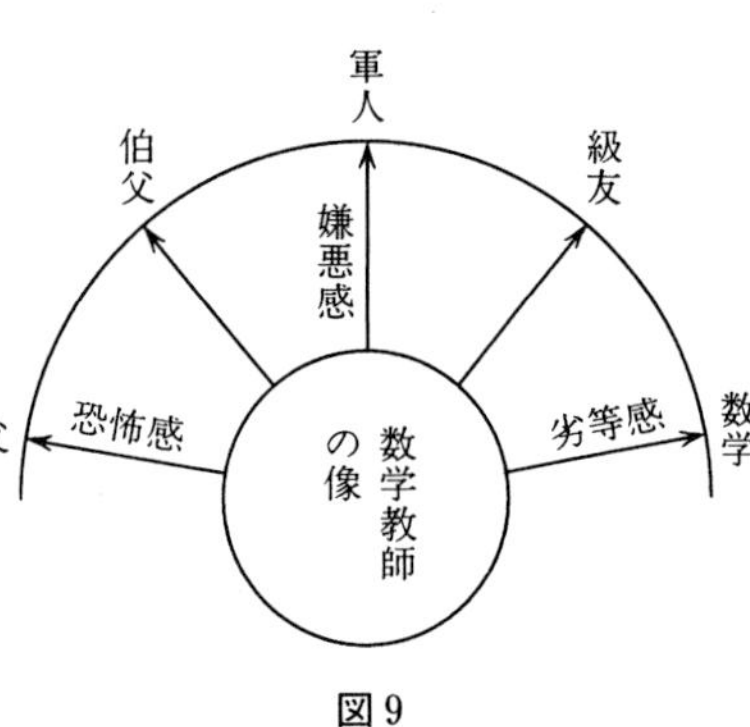

図9

その話は省略するが、この例をみても、心像というものがいかに多くの事柄を集約して表現してみせているかがわかると思う。夢のなかの、数学の教師の意地悪さ、数学のできないことの劣等感、級友たちのひやかし、これらはすべて、このひとの過去と密接につながり、そして、現在のこのひとの心の状況をありありと伝えている。図9に示しておいたように、この夢のなかの一人の数学教師という像は、たんに一人の数学の教師を表わしているものでなく、それを取りまく、恐怖感、嫌悪感、劣等感、などを伴って、自分の心のなかの父、伯父、軍人、級友、数学などと密接に結びついているのである。そして、この夢から連想されたことを簡単に述べたが、この一つの夢から、いかに多くの大切なことが引き出されてくるかを、読者の方は気づかれたことと思う。むしろ、引き出されたというよりは、連想に述べられたすべてのことが、この人の心のなかに布置されており、それを生き生きと示したのが、この夢であるということができる。

心像の表現が具象的、集約的であることを示したが、次に、その直接性という点について述べる。さきに、トランプの夢について述べたが、そのときに筆者は、一応、このひとの劣等機能としての感情機能の問題を示す夢であると述べた。ここでもし、筆者が夢の分析に頼ることなく、「あなたは思考はすぐれているが、感情の面がおろそかにされているので、その点をのばすようにするほうがよい」と忠告なり、指摘なりをすると、どうであろうか。くり返し述べるが、心理療法とは、患者の欠点を指摘することや、忠告を与えることではない。実際、他人の欠点を指摘することは容易なことが多い。しかし、心理療法家が目ざすところは、そのような欠点を知的に理解することではなく、心にとどくものとして体験し、把握してゆくことである。実際、このひとにとっては、感情や思考などという言葉を弄するよりも、夢のなかで、「持ち札にハートが一枚もなかった」ということ、その心像から直接に得られるもののほうが、はるかに豊かであり、また心にまで響くのである。このような直接的な意味をもつ点が心像の大きい強みである。知的な働きかけは、あるひとを動かすことが少ないが、このような直接体験によるときは、そのひとを動かす基となるのである。

このように心像は強力なものではあるが、ときにそれは非常に難解であったり、明確さを欠いていたり、あまりにも多義的に感じられたりすることも事実である。それゆえにこそ、われわれは心像より直接に得たものから、その具象性を払いおとし、明確さを与えて、洗練された理念にまで高める努力をするのである。しかしながら、われわれが、明確な概念のみを取り扱い、その背後にある心像との連関性を忘れ、概念だけの世界に住み始めると、その概念は水を断たれた植物のようになり、枯れ果てた、味のないものになり下ってしまう。しかし、この逆に、心像のもつ強力な直接性に打たれ、それを概念として洗練する努力も払わず、ただ心像のとりことなって行動するときは、これは生木で家を構築したように、だんだんとひずみが生じてくるのをさけることができない。

この両者の関係について、ユングが「理念の特徴が、その明確さ(clarity)にあるとすれば、原始心像の特徴はその生命力(vitality)にある」[3]と述べているのは、真に名言というべきであろう。ここで、ユングはとくに原始心像について述べているが、今まで述べてきた心像の特徴も、原始心像の場合は、とくにそのような傾向が強いということができる。

原始心像は強力であり、また普遍的な意味が濃いが、個人的な心像も、もちろん存在し、これは個人的な無意識内容との関連性が強い。心像の理解を困難にするものとして、その個人性の問題がある。まず第一にいえることは、その心像が生じた個人にとっては、その意味が直接に、強力に感じられても、それを他人に伝えることが非常に困難なことが多い事実である。われわれが夢分析をしていると、その夢のなかの像があまりにも適切なことに感嘆させられることがある。寸鉄ひとを刺す表現に、治療家も患者も共に感心したり、ときには笑い出してしまうほどのことすらあるが、さて、それを他人に伝えるとなると、はたと当惑をせざるをえないことが多い。本人が感激して話をしても、聞くものにとっては、何を馬鹿げたことをと思えるのである。たとえば、すでに例としてあげた、トランプの夢や、数学教師の夢も非常に個人性の強いものであり、読者が、あるいは同様の馬鹿げているという感じをもたれたのではないかと恐れている。また、逆に、心像の直接性と、その強力さを体験したものにとっては、それをとやかく「解釈」されることは、その生命力を奪う小賢しい試みとして感じられるのである。たとえば、これらのひとにとっては、筆者が前述の夢について、感情機能のことを述べたり、父親像について述べたりしたことは、なくもがなのことと思えるのである。実際、この夢が伝えようとすることは、これらのことを含みつつ、それ以上のことがあり、それが集約的に、しかも強烈に、その夢みた個人に伝えられるのである。これらのことを知りながらも、筆者としては、そのなかで、われわれが概念としてつかみえたものを、不完全なかたちで語ることの意義を考えて、前述のような注釈をしたわけである。ともかく、心像のもつ個人的な性格が、その理解を困難にしている点がわかっていただければ幸いである。

以上、心像の意味の把握が困難である点を明らかにしながらも、心像がわれわれに対してもつ意義の重要さを示してきた。最後に、このような生命力を有する心像は、新しいものを生みだしてゆく創造性へとつながってゆくことを述べねばならないが、この点については、次節における象徴の問題と関連して考察するのが適切であると考える。

2 象徴、その創造性

前節において、心像のもつ生命力について述べ、それが新しいものを生み出す母胎であることを指摘したが、その創造的な面が、最も顕著に認められるものが、象徴である。ユングは、象徴を記号または標識とかたく区別して考えた。彼によれば、一つの表現がある既知のものを代用し、あるいは略称している場合、それは象徴ではなく、記号である。これに対して象徴はたんなる既知のものの代用などではなく、ある比較的未知なものを表現しようとして生じた最良のもの、その他にはこれ以上適切な表現法が考えられないという場合である。たとえば、ユングの例に従うと、[4] 十字架を神の愛の象徴だと説明するのは、むしろ記号的な説明である。それを神の愛という言葉で説明し去ってしまうならば、むしろ十字架というほかにも意味をもつようなもので表現する必要もないし、この場合、十字架は一つの記号になる。しかし、十字架を、これまでは知られることのなかった超越的なあるもの、これ以外ではうまく表現できぬもの、の表現としてみるならば、この場合の十字架は象徴的なものとなる。このように考えると、フロイトのいう、夢のなかの性象徴は、それをたんに長いものによって男性性器が表わされているとみる場合は、むしろ、象徴というよりは記号というべきであろう。

この象徴と記号の差を如実に示すものとして、パントマイムとジェスチャーゲームを考えてみることもできる。パントマイムの名人、マルセル・マルソーが、人間の一生を演じたことがある。わずか二、三分の間に、人間が生まれ、育ち、そして死んでゆく過程を演じ、観客の胸に強い感動をよび起こすのである。しかし、これを、ジェスチャーで示すとなれば、われわれでもすぐにできる。四つ足で這い、歩き、杖をつき、倒れて死んでみせれば、誰だってそれが人間の一生であることがわかるだろう。しかし、いってみれば、これは人間の一生の記号的表現であって、象徴的表現ではない。マルソーのそれは、人間の一生に含まれる哀歓を、さまざまな心の流れを、わずかに二、三分という時間に集約して、われわれの胸に直接的に訴えてくるものであり、それは、マルソーのみが表現しうるものであることが感じられる。それは、もはや、人間の一生を記号に置きかえたものではなく、彼の人格を通して表われた象徴的表現ということができる。

ここに、十字架や、マルセル・マルソーの演技について述べたが、これらが、あるひとにとっては象徴として受け取られるが、他のひとにとっては、何ら象徴的な意味をもたないことも大切な事実である。つまり、あるものが象徴であるかどうかは、それを受け取るひとの態度のいかんによっている。たとえば、十字架は初期のキリスト教の時代には、生きた象徴として、表現しがたい神秘的なあるものを内在させていたと思われる。それが、後世になっては、キリスト教徒であることを示す一つの記号として受け取られることもあるし、あるいは、これらに無関心なひとにとっては、たんに二本の線を組み合わせたものと見えるだろう。これは、ある芸術作品があるひとにとっては大きい意味をもつが、他のひとにとっては何の意味ももたないような場合に比すことができる。

このように、象徴が受け取る側の態度に関係することは大切であり、象徴の意味を汲みとろうとするものは、つねに、あるものの背後に内在する未知の可能性に向かって開かれた態度をもつことが必要である。

ここで、心像と象徴による表現の見事な例と思われる幼稚園児の絵を示し、それらによって説明を続けてゆくことにする。原色刷りの絵（図I〜V、九四頁と九五頁の間）は、六歳の女の子が普通に幼稚園で描いたものであって[5]、別に心理療法とは関係がなく、この絵も何らの強制がなく、描きたいときに自由に描いたものである。筆者は、この幼稚園に行き、まったく偶然に、図IIを見た。この絵が非常に強く筆者の心を打ったのは、左の家と、右のかたつむりの群とを、はっきりと分離して中央に突き出ている山の存在であった。幼児の発達段階において、第一反抗期を経過して、両親から少なくとも身体的な自立性を獲得した幼児が、六歳前後において、もう一度高次の段階の自立性へと向かう傾向のあることは、よく知られている事実である。今まで家庭内に安住の場を見出していた子どもが、この年齢においては、社会的な場面へと進出してゆく。この場合、男子も女子も、父親を一つの規範として、このような自立性を確立させてゆくわけである。さて、この絵を見ると、前にも述べたように、かたつむりが家と分離し、まるで、これらを分離させるために下から突き出てきたように、山が中央に存在している。そして、そこに二本の木が描かれているのも興味深い。この木は明らかに、生長し、伸びてゆく力を示しているものと思われる[6]。ここで、考えられることは、おそらくこの絵の以前に、家庭内に安住しているような感じを表現している絵があるだろうということである。先生に調べていただくと、この絵の少し以前に描いたもので、図Iに示すようなものがあった。これを見ると、図IIに比して、第一印象としての感じも、より暖かいものが感じられる。そして、何よりも印象的なことは、ほぼ中央に赤いかたつむりが、家に安住している点である。左の端にたくさんのかたつむりが、むしろ冷たい色で描かれているが、これはその後に起こる、かたつむりと家の分離を予想せしめるものかもしれない。これとほぼ同じ頃描かれた絵では、桃色の大きいかたつむりが中央に描かれ、その横に少し小さいかたつむりがクリーム色で描かれた、やはり暖かい調子の絵がある。しかしこの場合も、絵の一部に緑色の枠で囲まれて、何も描いてない部分が存在しており、これも将来の分離を暗示する同様のものではないかと思われる。

ともあれ、図Ⅰに示されるような安定した状態を破って、図Ⅱにおけるような強い力が出現してくることは、真に驚嘆すべきことである。このような強烈な分離のあとで、再統合への努力が払われることはもちろんである。その過程が、図Ⅲ、Ⅳ、Ⅴに反映されている。この三つの絵を通じて共通に認められることは、図を左右に分割するというテーマである。これは図Ⅱに示されたつよい分割力は、そのまま受けつがれ、これを認めた上で再統合の努力が続けられたことを示している。さて、縦の分割を認めた上で、一つの統合した絵を作り出すためには、図Ⅳに示されるような、鳥瞰図的な絵を描くのがいちばん都合がよいと思われる。図Ⅲは、鳥瞰図的に見て、中央に道があり、それに街路樹があって、右に家、左にひとといった絵を描いているうちに、中央に大木が一本ある鳥瞰図的ではない普通の絵のようになってきて混乱してしまい、途中から右側のほうを消しかかったようなものになってしまった。これは、再統合の努力を払いながら、なかなか簡単には成就しなかった感じがよく反映されている。それが、図Ⅳでは、花畑の鳥瞰図として見事な表現を示している。もちろん、ここで見事というのは、心理的な観点に立ってのことで、絵の美術的な観点からいっているのではない。絵としてのよしあしという点からは、私はまったくの素人で何もいえないが、この絵は、初めのかたつむりの絵などに比して、はるかに幾何学的になり、絵としては面白くなくなっているようにも思われる。しかし、これはむしろ当然のことであって、縦の分割を許しながら、しかもまとまった一つの表現をするという、幼児にとっては非常にむずかしい仕事をする

図10

うえにおいて、ある程度、絵としての表現が犠牲にされ、形式的なものによって、成し遂げられたとみることができるのである。

これは図面が四つに分割されているが、統合度の高い全体性を示すときに、四のテーマが生じることは非常に多い[7]。図10に、ユングの著作のなかから、その患者の描いた絵を一枚のせておいたが[8]、ここにも、はっきりと四のテーマが表わされているのが認められると思う。もちろん、これは成人の絵であって、これとこの幼児の絵はその精密さの程度において比べるべくもないが、それにしても、この幼児の絵は、再統合の努力が相当実を結んできたことを示している。つぎの図Ⅴは、図Ⅳが幾何学的であって、感情の動きの表現に欠けるうらみがあったのに反して、もっと生き生きと、発展の過程を示している。左に女の子、右に家、中央に分割する大木、家のほうは赤色で囲まれ、それに反して女の子は緑の色で囲まれている。これは今まで同様、はっきりと分割のテーマを表現しているのだが、筆者を非常に喜ばせたのは、大木の中にいる一人の子どもである。

木が生長を示すものとして、よく用いられることはすでに述べたが、その生長における新しいものの誕生を、最も端的に物語るものとして、木に生まれた子どもとか、木に捨てられていた赤ちゃんの話は、世界中に非常に多い。何か新しいもの、あるいは、価値の高い不思議なものをもたらす子どもが、木の上に現われてくる。

これは、ユングの表現を用いると、まさしく英雄の誕生、子どもの元型(child archetype)の出現である。この元型的な子どもは、分離していた家とひと(前の表現では家とかたつむり)を再統合すべく現われてきた英雄にほかならない。あるいは図Ⅳに示された統合性を基として、幾何学的に表わされていたものに、より力強い生命力をもたらすものということができる。このように、新しいものが生じてくるとき、それが元型的な子どもの像によって表わされることは重要な事実であり、この点をユングはケレーニィとの共著[9]において、明らかにしている。ケレーニィは神話における子どもの神の重要性を説き、子どもの神は大人の神に比して低いとか、意義が少ないこととかをけっして意味しておらず、むしろ、「新しい可能性の出現」としての意味が強調されることを説いている。ユングは、このような元型的な子どもの心理学的な意味を明らかにしているが、この心のなかに生じてくる「未知の新しい可能性」が、内的には神秘的な、われわれの一般の理解を超えるものとして体験されるとき、子どもの誕生にまつわる異常な話として表現されることを指摘している。すなわち、桃から生まれた英雄や、竹の中から生まれた絶世の美人の話などは、日本人として知らぬひとはあるまい。さて、木の上に鳥によってすてられたり、木の中に生まれてきた子どもも、まさにこのような意味をもっていると思われる。

このように考えて、新しい統合へと向かう可能性の出現とみて、筆者は、この木の上の子どもの出現を非常に喜ばしく思ったが、幼稚園の先生は、これは「ジャックと豆の木」のお話の絵であると説明された。幼稚園で先生からジャックと豆の木の話を聞き、この子はその絵を描いたわけで、筆者が絵のなかで女の子と見た左側の人物はジャックの母であり、木の上の子どもは豆の木のジャックであるとのことであった。ここで読者のなかには、「なあんだ」と思い、『徒然草』のお話にあるように、子どものいたずらと知らず、反対向きにおかれた狛犬を見て、さだめし由緒の深いことであろうと感涙にむせんだ上人と、ながながと元型的な子どもの誕生について述べた筆者を同類に思われる方もあるだろう。しかし、筆者としては、ここでむしろ、ジャックと豆の木というおとぎ話が、今まで説明してきたような、この子どもの内的な心の状態を生き生きと表現しうるイメージを、ちょうどこのときに提供したのではなかったかと考える。

実際、おとぎ話というものは、さきほど桃太郎の誕生のことに少し言及したが、このような心の内的表現としての適切なイメージに満ちており、だからこそ子どもたちにおとぎ話をして聞かせる意味もあるのである。そして、この場合、この子はジャックと豆の木の話を聞いた後に、まったく自由に、自由時間にこのような絵を描いた事実が、この話のなかのイメージが、この子の内的なものをとらえたのだろうという推察を裏づけていると思われる。そして興味深いことに、このときにジャックと豆の木の絵を描いた子どもたちの絵を見ると、すべて、真中に伸びる豆の木と、それを登るジャックがおもなテーマとなり、大男との戦いを描いたのはほとんどなかった(この場合も、むしろ大男との戦いは小さく描かれ、大きい豆の木と対照的であった)ことがわかった。これは、ちょうどこの年齢の子どもたちにとって、さきほどから、絵について説明をしたような意味をもって、天までそびえる豆の木と、それを登るジャックのイメージが受け取られ、心を打つものであることが認められる。さて、この絵の次に描かれたものを見ると、中央にそびえる一本の大木と四匹の動物の絵などがあり、中央にある大木のテーマはその後も続いてゆくが、もはや絵を分割してしまうこともなく、したがって対称的な硬い絵ではなくなっている。四という数もまだ引きつがれていることがわかるが、この動物の配置も、画一的でなくなっており、しかも全体としてのまとまりをもっている。これらの絵は省略したが、以上の説明で、この五枚の絵に示された、心の発展過程がわかっていただけたと思う。

なお、図Ⅱに示されているような、強烈な、自立性の確立と、それにしたがって起こる一種の分離不安(かたつむりは家から出されてしまっている)を感じたとき、この子どもの行動が何らかの変化を生じていなかったかを、幼稚園の先生に伺ってみた。すると、ちょうどこの絵を描いた頃、この女の子は大変おとなしい、いい子であるのに同級の腕白な男の子たちによくいじめられ、先生が注意されると、腕白坊主たちが、「あの子はこの頃、生意気だから、やっつける」のだといったことを、先生が思い出された。大人から見れば、それほどの変化もなく、おとなしい、いい子のままであるのに、同級の男の子たちが「生意気」だと感じたことは非常に興味深い。この一人の女の子の内部に生じてきた、あれほど強い自立への志向性を、同年輩の男の子たちが何らかの点で感じ取り、反発していったものと思われる。

以上、一人の幼稚園児の絵を例として説明してきたが、ここに、このような絵が、この子どもの心の発展の過程を反映する心像の表現としてのみならず、何か未知の可能性を含むものとしてわれわれの心に働きかけ、そして、この子どもにとっては、これ以上の表現は考えられないものとして、象徴的な意義をもつ創造的な表現であることが認められたと思う。この絵の場合、家と子どもが一つの対立物として提出され、その再統合が目ざされたわけであるが、すべて、象徴はこのような対立するものの統合性をもつことが特徴的である。そして、対立するものの数がふえ、それらの関係が微妙なものとなり、したがって統合性も高度になるほど、象徴の構造も複雑さをおび、その創造性も高まってくる。象徴は具象性をもつゆえに、われわれの最も原始的な層を母胎とするものであると同時に、ありきたりのものや伝統的なものをあきたらないとする高度に分化された精神機能をも必要とするものである。このような象徴を通じて、われわれの心のなかにある合理的なものと非合理的なもの、内向的なものと外向的なもの、あるいは思考機能と感情機能などが一つの高い統合性を獲得するのである。そして、これらの象徴的な表現を、われわれは創造的な仕事のなかに見出すことができる。たとえば対象物に対する直観的な把握と、それをあくまで外的に(写実的にといいたいほど)表現してゆく感覚機能との統合性を、われわれは浮世絵に感じるであろうし、カラヤンの指揮ぶりを見て、内側に向かって開かれているといいたいような彼の閉じられた目に深い内的な志向性を感じ、反面、まるで聴衆に見せることを意図したのかと思いたいほど、外へ外へと広がってゆく彼の華やかな動きを見て、内向性と外向性という相反するものが、カラヤンという一人の人格のなかに見事に統合され、象徴的に表現されていると思うひともあるだろう。実際、思考のみに頼り感情を無視した哲学者や、感覚は発達しているが直観を生かしていない音楽家などがいたとしたら、正確なことをだれもが認めるにしても、創造的と思うひとは少ないことと思われる。

象徴を形成する過程について、ユングの考えによって説明してみよう。すでに述べたように、象徴は対立物を含むことを特徴としている。それゆえ、象徴が生じる前は、相反する二つの傾向が意識され、その完全な対立を、簡単にどちらかに加担することなく経験することが認められる。この場合、どちらかを抑圧しきると簡単であるが、自我はそのような簡単な解決をせず、定立するものと反定立するものとの両者に関与してゆく。この場合、この両者の対立により自我は一方的に行動することができなくなり、一種の停止状態を味わうこととなる。ここで今まで自我機能を働かすのに役立っていた心的エネルギーは、自我から無意識内へと退行を起こす。つまり、心的エネルギーはその源泉へと帰り、無意識の活動が始まる。

ここに抽象的な言葉で述べたことを具体的に簡単に述べると、たとえば思考機能を主機能とする思想家が、その思考力に頼って自分の思想をまとめ表現してゆく。しかし、あるときになると、自分の考えが非常につまらないことに思え、それに対して何か重要なものが欠けていると感じる。つまり今まで無視されていた感情機能が動きはじめ、その整った思考の形のなかに感情の火を入れなければならぬときがきたのである。このとき、このひとが自分のなかの無意識的な感情の動きを抑圧し思考を続けると、問題は生じないが、しかしそれはあまり創造的なものではなくなるだろう。ここで、もしそのひとが、自分の内心に動いているものにも忠実に生き、しかも今まで獲得してきた思考機能をすて去らないときは、ここに思考と感情との強い対立により、彼はもはや思索を続けられなくなる。このとき、心的エネルギーは退行して無意識に流れ込むので、このときに外に現われる彼の行動は、思索をやめて馬鹿げた空想にふけっている状態や、ときに幼児的な行動や衝動的な行動として見られるかもしれぬ。あるいは、その本人は、なかなか仕事に手がつかなかったり、何をしてよいかわからない状態となって、強い焦りや、いらいらした気分におそわれるかもしれない。このときの退行現象が強く、あまりにも自我がそれに耐えられないときは、注目すべき相互反転(enantiodromia)が生じて、そのひとの態度が逆転するだけで、何ら創造的とはいえない。思考型のひとが急に感情的になったり、内向的なひとが急に外向的にふるまったりしても、それは急激な変化ではあっても、創造的とはいいがたい。

これに対して、このような強い退行現象が起こり、自我はその機能を弱めながらも、それに耐えて働いているとき、無意識内の傾向と自我の働きと、定立と反定立を超えて統合された心像が現われてくることがある。このように統合性が高く、今までの立場を超えて創造的な内容をもつものが象徴であり、このような象徴を通して、今まで無意識へと退行していた心的エネルギーは、進行(progression)を開始し、自我は新たなエネルギーを得て再び活動する。このような象徴を形成する能力が人間にあることをユングは重要視し、これを超越的機能

図Ⅰ

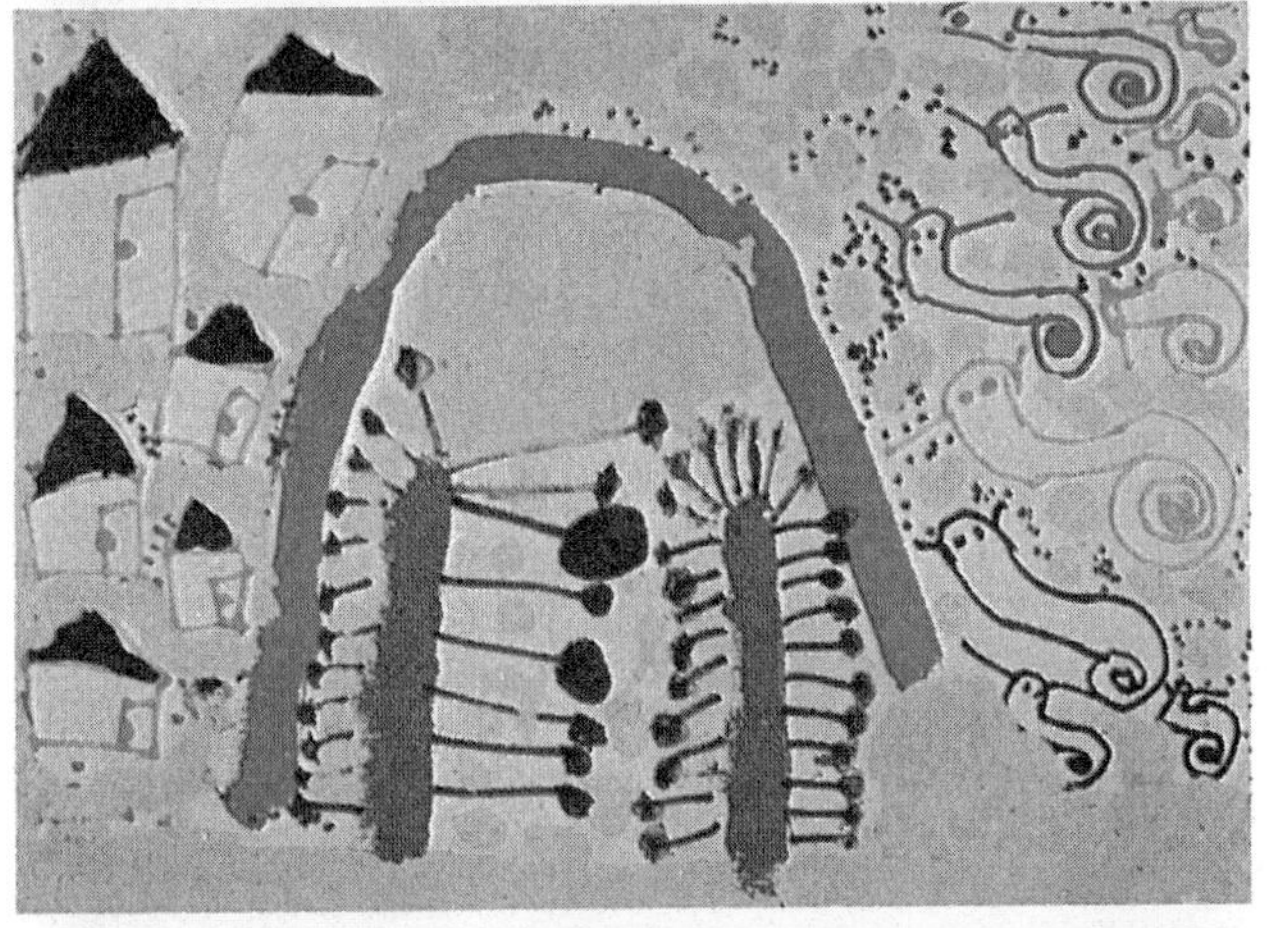

図Ⅱ

図Ⅲ

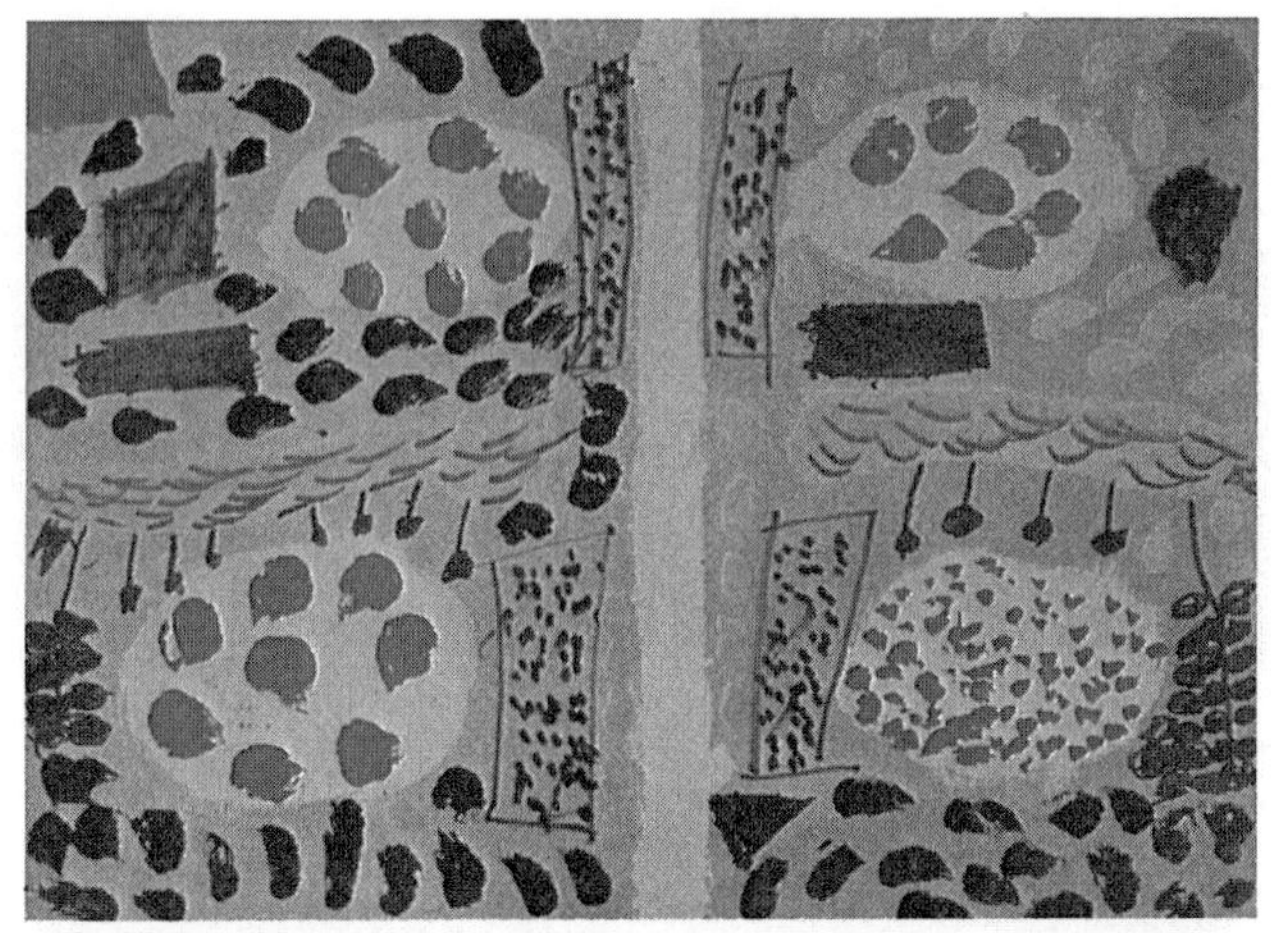

図Ⅳ

図Ⅴ

(transcendent function)と呼んでいる。[10] この場合、この機能は思考とか直観のうちのどれかという意味ではなく、多くの機能から合成された複雑さをもち、一つの機能を超越し、その対立する機能をさえ含みうることを意味している。ここに述べた象徴形成の過程は、創造の過程と同じことであるが、ここにユングが無意識内に、肯定的・創造的な源泉のあることを認めたこと、したがって、退行のもつ肯定的な面を重視したことは十分に注目すべきことである。これはフロイトが無意識の内容を自我によって抑圧され、排斥されたものの集まりのように考え、退行をつねに病的な現象として考えていたことと異なる点である。ユングは、退行の現象を病的なものと正常なものとに分けて考え、そして、創造的に生きるためには、むしろ、正常な範囲での退行が必要と考えていたのである。もちろん、無意識に対しても、その破壊的な面や醜悪な面の存在を認め、その上で、そのなかに建設的な源泉となるものの存在を認めてゆこうとしたのである。このようなユングの基本的な態度は、彼がフロイトと別れていった大きい原因となっている。[11]

象徴の形成に伴って、今まで退行していた心的エネルギーが建設的な方向に向かうことを述べたが、ユングは、このような心的エネルギーの変容が、象徴や宗教の儀式によって生じることを指摘し、これらに高い心理療法的な意義を見出したのである。われわれの意識の体系は明確な概念によって組み立てられ、それ自身一つのまとまりをもっているものではあるが、それがつねに生命力にみち発展してゆくためには、心のなかのより深い部分とつながり基礎づけられていることが必要である。このように考えると、心像は、自我に対して心のより深い部分から語りかけられる言葉であり、これによって、自我が心の深い部分との絆を保つことができると考えられる。そして、その内容が高い統合性と創造性をもち、他のものでは代用しがたい唯一の表現として生じるときを象徴ということができる。神経症になるひとたちのなかには、このような自我と無意識との創造的な相互関係が断ち切られているひとや、今述べたような心像の意味を知らぬために、それによって概念の世界にまで混乱を生じ、自我の統合性が乱されていると思われるひとが多く、この治療をするものにとっては、心像や象徴の研究をすることが重要なこととなってくる。象徴をたんに何ものかの代理としてみるのではなく、未知の可能性を含むものとしてみることは、つねにクライエントの発展の可能性に対して注目してゆく態度ともつながってゆくのであり、治療場面において大切なことである。実際、一つの象徴が過去への洞察と未来への志向性とを共に表現している場合も、実に多いのである。

心像と象徴の心理療法における重要性に気づいたユングは、古い時代に見出され、以後死んだままになっていた宗教の儀式や象徴の意義を研究し、これらに新しい息吹きを吹きこむと同時に、各個人の心のなかから生じる象徴の意義を認め、その研究にも専念してきたということができる。

3　心理療法における心像の意義

心理療法の過程における心像や象徴の意義の重要さについて、前節において一応述べておいたが、ここでは実際例によって具体的に示す。たとえば、第三章にあげた学校恐怖症児の例では、夢に現われた「肉の渦」の心像を中心として、壺、弱い父親とそれに代わる母など、強い太母(グレートマザー)の元型の布置が認められ、それについて理解を深めた治療者が、この少年と共にそれについて話し合い、直面していったことが、問題の解決へとつながっていったのである。しかし、心像という場合、つねに夢を問題としなければならないとはかぎらず、一般の心理療法場面においても、このような考えが重要であることを明らかにするため、この節では、最近に他の治療者の方から聞かせていただいた例をあげて説明したい。

初めの例は精神薄弱児の遊戯療法の一例である。[12] 七歳十一か月の男児であるが、発達年齢は一歳九か月で非常に低い。もちろん他の子どもと遊んだりはできないので、自宅にこもりきりのような生活を続けていた。さて、この子どもに遊戯療法を続けているうち、第七回のときに治療者にとって心を打たれる事柄が起こったのである。それは、この子が遊戯療法の場面で、熊のぬいぐるみの首を綱でくくり、それを連れて歩いた後に、誇らしげにその綱をとくという遊びをくり返したのである。治療者はそのとき、その意味については明確にわからなかったが、その行為に何となく胸を打たれ、印象に残る。そこで、治療後にそのことをその子の母親と話し合いを続けているカウンセラーに告げると、次のようなことがわかった。すなわち、母親がそのときに語ったことによると、最近、その家にどこからともなく犬が迷い込んで、その子どもが喜んで飼っていたそうである。ところが母親が外出して帰ってくると、犬がいなくなっている。犬がいないので探さねばというと、留守番をしていた精神薄弱のその子が、探さなくてもいいという。不思議に思ったが、あとでわかってきたのは、その犬は近所の犬が迷い込んできたもので、その飼主のひとがとうとう探し当てて、返して欲しいといってこられた。そのとき留守番をしていたこの子どもはその話を理解し、非常に可愛がっていた犬を自ら連れてゆき、首の鎖を泣きながら解いて返してきたという。これはお母さんにとっては非常に大きい驚きであり、喜びであった。今まで、話もろくにできないと思っていた子どもが、近所のひとの話を理解し、しかも、あれほどまで可愛がっていた犬を自分で返しにゆくことを成し遂げたのだから、お母さんの喜ばれるのも当然であり、また治療者のひとたちも嬉しく思ったのである。

さて、それほどの大きい仕事をした子どもは、治療場面でそれを再現し、治療者にも伝えようとしたと考えられるが、はたして、この遊びはそれだけの意味しかもたないものだろうか。筆者としては、そのような意味のみならず、そこに非常に重要な主題である「繋縛を解く」ということが、生き生きと表わされていると考えるのである。そこでちょうどその頃にこの子の「繋縛が解かれる」ようなことが起こったのではなかったかと尋ねると、この治療者のいわれるのには、実はこのような知能のおくれた子どもなので、お母さんもなるたけ外に出さないように、家に閉じ込めておくような感じで育てておられた。ところが治療に通って来られるうちに、だんだんと考えも変わり、また子ども自身の成長とも相まって、以前よりもこの子どもが家の外に行ったりするのを制限されなくなって、子どもが喜んで外のひとと接触をもち始めたのがちょうどこの頃であったとのことであった。これによって、この子どもの熊の綱を解く遊び(それはほとんど儀式とさえ呼べるほどのものと思うが)の意味が明らかになったと思う。この遊びを、この子どもの心の内部に生じた心像の表現としてみるとき、それは何よりも閉じられた家より自由に開放された、繋縛を解かれたことの意味が非常に強いと思われる。そして、心像の多義性という点からいっても、このことのみでなく、可愛がっていた犬を返した悲しみや、近所のひとと対等に応対し、悲しい気持を抑えて犬を返した満足感、それらすべてのものがこの遊びに集約的に表現されていたとみるべきである。だからこそ、この治療者のひとが他の遊びと違って、何か胸を打たれるものを感じ、強い印象を受けたものと思われる。このように一対一の治療場面において、真剣に仕事に取り組んでいるとき、このような深い感情の流れが両者の間を結ぶことは、真に不思議であり、また感動的でもある。そして、その心の流れの仲介者として心像による表現が大きい意味をもつのである。なお、この場合、このような表現をした子どもが、発達年齢わずかに一歳九か月であることは、一つの驚きであるが、実際、心像による表現の深さは、知能や年齢にほとんど関係がないのではないかとさえ、筆者は感じるのである。

このように遊戯療法の場面においては、子どもの遊びのなかに子どもの内的世界の生き生きとした表現を見出すことができる。そして、子どもの行動をたんなる遊びとしてみずに、それを心像の表現とみることによって、治療者はその背後にある可能性にまでふれ、それを引き出してゆくことができるのである。このような見方をし、心像の世界に対して開かれた態度で治療者が子どもに接してゆくとき、子どもの遊びはだんだんと意義深いものとなり、その過程のなかに一貫したテーマを見出すこともできる。そのテーマはもちろん子どもの問題や立場などによって異なってくるが、そのなかに、家からの出立のテーマや、家庭内における自分の安定した位置の確立、あるいは今まで抑圧していた攻撃性の統合(第二章の不潔恐怖症児の例参照)などのいろいろなテーマが、明らかに読み取れるものが多い。このような点を治療者が理解すると、治療における大きい方向づけと、安定感を与えられることになるのである。[13]

心像の意義が認められるのは遊戯療法の場合のみとはかぎらない。一般のカウンセリングのときも大きい意義をもつ。その一例として、ある若い女性のカウンセリングの場面をあげる。[14] この女性は、カウンセリング場面で、従妹がお産をしたのでそこに手伝いに行ってきた経験を話す。自分の悩みのほうはあまり話さずに、従妹がもう子どもができないとあきらめかかっていたのに、赤ちゃんができてたいへん喜んでいること。自分も手伝いに行って、赤ちゃんの世話をして可愛く思ったことなどを話すのである。そして、この従妹の性格についていろいろと話をし、自分は今まで節約するのが美徳だというように思っていたが、この従妹は案外平気でお金を使う。しかし、好きなものを好きなときに思いきって買って喜んでいるのをみると、ときに浪費するのもいいものだなと感じたことなどを熱心に話す。これをただたんに、表面的にのみ聞いていると、このひとは従妹のことばかり話して、自分の問題を何も話していないように思えるかもしれない。自分の悩みについて直接語るのをさけて、他のことばかり話しているとさえ思えるのである。しかし、ここで、この話を心像の表現として考えてみると、この従妹がこの女性の影(前章の影の説明参照)であることに気づくのである。(もちろん、ここにこのように簡単に述べただけではわかりにくいかもしれぬが、この女性の話すところを詳細に聞くとよけいこの点がはっきりする。)この従妹の性格について相当詳しく、しかも熱意をもって話す感じにも、この従妹の像がこの女性の心のなかに占める位置の重要さが感じられる。そして、この従妹の生き方をよく観察することにより、自分が今まで悪と思っていた「浪費」ということにも、良い面があることを発見するのである。すなわち、自分の影のなかに肯定的な面を見出したのである。心像の具象性ということをさきに述べたが、このように従妹という具体的なイメージを通じて、影に対する洞察が語られるとき、それはたんに「節約ばかりしていても駄目だと思います」などという場合よりも、はるかに深い理解を伴っているのである。実際、頭で知的に理解することは案外簡単であるが、それは多くの場合、行動の改変をうながすものとはならないのである。神経症の患者にいくら教えこんだり、説得したりしても、なかなか効果のあがらぬものであることは、だれしも知っていることである。しかし、このように生きたイメージによって、具体的に把握されたことは、深く心のなかに取り入れられてゆくのである。

そこで、彼女の話を心像の表現として聞くと、もう一つの面白いことに気づく。それは彼女自身も感激して語っていることであるが、もう子どもが生まれないと思っていた従妹が赤ちゃんに恵まれたということである。ここで、前節に述べた「元型としての子どもの出現」のことを思い出していただきたい。そこで、子どもの誕生は新しい可能性の出現を意味すると述べた。このような考え方によって、この話を聞くと、「浪費ぐせなどによって示される自分の影、そこから新しいものが生まれでてくる可能性などほとんど考えられなかった(従妹から子どもが生まれるとは思わなかった)。それが、その影のなかから新しい可能性が生じてきたのだ(子どもが生まれた。従妹の性格のなかに良い面を見出した)」ということをクライエントが語っているようにも思われるのである。このような外的に実際に起こった事象と内的な心像の世界との不思議な呼応性は、われわれ心理療法家のしばしば経験するところである。このような態度で治療者がクライエントの語るところを聞くと、このクライエントがまったく自分の悩みと関係のないことを話しているようにみえたことが、実は自分の深い内的な問題について語っていたことがわかるのである。

クライエントのいうところを心像の表現として聞くといい、あるいは、外的な事象と内的な世界の呼応性ということも述べたのであるが、これはあくまでもそのような観点に立つことに意味がある点を述べたのであって、それが絶対必要とか、絶対的な事実であるとかいうのではない。たとえば、今の場合、従妹のところに子どもが生まれたという事実によって、このクライエントの影の部分に新しい可能性が生じてきたことが示されている、あるいは、従妹に赤ちゃんができたので、このひとに新しい可能性が生じてきたなどというのは、まったく馬鹿げたことである。そのような推論ができるというのではなく、このクライエントの外的事象を語っていることのなかに、内的な世界をも呼応して述べられているという見方も成立するということである。このように考えると、治療者は、このような場合には非常に慎重に言葉を選んで話をせねばならぬことがわかる。「新しいもの、赤ちゃんが生まれでてくるはずがないと思っていたところに、新しいものが生まれでてきた」といっていいかもしれない。「浪費ぐせのあるひとでも、新しいものを生み出す可能性があることがわかった」というかもしれない。ともかく大切なことは、外的事実を聞いていて治療者の心に浮かんだことを、生のままの形で表現するのではなく、内的世界の表現とも、外的事象の描写ともとれる両者の間の中間的な表現を見出してゆく。そして、クライエントがそれに対して応答する限りにおいて、治療者もその表現を深めてゆくことが大切である。

そもそも、治療者としては、従妹のところに子どもの生まれた話を、このように心像の世界の表現として聞いていても、クライエントにとっては、全然そのような意味を感じていない場合だってあるはずである。その点を考慮せずに、治療者が一人で喜んで話をしているのでは、いわゆる解釈のおしつけであって、何ら治療的な意味をもたない。しかし、実際の場合であれば、治療者がクライエントについてよく知っていること(つまり今の場合であれば、従妹が影の像であることを知っていること)や、クライエントが、その事実を語るときに示す情動の高まりを感じとることによって、治療者の見方もますます正確さを加えるわけである。さきに述べた遊戯療法の例であれば、子どもが熊の綱を解く動作をみて、何となく治療者が胸を打たれるのを感じたのも見逃すことのできないことである。心理療法家は、つねにクライエントと自分自身の情動の動きについて、非常に敏感でなければならない。このような態度によって治療者がクライエントに接し、クライエントの話の内容のなかに、内的世界の表現として感じとられるものがあった場合は、それを、内的にも外的にも通ずる表現によっていってみる。これに対し、クライエントが無反応であれば、そのままにしておき、もしクライエントが少しでも反応すれば、それに従ってこちらの表現も深めてゆく。このようにして治療の過程も深められてゆくと思われる。

この二例が示すように、このクライエントたちが、実際にあった事柄をプレーで再現したり、話をしたりするということは、それを心像の世界の表現としても意味あるものとして、治療者との心の交流を通じて、そのような体験を心の奥深く基礎づけてゆく働きがあるものと思われる。これは、神話がたんなる説明ではなく、事物を基礎づけるためにあるといったケレーニィの考えを、そのまま適用できることである(第三章第2節参照)。実際、その個人の体験を、その心の奥にまで基礎づけることは、心理療法において非常に重要なことであり、そのような働きをもつものとしての心像や象徴に、心理療法家は大きい意義を感じるのである。今、遊戯療法やカウンセリングの場合を例としてあげたが、むしろ、夢の世界こそは意識と無意識の交錯するところとして、心像や象徴の宝庫ともいうべきであり、ユングが夢の研究に力を注いだことも納得できる。この夢分析については、次章においてて少し詳しく述べてみたい。

注

(1) この章において(および後においても)述べる心像や象徴は、ユングの考え方に従っているので、一般の考え方とは相当異なっている。一般には、心像(image)という場合は、外的事物に対する感覚が、外的刺激がなくて、再生された場合をいい、二次的感覚ともいわれている。象徴に関する考えは、学者によっても異なるが、一般には、何らかの高次な考え方や、事柄が、他の形象や事物などによって表わされ、あるいは代理されている場合であり、ユングのいう記号もこれに含まれている場合もある。ユングの考えは本章に述べる。

(2) Jung, C. G., Psychological Types, Routledge & Kegan Paul, 1921, p. 555.

(3) Jung, C. G., *ibid.*, p. 560.

(4) Jung, C. G., *ibid.*, p. 601.

(5) 奈良県天理市、丹波市幼稚園の園児の絵である。この幼稚園では園児に対して強制することが少なく、自由にのびのびと保育をしており、絵も描きたいものだけが自由に描けるようにしてある。このような点もあって、ここに示すような内的なものが豊かに表現された絵が描かれたものと思われる。

(6) 生命の木(Lebensbaum)などという言葉があるように、木は生長するものの象徴として、よく用いられる。ここに生じた二本の木の「二」という数は「葛藤」や、「意識に近いこと」(near to consciousness)を示すものといわれるが、この場合もよく適合している。

(7) 四の数が完全数としての意味をもつことは、ユングがしばしば述べているところである。たとえば、次の論文には相当詳しく「四」について考察がある。

Jung, C. G., The Phenomenology of the spirit in Fairytales, C. W. 9, I, pp. 207-254.

(8) Jung, C. G., A Study in the Process of Individuation, C. W. 9, I.

（9） Jung, C. G. & Kerényi, C., Essays on a Science of Mythology, Harper & Row, 1949, pp. 70-85.

（10） Jung, C. G., Transcendent Function, C. W. 8, pp. 67-91.

（11） この点に関しては、最近の自我心理学者たちの強調する「自我のための退行」(regression in the service of the ego)の考えが、ユングの述べている創造性に必要な退行現象と同様の過程を示していると考えられる。このような考えに立つかぎり、現在のユング派とフロイト派は前より近づいてきたということもできる。

（12） これは、京都大学教育学部大学院の東山紘久氏の治療された例である。

（13） 子どもの心像の表現を、よりまとまったものとして表わしやすく、したがって治療者もその意味を読み取りやすい利点をもつものとして、最近筆者は「箱庭療法」(Sand Play Technique)を遊戯療法に併用している。最近の研究結果について、京都市カウンセリングセンターの所員の方と共に、同センター研究紀要2、一九六七年、に発表したので、興味のある方は参照されたい。そのなかに、大谷所員の事例報告として、スーパーマンが怪獣と争い、一度は死んで土に埋められるが、再び生きかえってきて、怪獣を倒す遊びをする子どものことが述べられている。この劇的な「死と再生」のテーマをもった遊びをやり遂げて、この子どもは自分の症状を克服することになる。この「死と再生」のテーマは、第五章の終わりに取り上げてあるように、非常に大切なものである。

（14） これは、京都市カウンセリングセンターの中村良之助所員の治療例である。前記の東山氏と共に、貴重な治療例を筆者に提供し、ここで取り上げることを許して下さったことに対して心から感謝している。

第五章　夢分析

夢、およびその分析は、ユング派の分析において中核をなしている重要なものである。しかしながら、「夢の重要性」などと聞くだけでも、非科学的とか前近代的とかの感じが先立ってしまって、馬鹿らしく思われるひとが多いかもしれない。実際、一般には、馬鹿らしい望みを託した考えを、「夢物語」といって非難したりする。このように非現実的な夢を、大切な「現実」として、われわれは心理療法の場面に生かしてゆこうとするのであるが、確かに、これは少しでも誤れば奈落に落ち込んでしまいそうな、現実と非現実の境を歩む危険な仕事である。しかし、今まで第一章から第四章までながながと述べてきたことは、いってみれば、この危険な夢分析の領域に入ってゆくための準備であったとさえみられるもので、これまでの章を読みとおしてこられた読者の方は、それらを手がかりとして、「馬鹿くさい」と感じたりすることなく、この章を理解して下さるものと思う。夢物語などという表現において、夢に対する否定的な態度がみられるといったが、逆に「若いひとに夢をもたさねばならない」などと、それは肯定的な意味にも使われている。これら二つの表現は、夢のもつ両面性をよく示していると思われる。

夢に関する話は洋の東西を問わず古くからあり、日本でも古事記に多くの夢の物語があるのを初め、古来の物語のなかに随所に見出すことができる。(1) これらの物語とは別に、古来から人間が夢をどのように解釈したり、あるいは研究したりしてきたかも、興味のあることである。実際、これらの夢物語のなかからも、われわれは有用な知見を引き出すこともできるのであるが、これらについては今回は省略する。また、夢の生理学的な研究も近代とみに盛んとなり、多くの興味ある事実が発見されているが、これらについても、省略することにして[2]、この章においては、もっぱらユングの立場から、心理療法の場面と関連した点において、夢の心理的な側面について述べてゆくことにする。

夢分析について述べる前に、夢の意義の重要性を認めていたと思われるニーチェの言葉を抜き書きしておこう[3]。

人間は、夢の世界を創り出すことにかけてはだれでも完全な芸術家である。この夢の世界の美しい仮像は、あらゆる造形芸術の前提である。……夢の世界において、われわれは物の形の直接的な理解を楽しむ。あらゆる形相がわれわれに語りかけてくる。どうでもよいもの、不必要なものなど何一つない。

1　夢の意義

夢が心理的に重要な意義をもつことを、最初に明確に示したのはフロイトである。一九〇〇年に出版した『夢判断』において、彼は、夢は結局は「ある(抑圧された)願望の、(偽装した)充足である」ことを、多くの夢と、その分析例をあげて説明する。その後、フロイトは治療場面においては夢分析よりは自由連想法を重んずるようになるが、ユングは夢を重要視して、治療場面における重要な手段と考え、夢に対する研究を発展させてきた。今、夢の意義についてとやかく述べる前に、一つの例を示してみよう。これは二十八歳の独身の女性の夢である。

夢　大きい家、それはホテルのようであった。多くのひとがその中に住んでいた。一人の男が殺され、その殺害者がまただれかに殺され、これが数度続いた。私は自分の部屋から窓の外をみると、道のところまで川が溢れ家のまわりを流れていた。私は誰が最後の殺害者であるかを知っており、それを私の部屋にいた見知らぬ男に告げた。これを告げながら、率然として悲しくなり、私は泣き叫びだす。そしてその男に、「私たちは何も知らなかったことにしよう」と申し入れる。すると、その男は、私が殺害者を責める気がないのなら、どうして殺害者が誰であるかを喋ってしまったのか、もういまさら知らないことにしようといっても始まらない、という。私は殺害者が恐いのだといい、話し合いを続けているうちに、最後の殺害者は自分の刀で自殺してしまう。

読者の方は、まず何よりもこの夢の劇的な凄まじさを感じられたことと思う。この夢をみた女性は典型的な思考タイプで、何かのときに筆者が、「それでどんなふうに感じられましたか」と尋ねたら、「わかりません、私は考えられるけれど、感じられないのです」と答えたことがあるほどのひとである。そして、この夢のなかの強烈なイメージと感情は、この女性の実生活における極端に感情表現の少ない行動と著しい対照をなして現われていることがわかる。結局、このひとは、この夢からの連想と、これまでの夢分析の結果とから、この夢のなかの刀をもった殺害者たちが、自分の思考機能の裏に潜むものの心像化されたものであることを認め、その強さと危険性に気づくのである。ここで、第一章に述べた思考と感情機能の対立性や、前章に述べた心像の表現の直接性、具象性などについて思い返していただきたい。自分の心の内部にある機能やコンプレックスなどが、具象化されたものとして、とくに人格化(personify)されたイメージとして現われている点に注目していただきたいと思う。夢はこのような強烈なものもあるが、いつもそうであるとはかぎらず、ユーモラスなものもある。次に示す夢は、この同一のひとが十日ほど前に見たものであり、やはり、このひとの強い思考型の生き方に対するものであるが、表現が前のと相当違ったニュアンスをもっている点に注意してみていただきたい。

夢　電話が鳴る。電話に出たが相手の声が小さいのでわからない。もう一度聞き返すと、小さいつぶやくような声で、「こちらは幽霊協会です」という。私が幽霊など全然信じないというと、相手は「あなたは幽霊新聞の最新号をお読みになりましたか。まあ、ともかく、あなたはとがった硬い鉛筆さえあればいいのでしょう」という。私はまったく腹を立てて、「私は幽霊も信じないし、とがった硬い鉛筆など大嫌いだ」という。相手はなおも話し続けようとするが、私は電話を切ってしまう。

この夢も前の夢と同様のテーマをもつものであるが、前のような凄まじい表現ではなく、幽霊協会からの電話などというユーモラスなものになっている。この夢の始まりが電話であることも意味が深い。われわれが遊戯療法をする場合に、クライエントが治療者と直接的な接触がとれないが、何らかの接触の意欲が生じてきたときに、電話で話しかけてくることをよく経験する。それとまったく同様の意味をもっていて、このひとと接触を得ようとするもの(抑圧されていた強い感情機能とみられるが)は、まだ自我と直接的な接触を得るに至っていないこと、しかし、ともかく接触が始まろうとしていることを示す。そして、声が小さくてわからない点などが接触の困難さを明らかに示している。そして、相手として出てきたのが幽霊協会などというので、このひとはすぐに「幽霊など全然信じない」と攻撃する。思考機能に強く依存して、「合理的」に人生を生きてきたこのひとが、幽霊に対して腹を立てるのも当然のことである。ところが敵もさるもので、幽霊新聞の最新号を読みましたかと反撃する。まるで新聞があることによって幽霊の存在まで証明されたようなもののいい方であるが、これはまさに当を得ている。つまり、幽霊は、思考タイプの女性たちがその理論のバックボーンとしているところは、多くは新聞に載っている記事(とまでいわないにしても、世間一般の意見)に基づいていることを見すかしているようだ。とがった硬い鉛筆は、この女性の武器を表わすイメージとしてまったく適当なものであろう。彼女のとがった硬い鉛筆で書かれた意見は、多くの男性をおびやかしたことだろうと思われる。ところで、彼女は幽霊のひやかしに腹を立ててしまい、幽霊も信じない、とがった硬い鉛筆も大嫌いと八つ当たりをして電話を切ってしまう。この最後のところで、この思考型の女性が感情的な反応をしていることは興味深い。幽霊どもとしては、とがった硬い鉛筆は大嫌いだとの彼女の言葉に喜んで引きさがったかもしれない。ここで、対話の相手として幽霊などという、接触の困難なものが出てきたことや、最後に彼女のほうが立腹して電話を切ってしまう点などは、われわれの仕事、つまり彼女がその感情機能を発達させてゆくことがまだまだ困難であることを感じさせるものではあるが、ともかく、この夢は彼女の心の状態を相当生き生きとわれわれに伝えてくれる。

さきにあげた例によってもわかるように、夢はわれわれの生活に対して大きい意義をもっている。簡単にいえば、夢はそのときの意識に対応する無意識の状態が何らかの心像によって表現した自画像であるともいうことができる。この表現された心像を検討することにより、われわれはそのときの自分の無意識の状態を明らかにし、それの意識に対する意義について考えてゆこうとするのである。この場合、すでに第一章において述べた意識と無意識の相補性という点が非常に大切となってくるが、この点については次節に詳しく述べる。このような意識と無意識の相互作用としての夢の出現する意義については、前章に述べた心像についての考察が大いに関係してくる。概念と心像との差について述べ、心像は概念に生命を与え、基礎づけることに意義をもつと述べたが、夢はまったく同様の働きをしており、われわれの意識の体系、自我をわれわれの心とより深く密接につなぎ、基礎づける役割をもっていると思われる。このことは、その日にあった諸経験のうちで、われわれがその意義や、それに伴う感情を十分に認識し、体験しないで終わったと思われることが、夢に生じることが多い事実によって示される。たとえば、さきの幽霊協会の夢であると、このひとは夢を見た日の寝る前に、従妹から電話があり、その従妹がながながと自分の主人について、おのろけ話をしたので、嫌になったり、あきれたりしたことを思い出した。「自分の主人の自慢をながながとするなんて馬鹿なことは、私なら絶対にしない」とこの女性は憤慨して話すが、実のところ、彼女の意見はもっともなことである。しかし、女性たるもの、ときには主人のおのろけをながながと電話で喋りたくなることもあろうし、それに対してひどく憤慨するのは、少し一面的と思われる。彼女自身は、実際にこの従妹のように自分の気持を開放的に表現することが全然できず、いつもそれらを抑えつけて生きてきたわけである。このため彼女の自我は従妹の電話に立腹したが、彼女の心の奥のほうで、どこか従妹のような感情の表現に共鳴するところがあったのに違いない。そして、それは、その晩にさっそく、幽霊協会からの電話の夢となって現われたわけである。

フロイトが引用しているアナトール・フランスの言葉は、このような点を端的に表わしているようである。すなわち、「夜、われわれが夢に見るものは、昼間われわれがなおざりにしたもののあわれな残滓である。夢はしばしば、軽蔑された事実の復讐であり、見すてられたひとびとの非難の声である」(『赤い百合』[4])。このように端的に「軽蔑された事実の復讐」といったことではなく、むしろ、新しい経験が自我のなかに取り入れられ、意識体系のなかに組み入れられたとしても、なお、それを深いレベルへと基礎づけるために、夢みることが必要であると考えられる。今述べたような、自我のいわば外的経験による夢と共に、内的な力の強い夢も存在する。すなわち、つねに発展してゆく自我は、外からのみならず内からもその可能性を見出してゆくわけであり、この場合は、その個人の実際経験よりも、そのひとの内的なもの、元型的な心像による夢となって現われてくる。そして、この夢より得た心的内容を自我は統合して発展してゆくのである。もちろん、実際には、このように区別するよりは、内的なものと外的なものの出会う接点として、つまり、外的なものを消化する働きと、内なるものを外に展開する働きの相互作用の結果として夢を考えるのが妥当であろう。

　意識と無意識の相互作用の結果としての夢が建設的な役割をもつことを、非常に端的に示すのは、夢による創作や発見の例であろう。たとえば、タルティーニが作曲した『悪魔のトリル』は、夢のなかで悪魔がバイオリンで弾いた曲をあとで思い出したものといわれており、スティーヴンスンが『ジキルとハイド』の話を夢に見たことは前に述べた。夢のなかの心像が科学的な発見に役立ったものとしては、ベンゼンリングの考えを思いついたケクレの例が有名である[5]。ケクレは考え込んでいるうちに眠ってしまい、一匹の蛇が自分の尾を呑み込むのを夢にみて、それからヒントを得てベンゼンリングの考えを完成するのである。ここに、蛇が自分の尾を呑む心像は、ウロボロス(uroboros)と呼ばれ、古来からシンボルとして用いられてきたものである事実と思い合わせると[6]、真に興味の深いことである。このように非常に普遍性のある心像がケクレの夢に生じ、それによってヒントを得て、彼はベンゼンリングの考えを創設していったのである。

　心像のもつ創造的意義については前節に述べたことであるが、そのときに述べた心像の具象性ということも、そのまま夢に当てはまることである。夢のなかでは抽象的なことも具象化されて表現されるのである。この章の例であれば、つねに自分の感情を殺すのに役立った思考機能は、殺人犯人として表わされ、直接的な関係のもちにくいことは、電話による聞き取りにくい会話として具象化される。あるいは、新しい考え方が生じてきたことは、子どもの誕生の夢として表わされたり、二人のひとの相互関係が、二人のひとがボール遊びをする夢として具象化されたりする。そして、心像の特徴として述べた点が、いろいろと夢のなかに認められ、相似たものが同一のものとなったり、部分が全体を代表したり、二つのものが錯合して出てきたりする。これらは、多くの点で未開人や子どもの心性と共通点をもっており、未開人の心性の研究が夢分析の知識を豊かにし、また、逆に夢の知識を豊富にもつことは、子どもの遊戯療法を行う上で大きい助けとなるのである。たとえば、電話の夢のところで遊戯療法のときの電話の意義について述べたが、今、ボール投げの夢について述べた際に、第二章第3節にあげた遊戯療法の例における、ボール投げの意義の重要さを思い起こされた方もあったことと思う。遊戯療法のために準備しておく玩具として、電話やボールは欠くことのできぬものであるが、夢においても、球技の夢をみるひとは非常に多い。「ボール投げをしたのですが、相手のひとが下手で、いくらこちらが投げても上手に受けとめてくれないのです」という夢に、分析家の受けとめ方が前回にどれほど下手であったかが如実に示されていたりするのである。これら夢のイメージのもつ意味を理解することは困難なことも多いが、このような表現がわかり出すと、その生き生きとした表現力や、適切さには心を打たれることが多い。まさに、ニーチェの言葉どおり、「人間は、夢の世界を創り出すことにかけてはだれでも完全な芸術家である」といいたくなるのである。

夢の材料、あるいは源泉といわれるものについては、フロイトが『夢判断』のなかに相当詳細に述べているし、ユングにもまとまった考察がある。[7] 外界からの刺激、身体感覚、心理的経験、意識的には忘却しているが潜在記憶として残っているもの、などがあげられる。今は夢分析として心理的な面に焦点を向けているので、これらについては省略することにする。しかし、ここで大切なことは神話の成立に関して述べたことが、そのままここでも当てはまることである。神話の成立について第三章に述べた際、神話の成立の源泉として自然現象があることを認めた上で、しかし、それが神話として成立するためには、人間の心の内的なものも、大きい要因となっていることを指摘した。これと同様に、外的な刺激、たとえば目覚まし時計の音は、夢のなかで、見知らぬ男が訪問してベルを鳴らしたことの原因となってはいるが、それが原因のすべてではない。つまり、どうしてその音は、電話のベルでも目覚まし時計の音でもなく、とくに来客の鳴らしたベルになったかは説明されていないのである。確かに、外的刺激としての目覚まし時計の音は一つのきっかけを作っているが、それが呼び起こした心像そのものについては、われわれは内的な意義を考えてゆかねばならないのである。これは夢の分析を受け始めたひとが、このような考えがわかるまでは、水泳の夢をみて、「あっ、わかった、私、寝間から外にとび出していたのです」とか、火事の夢を見て、「あっ、昨晩テレビで見たのです」とかいって、わかったつもりになる点によく認められるのである。われわれとしては、外的な刺激が夢のきっかけを作ることをけっして否定しないが、むしろ、そのような外的刺激が、そのとき意識に近く布置されつつあるコンプレックスに作用して、心像を作り出すと考え、その心像のほうを重視してゆくのである。このことは、長い夢の最後に、ちょうどその結末にふさわしいところで外的刺激が重なってくる例に如実に示される。この種の例をフロイトはたくさんあげているが、今、目覚ましの音について述べていたので、その例をあげる。次の夢はフロイトのあげている夢である(8)。

夢　春の朝散歩をしていて、緑の萌え出した野原を隣り村まで歩いて行った。隣り村のひとたちは晴着姿で、讃美歌集を腕にかかえている。みんな教会の方へぞろぞろ歩いて行く。そうだ、今日は日曜日だった。朝の礼拝が間もなく始まるだろう。その礼拝に私も参加しようと思ったが、しかしその前に、身体がほてっていたので、教会のまわりにある墓地へ行って少し涼もうと思った。いろいろな墓石の銘を読んでいる間に、寺男が鐘楼に登ってゆく足音が聞こえ、鐘楼の頂きには、礼拝の合図を与える小さな村の鐘が見えた。鐘はしばらくの間はまだじっとして動かなかったが、それから揺れ出した。――そして突然冴えた音を立て始めた。あまりその音が冴えてはっきりとしていたので、私は目を覚ました。鐘の音と聞きなされたのは、実は目覚ましの音だった。

この夢において、このひとはちょうど結末の鐘の音が目覚ましと合うように、長い夢をうまく見たものだなどと、馬鹿げたことは誰も考えられないことと思う。とすると長い夢の結末がちょうど外的刺激と合致することはどう説明するとよいのだろう。それは次のように説明できるのではないだろうか(図11を参照)。すなわち覚醒時においては、コンプレックスは意識下に押しやられているが、睡眠中は意識と無意識の境界が弱まり、コンプレックスの動きが高まってくる。そのとき外的刺激、たとえば、目覚ましが鳴ると、それはそのときに高まっていたコンプレックス内で、それに対応する心像D、すなわち、教会の鐘の音を刺激する。それとほとんど同時に、そのコンプレックスを形成している表象群のうちの、A、B、C、たとえば、春の散歩、隣り村のひとの晴着姿、教会の墓石の銘、などが意識化され、そして目覚めることになる。この目覚める途中、および、その後において、これらの心像群は自我による時間的、あるいは合理的な糸によって継ぎ合わされて、前に示したような一連のまとまった話とされる。これがもし覚醒時であれば、コンプレックスは意識下にあり、外的刺激はただちに意識内におけるA′点、すなわち目覚ましの音として知覚されて、何らの問題も起こらないわけである。このように考えると、コンプレックスが簡単なものではなく、中核をもった表象群によって層をなしていることや、多くの実験に示されるように夢の物語における時間と、夢を実際に見ている時間が非常に異なること(短時間のうちに長い夢を見られること)が納得されるのである。無意識内における無時間(timeless)性、すなわち、一年のことが一瞬に終わったり、過去と現在が混合したりすることはよく指摘されるが、これはコンプレックス内においては相接している心像AとBが、必ずしも時間的に相接しているわけではない事実を反映しているわけである。ともかく以上の説明によって、外的刺激と夢の構成の関係が明らかになったことと思う。この場合、説明を簡単にするために、心像A、B、C、Dは同一のコンプレックスに属するようにしたが、実際の夢の場合は、もっと複雑にコンプレックスがからみ合っていることも多い。そして、今は外的刺激について述べたが、それにかぎらず、その日の昼間の出来事のなかで、コンプレックス内の心像に関連性が強いもの、あるいはコンプレックスを色づけている感情を刺激するようなものがある場合、それは今説明したのと同じような経過をたどって、夢のなかに現われることと思われる。要するに、外的刺激など夢の源泉と呼ばれるものは、夢の形成に当たって、一つの条件となっているものであるが、これが夢のすべてを決定するものではなく、われわれとしては、むしろ、他の条件としての、夢みるひとの心の状態のほうに注目してゆくわけである。

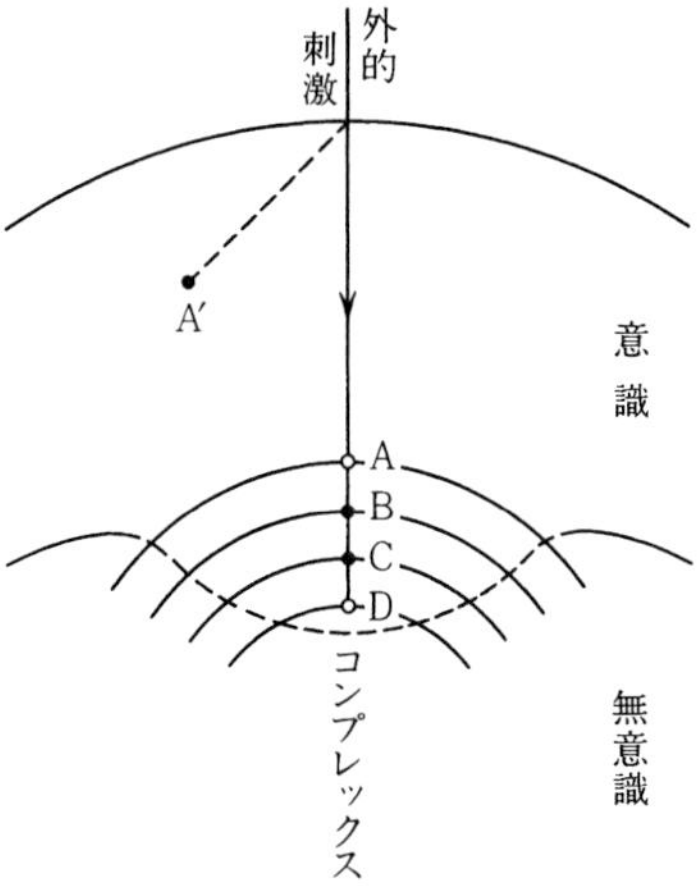

図11

2 夢の機能

前節において述べたごとく、夢の機能のもつ最大の意義は、意識に対する補償作用である。しかし、夢はいつも補償的とは限っておらず、むしろ破壊的と感じられるものさえある。結局、夢はそのときの意識の状態と、それに対する無意識の状態との相互作用によって生じるものであるが、無意識の心的過程が強くて一方的になるにつれて、補償的な意味がうすくなってくるようにも思われる。これらの点を考慮しながら、次に夢の機能に従って一応の分類を試みた。(9) しかし実際の夢の場合は、むしろ次にあげるような単純でわかりやすいものは少なくて、不明確であったり、機能がからみ合っていて複雑であったりすることが多い。しかし、一応の見当を得るものとして、次のように分類してみたわけである。

(1)単純な補償　これは意識の態度を補償したり、あるいは意識的な体験のたらないところ、未完のところを補うような夢で、比較的わかりやすい。自分の知能を過小評価しているときに、「知能検査を受けて高い知能指数が出て驚いている」夢を見た場合などである。あるいは、ユングのあげている例では、(10) 彼がある女性の患者を分析していて、なかなかうまく進行しなかった。そのときにユングは夢でその患者のことを見る。すなわち、「高い丘の上の、城の上に彼女がいて、ユングは頭を上にそらさないと彼女がよく見えない」という夢である。これでユングは、このように患者を上に仰ぎ見る夢を見たことは、自分がどこかで患者を下に見下していたのではないかと気づき、それを患者に告げて、話し合うことにより分析場面が非常に好転するのである。あるいは、ニーチェがあげているソクラテスの夢も同種のものと考えられる。(11) つまり、ソクラテスが獄中で友人たちに語ったところによると、彼の夢枕に幻が現われ、「ソクラテスよ、音楽をやれ!」と、しばしば語りかけたという。ソクラテスはそれまで自分の哲学的思索を最高のものと考え、音楽の卑俗な大衆性を問題にしていなかったが、そのような一面的な考えを補償するものとして、この夢が現われたと見ることができる。ソクラテスはこの夢に従って今までの態度を変え、アポロに捧げる頌歌を作詞したとニーチェは伝えている。

(2) 展望的な夢 (prospective dream)　夢が単純な補償の域を越え、遠い将来への一つのプランのような意味をもって現われるもので、通俗的にいわれるビジョンという言葉がこれに当てはまるだろう。さきにあげたソクラテスの夢は、単純な補償というよりは、むしろこれに近いもので、今まで無視していた音楽をするという一つの有効なプランを、夢が示したものとみることができる。硬化した一面的な意識的態度によって、まったく問題の解決がつかないように思われるとき、このような夢をみると、夢が一つの解決を与えてくれたような気さえするのである。たとえば、自分の研究にまったくの行きづまりを感じている学者が、自分のまったく得意でないドイツ語をべらべらと喋って、ドイツ人と会話をしている夢を見、これが、今まで考えても見なかったドイツへの留学を決意させるような場合である。そして、このひとが実際にドイツに留学したとしても、これをあとで述べる予知夢とは区別して考えたい。すなわち、予知夢という場合は、あとで述べるように相当細部にわたってまで、夢に見たことと現実が一致するような場合をさしていい、展望的な夢は、細部にわたっての問題よりは、むしろ一つの大体のプランを提出する点に意味があると考える。

展望的な夢を見た場合、それが将来を「決定する」と考えることが危険なことはいうまでもない。前の例であれば、ドイツ語を話す夢を見たから、ドイツに留学したと単純に考えるような場合である。夢は一つのプランを提供するが、プランは実行されないかぎりあくまでもプランにとどまっている。今まで、何度も意識と無意識の相互作用の重要性について述べてきたが、この場合においても、夢の提出した方向に向かって努力を続けるための意識の関与の大切なことを忘れてはならない。たとえドイツ語を自由に話す夢を見たとしても、実際留学するまでには、ドイツ語の練習をするなど多くの意識的努力を必要とするわけである。夢より得た知見やプランをもとにして、意識的努力を積み、そのような意識の態度に対して、また無意識の動きも補償的になる。このような意識と無意識の絶え間のない相互作用によってこそ、ユングのいう自己実現が可能となるのである。

ただ、この場合に夢の提供するプランとは、意識の側からすれば一見無謀に見えたり、思いもよらないものであったりするために、それが意識の努力に支えられて成熟した際にでも、「夢のお告げ」が実現されたように感じられることもあるわけである。そして、このひとが「夢のお告げ」のみを信じるようになり、意識の努力を忘れるようになると、もはや、夢のお告げは効力を発揮しなくなるのである。なお、展望的な夢の例として、ドイツ語を話す夢をあげたが、この場合のように、夢におけるドイツ語を話すことが、そのまま現実世界におけるそれを示していると、つねにいえるわけではない。つまり、夢で子どもが生まれたので、すぐに子どもが授かるというように簡単にはいかないのである。この点も考慮しないと、ますます荒唐無稽な、「夢の信者」になってしまう。これは夢分析をすることは非常に危険であると述べた理由の一つである。この点に関してはよく注意をしないと、夢分析の最初に非常に印象深い展望的な夢(あるいは後述する予知夢)を見た場合、その印象があまりに強いために心を動かされてしまって、それから後、単純な夢信者になって、合理性を失ってしまう危険性が高い。夢に見たことは、あくまで内的現実と外的現実の微妙にからみ合って生じてきた心像として見るべきである。「子どもが生まれる」という心像は、新しい感情が生まれ出たのか、新しい人間関係が作られたのか、ともかく、何が生まれようとしているのかは、そのとき、そのひとの意識の状態に照らして綿密に調べられて後に、何を表わそうとしているかを決定すべきであって、簡単にそのまま、「子どもが生まれる」とするべきではない。

夢が展望的な意味をもつため、心理療法の場面では、その治療の予後をある程度示すものとして、大きい意義をもってくる。このため、夢によって診断を下すことはできないにしても、夢を聞くことが診断を下したり、治療の方針を決定したりするときに役立つことが非常に多い。とくに、治療の最初に示される夢は初回夢(initial dream)と呼ばれ、治療の全過程を前もって予見しているのかと思われるほどの展望的な意味をもっていることもあり、非常に重要視される。この初回夢の重要性はフロイトも認めている。[12] しかし、実際には、厳密に第一回目に示された夢というのでなくても、治療の初期の頃に、初回夢と呼びたいほどの展望性の高い夢を得ることが多い。治療の実際場面においては、患者は、その悩みの解決の糸口をつかめず、まったく希望を失い、治療者のほうさえあきらめそうになりながら、明るい将来をさし示す展望的な夢に支えられて、治療を継続して成功に至るようなときもある。あまりに暗い現実に対して、明るい夢を見て患者は驚くのであるが、それが暗闇を照らす一条の光のような役割をもつのである。

(3)逆補償(reductive or negatively compensating)　これは否定的な補償とでもいえるもので、意識の態度を引き下げようとするものである。意識の態度があまりに良すぎたり、高くなりすぎたりしているとき、それを下に下げようとするような機能を夢が示すわけである。次にユングの述べている例によって説明する。[13] ある青年が次のような夢を見た。

夢　父が家から新しい自動車を運転して出て行く。まったく下手な運転である。父のあまりの馬鹿さ加減に私は困惑する。父はあちこちよろけたり、行ったり来たり、まったく危険な車の取り扱いをしている。とうとう壁にぶっつけて、車もひどく破損する。私は怒りきって、しっかりしないと駄目だと、どなりつける。しかし父は笑ってばかりいて、ぐでんぐでんに酔っていることがわかる。

さて、この夢を見た青年に聞くと、彼の父親はけっしてこんな馬鹿げたことはせず、むしろこの逆であることがわかる。その上、この父親は大変な成功者で、この青年は父親を尊敬し、二人の関係は非常に円満であることがわかった。このような場合、ともかくこの夢は、この青年の非常に好ましい父親に対する態度に対して、それとまったく逆の場面を描いていることは明らかであり、典型的な逆補償の夢ということができる。

このような逆補償の夢の機能について得た多くの知見はフロイトの研究によるところが大きいことをユングは認めている[14]。たとえば、この夢の例であれば、フロイト流にいうと、表面は円満に見える親子関係の裏において、この青年は、父親をこの夢にあるように馬鹿げた存在であると思いたい抑圧された願望をもち、結局この夢は、その隠された願望充足を示しているということになるだろうか。そして、「あなたとお父さんの関係は見かけは円満ですが、夢に表われたのが本当の関係なのですよ」といった厳しい解釈が与えられることになるかもしれない。そして、うっかりすると、この青年は自分の過去の生活史をふり返って、父親を憎く思ったりした思い出を引き出すことに努力するかもしれないし、あるいは、尊敬する父親をひどくいわれたことに腹を立てて、分析をやめようとさえ思うかもしれない。

これに対して、ユングは、ともかく現在、この青年の意識の態度として父親とよい関係にある事実はまず尊重しなければならないと主張する。この青年の父親を尊敬する態度を傷つけたり、破壊しようとしたりせずに、まずそのことを尊重する態度をもって、分析家はこの夢にのぞむわけである。けれども、では、どうしてこのような父親の価値を傷つけるような夢を見たのかとの疑問が残る。そして、この際、なぜ(why?)このような夢を見たのかと考え、過去の生活史のなかから、それに相当するようなものを無理に引き出してくるよりは、いったい何のために(for what?)こんな夢を見たのかを考えてみることが大切であるとユングは主張する。そして、実際にこの青年は、自分の父親に対する尊敬心を傷つけられることなく、この夢から自分の父親に対する態度は円満すぎる、つまりあまりにも父親に頼りすぎていることを見出してゆく。すなわち、夢が父親を引き落とそうとした意図をうまく取り上げ、父親を傷つけることなく、自分を引き上げることによって自主性を増加させてゆく方向に向かったのである。この例によって、逆補償の夢が、一見否定的な面をもちながら、それをうまく取り上げてゆくときは、建設的な意味をもってくることがわかったことと思う。そして、フロイトの主張する「願望の充足」ということが、ユングのいう「補償作用」ということとそれほど違ったことでないこと、それらの間の微妙なニュアンスの差も感じとれたことと思う。もちろん、後述するように、ユングは夢の機能をすべて補償作用で割り切るものではないし、補償といっても、とくに今述べている逆補償の点にフロイトが注目したことも大切なことである。

意識の態度を引き下げようとする逆補償の夢も、結局は建設的な面をもつことを指摘したが、意識のもつ一面性があまりにも強い場合は、夢は補償性という建設的な意味合いよりも、その硬い一面性の崩壊を予測するほどのものとなる。これがいわゆる警告夢(warning dream)である。その一例としては、ユングのあげている、山で遭難死した同僚の例があげられる。[15] ユングの同僚で山好きのひとが、山へ登り、頂上を越して天まで昇る夢を見る。ユングは独りで山へ行かぬように、案内人には絶対に従うように警告するが、このひとは、それを無視して山に行き、岩壁から落ちて遭難死してしまう。このような場合の夢は、むしろ補償夢の枠外にあるといわねばならない。そして、この場合は、山へ登って有頂天になっているひとに対して、それを引き下げるよりは、頂上を越えて天にまで昇ってゆくという非現実的な光景によって、このひとの態度を拡大して、その危険性を示したものということができる。実際、落胆しきった状態にあるときに、それと逆の楽しい夢が現われるとはかぎらず、むしろ逆に、もっと苦しい状態の夢を見て、まさに泣き面に蜂という状態になり、これによって、自分の苦しい、辛い状況がはっきりと認識できて、かえって立ち上がりのきっかけをつかめるようなときも存在するのである。なお、前にあげた山登りの夢の場合は、実際に夢を見たひとの遭難を予見した形になるので、これも展望夢ということもできるだろうが、ユングは、展望(prospective)という場合に、何らかの意味で建設的な見通しという点をもたせているので、そのなかには入れていない。実際、逆補償の場合も予見的であり、ただしこの場合は、悪い結果を予測したようなことになるわけである。ともかく、(1)〜(3)にあげた夢は、何らかの意味で補償的であったが、次にあげるのは、補償性の乏しいものである。

(4)無意識の心的過程の描写　夢は意識と無意識の相互作用のうちに形成されると述べたが、無意識の心的過程のほうが強烈な場合は、意識に対する補償性という点を認めることができず、無意識過程の自発的な発現と考えられるのがある。これは、精神病のひとや、未開人のいわゆる大きい夢(big dream)などに認められ、普通人でもとくに意識の力が弱くなったとき(病気、疲労)などにも認められる。こんなときに、ひとびとはまったく「思いがけない」奇妙な夢に驚き、かつ不思議に思うのである。しかし夢に関する知識をもったものにとっては、その奇妙な夢のなかに、神話的なモチーフを見出せることが多い。第三章に示した「肉の渦」の夢などは、これに近いものということができる。この場合は、夢を見たひとが渦に巻き込まれるのであるが、この種の夢では夢のなかに、夢を見た本人が出てこないことが多い。たとえば、「洞窟のなかで、金の鉢を守っている大蛇[16]」の夢を見たりするわけで、この夢の光景には本人が入っていないのである。夢のなかに出てくる本人はそのひとの「自我」を表わしている場合が多いが、夢のなかに自分が出ていないことは、この種の夢が自我から遠い層に根ざしていることを示しているとも考えられる。これらの夢のなかには、さきの肉の渦の夢のように非常に意義の深いものと、あまり大きい意義を(少なくとも意識的には)感じられないもの、つまり、普遍的無意識の内容の断片をちらりと見たといった感じのものがあるように思われる。

未開人のあるものは、これらの夢を普通の「小さい夢」に対して、「大きい夢」として区別しているものもある。[17] たとえば、中央アフリカのエルゴン族がユングに語ったところによると、彼らは夢には二種類あって、普通人が見る普通の夢、これが小さい夢であり、これに対して、首長やシャーマン等の偉大なひとは大きい夢をみることがあると考える。そして、大きい夢を見たときは、そのひとは部族の全員を集めて、その夢を語らねばならない。大きい夢であることをどうして判断するのかと聞くと、彼らは大きい夢のときはその重大さを本能的に感じ、その夢の印象があまりに強烈なので、自分自身でそれを保持しておくなど考えられない、とのことであった。

補償性が乏しく、心の過程を描写しているものとしては、第三章の第3節にあげた「自分の影が窓の外を歩いている」のを見た精神分裂病のひとの夢などが、これに属するものといえる。あるいは、ある不治の病いにかかったひとが偶然にも、自分の病名を知ることとなった前日に見たという夢、「荒野のなかで一人トロッコに乗っていた。トロッコは急に走り出した。速さはだんだんと速くなるが、私は止めようがない。トロッコは走って走って、ついには荒野のはて、虚空に消え失せそうになり、私は恐ろしさに悲鳴をあげて、目を覚ました」などをあげることができる。これらの夢は、ある意味において、まさに予見的なものであり、このような夢に接するとき、われわれは自分の力ではとうていとめるべくもない一つの流れ、一つの過程(process)の存在をさえ、感じさせられるのである。

(5)予知夢(telepathic dream)　夢が予見的な意味をもつことは、すでに例をあげて述べてきたが、まったく細部に至るまで予見的な夢も存在する。その典型的な例をあげる。これはハドフィールドの著書(18)にある例であるが、少し簡単にして述べる。

S夫人は夢で、息子のFが見知らぬひとと、どこかの崖にいるのを見た。Fは急に崖からすべり落ちた。彼女は見知らぬひとに向かって、「どなたですか」と尋ねる。そのひとは「ヘンリー・アーヴィンです」と答えるので、「アーヴィンって、俳優のアーヴィンですか」というと、「いや、俳優ではありませんが、似たような職業です」という。この夢から覚めて、彼女は大変、息子のFのことを心配するが、Fの兄は彼女の心配を笑い、大丈夫だと慰める。八日後に、Fはある崖の上で殺され、S夫人はその場所を訪れる。そこで、Fが殺されたときに居合わせたひとに出会い、それが夢にでてきた見知らぬひとであると思い、名前を尋ねると、ヘンリー・デベレルというが、コンサートで歌を歌ったりしていて、そのときは、ヘンリー・アーヴィンと名のっていたと告げる。

この夢は、息子の死のみならず、その場に居合わせた見知らぬひと、およびそのひとの名前まで予見した不思議な夢である。この種の夢は他にも報告されているが、これらになると偶然の一致として簡単に葬り去ることができないだけの高い一致度を示している。

予知夢はまことに不思議な現象であり、われわれ夢分析を行うものは、ときにそれに出会って驚かされるが、予知夢のように見えて、実は正確にはそうでない場合があることに注意しなければならない。すなわち、潜在記憶や潜在知覚による場合である。たとえば、あるひとが生まれて初めて、ある都会にゆくときに、その前日にその都会に行った夢を見る。そして、実際翌日に行くと、駅前のその都市の光景が前日の夢と同じなので驚いてしまう。このひとは、どうして今まで見たこともない景色を夢に見ることができたのかと不思議に思うが、後年になって、実は一度も行ったことがないと思っていたその都会に、小さい頃に行ったことがあり、それをまったく忘れ去っていたことが明らかになったりする場合がある。本人がまったく忘却していることが夢に出ることは、案外多くあるので[19]、この点については、よく注意をしないと、予知夢でないものをそのように思いこむことが多い。あるいは、身体的な異常があるのに本人が気づかないでいるが、睡眠時には、その身体の異常が感じられて夢を見るようなときは、夢に見た病気にしばらくたってからかかるように思われるので、この場合も、夢によって病気が予知されたように思われる[20]。実際問題としては、この場合確かに病気が予知されたわけであるが、ここに予知夢としてあげているのは、このような合理的な説明のつかないものをさしているのである。なお、初めにあげた例は、完全に事件を予知した夢であるが、テレパシー夢という場合は、予知ではなく同時的に起こった場合も含むものである。すなわち、肉親の死を夢みたとき、そのときと同時にそのひとが死んでいる場合などで、この種の例は、前に述べたハドフィールドの著書にもあり、ユングも記述している。

このようなテレパシー夢に関しては、「精神電流」などの考えによって説明しようとするひともあるが、ユングもいうように、このような現象を単純に説明することは危険であり、われわれは、説明を考え出すより前に、このような現象を注意深く記述してゆくことが大切であると思われる。とくに、このようなテレパシー夢が肉親の死のように、重大な事件のときにのみ起こるのであれば、まだしも説明しやすいが、いくら考えても重大と思えぬことにも起こることがあるので、よけいに説明がむずかしく思われる[21]。たとえば初めにあげた例であれば、息子の死はともかく、そこに居合わせた見知らぬひとの名前、それも芸名のほうが、どうして夢に出てきたのかなどは、まったく不可解なことである。

テレパシー夢のような現象は、その存在について調べる前に、その存在をさえ無視してしまうほうが、むしろ安全なことかもしれない。しかし、われわれとしては、やはり存在するものは存在するものとして認め、ただ、それについての説明を急がぬことが大切であると思う。このような現象を認めることは、合理的な考え方にのみ頼るひとにとって非常に苦痛であるので、たとえ、テレパシー夢を見たとしても、すぐに忘却されることが多いように思われる。しかし、これは、予知夢のもつ強烈な印象に心を奪われて、そこから偽科学や偽宗教を導き出して生きているひとよりは、少なくとも、より健康な生き方といえるかもしれない。

(6)反復夢(repetition dream)　現実場面でのことがそのまま夢に反復される場合がある。しかし、この場合、よく注意すると実際に現実にあったこととは少し異なる部分があり、その異なった部分に注意して考えると、補償夢であることがわかることが多い。つまり、現実と異なって夢に現われた部分が、自分が現実に見たり、感じたりした点について、補ったり、修正したりすべき点を示していることが多い。このため、実際あったことをそのまま夢に見たと告げられた場合、分析家としては、「それでも、少しは実際起こったことと異なる点がありませんか」と必ず尋ねてみるべきである。ある母親が自分の娘を叱り、その夜、それと同じことを夢に見た。しかし、よく考えて見ると、夢のなかでは自分の父親がそばに立っていた点が実際と異なっていた。しかも、その父親が大変若いときの父親だったので不思議に思った。「父親があまり若いので、私はその奥さんといった感じでした」といってしまって、このひとは、自分が娘に叱っていることや、その態度などが、自分が小さい頃に母親にされたのと同じことをくり返していることを悟るのである。

今述べたような類ではなく、実際にあったことがそのまま夢にくり返されるのが、反復夢である。これが典型的に見られるのは、戦争場面でのショックで、そのショックを与えた光景がそのまま夢にくり返されるのである。これは、そのようなショッキングな経験が自我に完全に統合されていないので、それを再び夢で経験しつつ、自我への統合を試みようとしているものと考えられる。このような場合は、その夢を「解釈」する意義は何もなく、その夢に出てきたような経験について患者に語らせ、それに聞き入ることが大切である。このような分析家の態度と相まって、患者はその受け入れがたい経験を十分に明らかにしつつ、自我のなかに取り入れてゆくことができるであろう。このようなときは、同様の夢がまた反復されながら(あるいは、少しの変形を伴って反復されながら)、消失してゆくものである。筆者の経験では、ハンガリー動乱のときに、凄まじい市街戦を経験したひとを分析した際に、この種の夢が生じてきたことがある。やはり、そこに話される経験は凄まじいものであるが、このような話を聞くことも分析家の役割の一つであろう。それが、あまりにひどいものなので誰にも話すことができず、といっても忘れることもできず、心のなかにおける一つのわだかまりとして、不安定に存在していたものが、一対一の人間関係の場面で表現され、明らかにされてゆくにつれて、自らおちついてゆき、自我のなかに位置づけられてゆくことは、心理療法場面における表現することの意義を、痛切に感じさせるものである。

以上で夢の機能についての説明を一応つくしたことになるが、最後に付加しておくことは、夢において非常に象徴性の高いイメージが出現することである。これは夢の機能の一つとして、象徴の生産を取り上げるべきであるとさえ思わせるものである。幾何学的図形としての、十字、円、正方形などが、そのまま、あるいは他と組み合わされたりして、高い象徴性をもって夢に現われるのである。あるいは夢のなかで、「半径 r の球に内接する正四面体の高さは、いくらになるか」などという問題として現われたりする。しかし、これらはたんなる幾何学図形ではなく、夢見たひとにとっては、合理性と非合理性、精神と肉体、無意識と意識、などを統合しようとする試みの象徴的表現として現われているものである。ただ、ここに象徴の生産を一項目として取り上げなかったのは、このことは、すでに述べた夢の機能のなかに、それぞれ含まれるものであるし、象徴といっても、つねに幾何学的図形をさすとは限らないためである。実際、夢の機能は相互にからみ合い、複雑なものであることを、最後に再び指摘しておきたい。

3 夢の構造

ニーチェは、夢は神秘劇であると述べ、ショーペンハウアーは、「夢においては、だれもが自分自身のシェークスピアである」といったという。ユングも一般に夢が劇的構成をもつことを重要視している[22]。すなわち、夢も劇と同じく、(1)場面の提示、(2)その発展、(3)クライマックス、(4)結末、の四段階に分けることができる。わが国でいう、起、承、転、結、が夢の構成として認められるわけである。もちろん、これは典型的な場合であり、劇にも一幕もので、問題の提示のみに終わるものがあったり、あるいは劇作家が、作品を完成する前に、いろいろのスケッチや試作を試みるように、夢においても、この四段階がいつもそなわっているとは限らない。前節に述べたように、象徴的なイメージのみが見られることもあるのである。しかし、一般には夢をこのような劇的構成の面から考えてみることが大切である。

たとえば、この章の最初にあげた夢を例にとると、これはまさに劇的な夢であったが、次のように段階を分けられるだろう。

(1)場面の提示　「大きいホテルのような家で、多くのひとが住んでいた。」つまり、この段階では場所と登場人物が明らかにされる。この場合、劇においては大切な「時」が、入っていないことは注目すべきである。無意識内における無時間性と相まって、夢においては、日時は明確でない場合が多い。しかし、ときには、「それは去年の三月十五日のことです」などと非常に明確に出てくるときもあるが、一般にはまれなことである。

(2)発展　「殺人がくり返し行われるのを見たこと。」ここで話が発展して殺人事件が起こる。このとき「川が溢れて家のまわりを流れているのを見た」ことは、水によって無意識が表わされることは非常に多いが、この場合、まさに意識と無意識の水準が変化して、夢が深まってゆく点を示している。

(3)クライマックス　「最後の殺人者を見知らぬ男に告げ、そのあとで、何も知らなかったことにしようと申し込むが、いまさらしかたないといわれて困る。」ここで、殺人者がだれであるかを告げたために問題が生じてきて、話はクライマックスに達する。そして、これをどのように解決するかが大きい課題となってくる。

(4)結末(問題の解決)　「最後の殺害者は自分の刀で自殺してしまう。」この結末は、いささか意外なものである(もっとも、夢の結末には意外性を伴うものが多いが)。夢の結末は非常に大切で、われわれはこの点に注目しなければならないが、一般的にいって、やはりハッピーエンドの夢のほうが望ましい。たとえば、この場合、「殺害者は、私が彼のことを話したのを知り、私におそいかかり、私の胸を刀でさす」とでもなったらどうであろうか。われわれは一種の危機感を感じることだろう。この場合の結末は、いささか意外であり、しかもハッピーエンドともいいがたいものである。それだけに、ここに提示された問題、すなわち、感情機能を自我のなかに統合しようとすることがいまだ遠いものであることを示している。しかし、これを、その次にあげた電話の夢の結末に比べると、少しは進歩していることが認められる。

夢の結末が大切であると述べたが、ときに最後の結末の場面を欠く特徴的な夢が生じる。つまり、この夢であれば、見知らぬ男に「もういまさら知らないといっても始まらない」ときめつけられて困り果て、どうしようかと思い惑うところで目が覚めるような場合である。このような場合は、その解決は意識の決定にまかされている。あるいは、意識的な解決への努力が要請されているものともみることができる。この点を非常に端的に示している夢の例を次に示す。

夢　私は自動車を運転していた。車は坂を下り出し、だんだんと早くなってきた。途中で、私はその車にブレーキがないことに気づき真青になる。車のスピードは増すばかり。私はこうなったら逃れる道はただ一つ、目を覚ますだけだと思って、頑張って目を覚ます。

これは、あることに盲目的に夢中になりかかったひとに対する、判然とした警告夢である。まさに、このひとにとって「目を覚ますこと」が必要だったわけであるが、さきに述べた点をも、如実に示している夢の例ということができる。

劇が一つの問題場面の設定と、その解決としての様式をもっていること、および、劇の観客が主人公との同一視による情緒反応により、浄化されることなどは、そのまま夢にも当てはまることである。しかし、ここで大切なことは、夢においては、各自が「自分自身のシェークスピア」として劇を作るのみでなく、演出家であり、出演者であると同時に、観客でさえある点である。つまり、夢においては、それを演じ、観ることの両方から浄化される度合いが倍化するわけである。このため、夢を見ること自体、すでに治療的な意味をもっているとさえ考えられ、神秘劇がそのような役割をもっていたように、「夢こそは、治療的な神話(therapeutic myth)である[23]」とまでいうことができる。夢のなかにおける深い感動が、そのまま一つの偉大な体験として、そのひとを支えるものとなるような場合である。次にそのような例を示す。

夢　妻が子どもをみごもる。しかし、妻は経済的理由を盾にして人工流産させようという。私はこれに反対する。非常に奇妙なことに、生まれてくるはずの可愛らしい赤ちゃん(女の子)が見える。私は赤ちゃんを見たので、ますます子どもを産むことを主張するが、妻は経済の貧しさを説明して強く反対する。「まったく女性は現実主義者なので困る」と思いながらも、私は何とか収入を増やす道を考えるからといい、妻もとうとう同意してくれる(ここから、私は自分が観察者か、夢のなかの人物なのかわからなくなってくる)。一人の見知らぬ男性が現われ、今から笛を吹き、ラジオで放送するという。この男はマイクの前に立って笛を吹こうとするが、音楽を放送するよりも、今日、妻との間にあったことを話すほうが、人工流産を安易にしているひとたちが多いこの頃では、はるかに有益であろうと思う(このあたりから自分が知らぬ間にこの男になっている)。私は妻との間の口論について話をし、人間の生命の尊さについて述べようとする。このとき、背後から、悲しさに満ちた笛の音が嫋々と流れてきて、私は叫び出したいほどの深い感動におそわれながら話を続ける。

この夢のもつ意義はまったく明瞭で、説明や解釈をほとんど必要としない。この夢を見た男性は、実際に、ずっと以前に、子どもができることになったとき、経済的なことなど他の理由もあって、むしろ奥さんのほうは、産む気持があったのを説得して、人工流産をさせてしまったひとである。この夢のなかでは二人の立場が逆転しているのも興味深いが、このひとにとっては、以前に合理的に処理してしまったと思っていた事柄は、この最後の場面での悲しい笛の音のように、細く、しかし強く心の奥底に生き続けていて、そのつぐないとして、「人の生命の尊さ」について、日本中に放送しなければならぬことになる。そして、最後に、叫び出したいほどの感動を味わったことは、まさに、このひとにとって大きい意義をもち、これまでの人生観を変えるほどの作用があったものと思われる。これは夢のなかで劇を演じたことの治療的な意義を示す好例であるが、さきに述べた劇的構成という点からみると、前半と後半と二つの劇からなっているともみられるし、あとの劇において語られる事柄を、劇中劇のようなかたちで、前半において見たとも考えられる。これらはすべて、劇や映画の手法とも相通じるものである。それにしても、実際には現実主義者であるこのひとが、夢のなかでは立場が変わり、しかも奥さんの反対にあって、「まったく女性は現実主義者なので困る」と嘆くあたりはまったく傑作といってよく、ニーチェのように、夢のなかには「どうでもよいもの、不必要なものなど何一つない」といいたくなってくる。また、前節に述べた夢の機能の点からいえば、この夢の補償性は明らかに認められようし、女の子の誕生という展望的な意義も認められる。

次に、夢のなかには典型的なモチーフが生ずることに注意しなければならない。たとえば、旅立ち、渡河、別れ道の選択、隠された宝物、危険な動物(怪物)と援助的な動物、空を飛ぶこと、など数え切れぬほどある。しかし、これらの主題はつねに神話や伝説、おとぎ話などにも存在しているものであるから、夢分析をするひとは、これらの主題とその意義についてできるだけ多く知っておかねばならない。実際、夢のなかにはおとぎ話にそっくりのようなものもある。次にユングのあげている興味深い例を示す。[24]

夢　私はけだかい僧形のひとの前に立っている。このひとは「白の祭司」と呼ばれているのに黒い長い衣をまとっていた。ちょうど、この祭司の長い話の終わるところで、最後に「このためにわれわれは黒の祭司の助けを必要とする」といった。すると、突然扉が開き、もう一人の老人、白い衣をまとった「黒の祭司」が入って来た。このひとも大変高貴なひとに見えた。黒の祭司は明らかに白の祭司と話がしたいようであったが、私のいるのを見てためらっていた。すると、白の祭司は私を指さして「お話しなさい。彼は罪のない人間だ」といった。そこで黒の祭司は不思議な話、つまり、どうして彼が天国の失われた鍵を見つけたか、そして、その使い方がわからないでいるとの話を始めた。彼は、鍵の秘密を明らかにしてもらうために白の祭司のところへ来たのだという。さて黒の祭司は次のような話をした。彼の住んでいる国の王様は自分にふさわしい墓石を探していた。彼の家来は偶然にも古い石棺を掘り出したが、その中には乙女の死骸が入っていた。王様は棺を開いて骨を投げすて、後の用のために石棺をまた埋めさせた。しかし、骨が日の光に当たるや否や、乙女であったものが黒い馬に変わり、荒野の方へ逃げていった。黒の祭司は荒野を越えてその馬を追い、多くの事件や困難にあったのちに、天国の失われた鍵を見出した。そこで黒の祭司の話が終わり、夢のほうも残念ながら終わりとなった。

これはある神学生の夢であるが、このなかには、おとぎ話にでも出てきそうな主題がたくさん含まれている。とくに印象的なのは、この、おそらく宗教的な問題をかかえて悩んでいるであろう神学生の前に、その解決の鍵を持っているような高貴な老人が出現することである。これはおとぎ話によく現われる、主人公が困り果てたときに急に現われて助けてくれる老賢者(wise old man)のイメージである。われわれ凡人が困り果てているときに、長い年月によって磨かれた老人のみのもつことができる知恵をもって、このけだかいひとは、価値ある忠告や助言を与えてくれるのである。この夢の場合は、この老人のもつ不思議な二義性が黒と白のテーマ、そしてその交錯となって表わされている。これは善と悪との間の微妙なからみ合いを示唆しているもののように思われる。

さきの例に示されるように、夢にはいろいろなモチーフが含まれているが、同じ日に見た多くの夢が、一見すると非常に異なった夢に見えながら、どれも結局は同じ主題を問題としているようなこともあるので、この点には、分析家はよく注意しなければならない。そうして、その同じ主題について、内容がだんだんと深まっているような場合もある。このような点をまず指摘することは分析家にとって大切なことである。このため、夢の分析に当たっては、もってこられた夢について一つ一つ話し合う前に、全部の夢を一通り、ざっと聞くほうがよいように思われる。全体を通じての共通の主題や流れを、一応把握してから、個々の夢について細部にわたって話し合ってゆくほうが好都合と思われる。また、次節にも述べるように、夢を見たひとの意識の状態を知ることが大切であり、夢のみならず、そのひとが話す現実生活の事柄についても、共通の主題を見出すことが多いので、この点も注意していなければならない。夢の記述に用いられた表現と、現実生活のことを述べるときの患者の表現がまったく同様であるような場合もあり、この点については、むしろ話をしている患者自身は気がついていないことが多く、その点を指摘することによって洞察が深まることがある。次に、そのような例を示す。これは、あるスイスの高校生男子で、同性愛と夢中遊行のため、分析治療を受けるように校長先生よりすすめられて来たひとが、分析を受け始めて間もなく見た夢である。

夢　私はあるホテルの食堂にいた。何かを食べ終わって、デザートを待っているところだった。ところが、デザートの代わりに、何か錠剤の薬をもらった。私は立腹して文句をいいに行った。……私はいったいデザートを注文したのか錠剤を注文したのか怪しくなってきた。私は錠剤を必要とするのかもしれない……たぶん、私が錠剤を注文したのだろうと、そこであやまった。

この夢も、劇的構成という点からみると、ホテルの食堂にいる自分、という場面の提示があり、デザートを待っているのに錠剤をもらうという、発展の段階。これに続いて、文句をいいにゆくところでクライマックスに達するが、その結果は、だんだんと自信がなくなってきて、自分が注文したのだろうと詫びることになる。ところで、この夢をもってきたとき、この高校生は分析を受けるのをやめる決心をして来たのだった。彼は同性愛などというものは高校生くらいであればだれも一度はなるもので普通のことだから治療の必要がないといい、彼の学校の校長が行けというから来てみたが、自分には分析を受ける意志がない、校長はおせっかいであるなどと語った。私は、彼の自分では来たくもなく、来る必要もないと思っているのに、分析を受けさせられたという気持を受け入れて、そのことについて、同性愛について、彼の校長に対する怒りの気持について話し合った。そのうちに彼の気持はだんだんと変わってきて、やはり分析を受けてみようという気になってきた。校長にいわれて来るのではなく、自分の意志で分析を受けることにしようとさえいい、「私は分析を必要とする」と独り言のようにいった。そこで私は、「私は錠剤を必要とする」というと、彼はにっこりしたので、「それに、たぶん錠剤を注文したのも自分だったろう」とつけ加え、お互いに顔を見合わせて笑った。「分析はデザートのように甘くないが、必要とあれば飲まねばならない。それに、ご自分で注文されたようですから」と私は重ねていった。この夢では、このように自分の考えていることを、最初は分析に対する反発、それをやめることの決心として語り、その気持がだんだんと変わってきて、話しているうちに、その表現が夢の表現と重なってきて、それを分析家が指摘することにより、その意義が明確にされてきた例である。モチーフの指摘という点からだんだんと話が実際的なことになってきたが、夢分析において実際的に注意しなければならぬ点を次節にまとめて述べることにする。

4 夢分析の実際

夢は意識と無意識の相互作用のうちに形成されることをくり返し述べてきたが、このような意味からいって、夢分析の際に、夢を見たひとの意識の状態を知ることがまず大切である。すなわち、どのような意識の状態に対応するものとして夢が生じてきたかを知っておかぬと、その意味がわからないことが多いのである。このため、夢分析に当たっては、夢を見た日にあったおもな出来事や、そのひとが考えたり、感じたりしていることを聞くことが必要である。そのひとの考えていることを聞いているうちに、それが夢と重なってきた例を前節にあげておいたが、このような例はよくあることである[25]。夢を見たひとの意識の状態の次に知らねばならぬことは、夢の個々の内容についての、そのひとの連想である。たとえば、この章の二つ目にあげた幽霊協会の夢であれば、「電話について、何か思いつくことはありませんか」と尋ねる。この場合、自由連想的に、一つの事柄Aについて、A→B→C→Dと連想を聞くのではなく、Aについて、図12に示したように、それを中心として連想を聞くことが大切である。たとえば、電話について連想を聞くと、「電話代が高くついて困る」と答えられたとき、「何か高くついて困るということで、思い浮かぶことはありませんか」……といったふうに、連想の鎖を追うのではなく、電話代が高くつくとのことに対して、「電話について、もっとほかにも思いつくことはありませんか」とくり返し尋ねてゆくのである。このようにして、電話がこのひとにとって、どのような心像としての意味をもつかが明らかにされるわけである。連想が思い浮かばないときは、「電話とはどんなものか、電話を知らないひとに説明するとしたら、どんなようにいわれますか」と尋ねたりする。ここに、自由連想を排して、一つのことを中心として連想を尋ねることは、次のような理由によっている。すなわち、自由連想をさせて、鎖をたどってゆくと、これは何らかのコンプレックスに到達する。実際、この連想の方法がコンプレックスの解明に役立つことは、ユングも連想実験によってよく知っている。しかし、このような方法でコンプレックスを解明するのならば、何も夢を材料にする必要はなく、新聞の記事からでも何からでもできることである。すなわち、このような方法をとると、コンプレックスの分析にはなる(それは間違ってはいない)が、夢の分析にはならないのである。

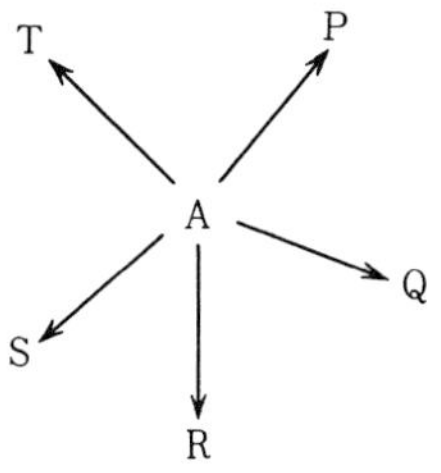

フロイトによると、夢はあくまでファサードであって、その背後に隠された願望を見つけ出すことが夢分析の仕事となってくる。このため前述したような自由連想的な方法を用いると同時に、夢における移動(Verschiebung)ということを認めるので、夢の解釈は、ますます夢そのものから離れたものとなってくる。つまり、移動の作業によって、夢のなかでは強いものが弱いものに、もらうということが与えるということに「移動」することもあると考える上に、前記の方法を併用すると、極端な場合は、すべての夢からエディプス・コンプレックスを導き出してくることも不可能でなくなってくる。実際に、このことは、このような手法で神話や伝説を解釈したフロイトの弟子たちが、どの話からもエディプ

T P A Q S R

図12

ス・コンプレックスを見つけ出してくるので、初めは喜んでいたフロイトも、ついに、これらの仕事を代わりばえのせぬ収穫(monotonous harvest)をあげてくるものだと評したことにも反映されている。

これに対して、ユングは、夢はその背後に何かを隠しているファサードとしてではなく、夢自体を一つの現実として、夢そのものを大切にしなければならぬと主張する。このため、夢における「移動」の作業ということはほとんど考えない。このようにして夢を見るときは、夢そのものの表現から、ちょうどそのときに問題としなければならぬコンプレックスに、どのようにしてわれわれは対処してゆけばよいのか、それが今、意識との関連においてどのような状態にあるのかを読み取ることができるのである。このことは、第二章において、コンプレックスの解消について述べた際に、われわれはどのようなコンプレックスをもっているかを探しまわるよりも、そのときに自我との強い関連をもち、したがって自我に統合されることが期待されるものに、正面から対決してゆくことが大切であると述べたことに関係している。そして、コンプレックスはつねに自我との関連によってとらえられ、それが自我に統合されてゆくときに建設的な面をもちきたらすものであることも大切である。このように考えると、ユングの夢分析の場合は、あくまでも、夢を自我との関連の上において、すなわち意識と無意識の相互作用におけるものとしてみていることがわかる。フロイトのような方法によってなされるコンプレックスの解明は、間違ってはいないにしても、そのときにおける自我にとって、建設的な意味が少なくなると考えるのである。

夢分析において、夢を見たひとの連想を重んじることは大切なことである。この場合、夢に現われた事象を何かの象徴(ユング的にいうと記号ということになるが)として、すぐに公式的におきかえたりすることがない点に注意されたい。すなわち、ライオンが夢に出てきても、すぐにそれを父親の象徴とか、権威の象徴とかに断定することなく、ライオンがそのひとにとってどのような意味をもつかを、まず連想によって明らかにするのである。そのひとは、小さいときにもらったライオンの玩具に対する特別な愛着について話すかもしれぬし、また、寝る前に見たテレビに出てきたライオンの漫画の話をするかもしれない。それらを通じて、ライオンがそのひとに対してもつ心像としての意義が明らかになってくるのである。しかし、夢見たひとにとっての意義と同時に、一般的に承認されていること、つまりライオンは強い動物であること、百獣の王といわれていることなども、やはり意味をもつことも多いわけであるから、このようなことも、もちろん無視してはならない。あるいは夢に現われた典型的なモチーフなどについて、夢見たひとが全然知らない場合は、その意義について分析家が述べることもある。そして、前節において述べた点からいえば、無意識的過程の描写として、意識の関与の少ない夢ほど、当然のことながら、夢を見たひとの連想は少なくなり、「何とも見当がつかない」ものとなるが、この場合は分析家が、その知見によって、それと似通った主題をもったおとぎ話や神話などを述べて、その意味を豊かにできることが多い。このように、夢の素材について、連想や主題の解明などによって、その意味を豊かにしてゆくことを、ユングは夢分析における拡充法(amplification)と呼んで重要視している。このように拡充法は夢の分析において欠かせぬものであるが、分析家が夢のなかにあるテーマを取り上げて意味を述べる際も、それを確定したものとしてではなく、あくまで夢分析のための素材を豊かにする一つの材料を提供するものとして、なされねばならない。このようにすると、分析家と被分析者は共同して、夢分析という一つの課題に取り組んでゆくような有様になってくるのである。

次に、夢を全体の継列のなかで調べるようにすることが大切である。ただ一つの夢だけよりも、継列的にみてゆくほうが、心の動きの過程がとらえられるので、はるかに意味が大きい。この点は、前節において、分析をするときに一通り夢を全部聞いておいてから、あとで個々に話し合うべきであると述べたことにも通じるものである。そして、夢の記録は保存しておいて、夢の意味がわかりにくくなったときは、ときに初めから見なおしたりすると、全体の流れがわかって、理解を助けられたりする。このように、一つの夢が与えられたとき、できるだけそれを全体の継列のなかにおいてみ、そのときの意識の状態に照らし合わせて、個々の内容について一つ一つ丹念に連想を積み上げてゆく。そうすると、そのなかにわれわれは何らかのまとまりをもった布置を見出すことができる。このような分析家と被分析者の相互作用による操作を通じて夢分析が行われるのであって、一つの公式や、きまりきった方法で、簡単に夢の内容が解釈されるようなものではない。このことをユングは「分析家は何をしてもいいが、夢を理解しようとだけはしてはならない」という警句によって述べている。[26]

夢分析に当たって、もう一つ重要なことは、主体水準(subjective level)と客体水準(objective level)の二つの解釈の意味があることである。たとえば、私が友人Aについて、何か夢を見た場合に、その夢は実際に友人Aのことについて語っているとみる場合は、その夢を客体水準でみているのであり、これに対して、その友人Aを、自分の心の内部における、友人Aによって具象化されるような特性について述べているとみるときは、主体水準で考えていることになる。たとえば、前にあげた(一一六頁)ユングがその患者のことを見た夢においては、その患者をもっと高く見上げることを夢に見て、そのまま、そのひとに当てはめて考えたのであるから、これは客体水準での解釈である。あるいは、ドイツ語は実際にできないのに、ドイツ人と話し合っている夢を見て、ドイツ留学のことを考えた例においては、夢を客体水準で、しかし展望的に把握したことになる。これに対して、本章の初めにあげた殺人の夢では、これを客体水準でとらえて、どこかで殺人事件が起こるのだろうというように考えるよりは、むしろ、この夢みたひとの心の内部における殺人としてみるほうが妥当であろう。つまり、このひとの内的な属性として、刀をもった殺害者たちによって表わされるようなもの、この場合であれば、自分の感情を切りすててきた思考機能として考えてみることのほうが意味が深いと思われる。このような見方が主体水準での夢のとらえ方である。

　夢には、この二様の解釈が可能であるが、どちらか一方が大きい意味を有する場合と、二者とも意味をもつ場合とがある。たとえば、前にあげた人工流産に反対する夢を見たひとの場合(一三一頁)では、このひとは男性として現実主義者であり、その夫人はロマンチストだと簡単に決め込んでいたが、この夢のなかで経済的理由によって人工流産を主張する夫人に対して、「まったく女性は現実主義者なので困る」と思うところは、客体水準で考えると、今まで自分の妻のロマンチックな面のみを見て、その現実主義的な点に気づいていなかったのに対して、それを補償する意味で、このような夢を見たということができる。これによって、今まで見えなかったその夫人の現実主義者的な面に対しても目が開かれたのである。しかし、一方、主体水準でこの夢を考えてみると、次のようにもいえるだろう。つまり、この夢のなかの夫人を現実のそれと考えず、自分の心の内部において、この女性によって表わされるような部分として考えてみると、今まで、自分は、男は現実主義であるとか、男性的に現実を処理してきたと考えてきたが、実はそのような行動をしてきた動力としては、案外自分のなかの女性的な要素が強かったのではないか、という点が反省され、このような考えを推し進めて、今までの自分の現実主義は、現実に実際に対処してゆく点よりは、「現実主義というムード」に酔っていたのではないかという点が明らかにされてくるのである。「現実のきびしさ」とか「男性的」とか、このひとが好んで用いてきた言葉の背後に、そのようなムードを発散させて、この男を動かしていた一人の女性を、このひとは心のなかに発見したことになる。

さて、この二様の解釈は共に、この場合価値のあるものであったし、この両者がしかも微妙にからみ合っていて、簡単に分離できるものでないことにも読者は気づかれたことと思う。その夫人の性格のなかに自分の今まで気づかなかった半面を見出すことと、自分自身の内的世界のなかに隠されていた面を見出すこととは、表裏一体のこととして現われているのである。このように、この二様の観点はそれぞれ意味をもち、また微妙にからみ合っているものであるが、一般に、夢に出てきた人物が自分に近いひとであると客体水準での解釈が意味をもつことが多く、自分より疎遠なひとであると主体水準による見方が意味をもつことが多いといえる。しかし、客体水準で意味をもつ場合は、それにとらわれすぎて、大切な主体水準での解釈を見逃すことのないように注意しなければならない。

今、一つの夢が客体水準でも主体水準でも意味をもつ例をあげたが、このように夢は多義的であって、多くの異なる見方を許すことが多い。これは、心像と象徴の説明において述べたように、これらはいつも集約的、具象的な表現であり、そのなかに実に多くの意味を内在させているからであって、その観点が異なると異なった意味を引き出せるのである。このため、分析家はさきに述べた拡充法の過程において、被分析者と話し合い、共同して、できるだけ夢のもつ豊かな意味を損うことのないように努めねばならない。夢の内容をすぐに明確な概念におきかえて解釈するときは、それはわかりやすく確実なものとはなるが、ときに夢のもつ豊かな可能性を殺してしまうことにもなるのである。この点からいえば、夢を概念におきかえて解釈をほどこすよりは、被分析者と共に心像のもつ味を味わうような態度も望ましいときがある。たとえば、幽霊協会からの電話の夢に対して(一〇八頁)、それをすぐに、無視された感情機能からの呼びかけを自ら断ってしまったというように解釈してゆくよりは、「ともかく幽霊から電話がかかるなど、めったにないことですのに、それを自分から切ってしまうとは惜しいことをしました。貴女のように合理精神に富む方が、どうしてせっかくの機会を利用して、幽霊がどんな話をするのかを観察したり記録したりされなかったのか不思議に思いますね。ともかく、すぐ感情的になって電話を切ってしまわれたのですから」「あら、まったく本当ですね。私今度幽霊から電話がかかってきたら、もっと話をよく聞くことにしますわ」などと、一見他愛のない会話をかわすことのほうが、意味が高いときもあるのである。ともかく、分析家としては、とやかく解釈するよりも夢の心像そのものによって語ることが大切な場合が多いことを知るべきである。といって、このような方法にのみ頼り、明確さを失ってしまうと、分析家も共に流されてしまって、まったく分析の方向を失うようなことにもなるのである。

今まで述べてきたような観点に立って、最初にあげた、ホテルでの殺人の夢をもう少し詳しく見てみよう。これは十日ほど前に見た幽霊協会の夢に続くものであるが、このユーモラスな夢によって、自分と感情機能との接触の悪さをはっきりと知らされて後、それに続く殺人の夢によって、自分の感情を切って生きてきたことを強烈に示される。この夢は「大きい家、それはホテルのようであった」という場面の提示で始まる。多くのひとがいながら、お互いに関係のない状況としてホテルや電車の中などが夢の最初の場面として選ばれることは多い(たとえば、一三五頁の夢もホテルの食堂で場面が始まっている)。そして、このような疎遠な集団関係のなかから、だんだんと個人的なそのひと自身の人間関係や、あるいはそのひと自身の道を歩む状況が確立されてゆく過程が、夢の深まりにつれて示されるわけである。さて、この場合、彼女は凄まじい殺人がくり返されるのを傍観者として見ている。この切ることを武器とする殺害者たちは、今までの彼女の夢分析から考えて、彼女の鋭い思考機能と関連していることが察せられる。実際、彼女の鋭利な剣は外に対しては、愛情をもって接しようとするひとたちとの関係を断つことに用いられたであろうし、内的には、彼女の強い感情を切りすてることに用いられて、つねに感情を殺すことに役立てられてきたに違いない。この凄まじい光景を見て、初めは傍観者の立場（思考型のひとの好んで取る立場）にあった彼女も、率然として強い感情反応に取りつかれて泣き叫ぶ。そして、これに続いて、「こんなことは知らなかったことにしよう」というおきまりの浅薄な感情機能の働きが生じるが、いまさらしかたないと相手の男性に拒否されてとまどってしまう。しかし、最後の殺害者は自殺して果て、感情を切りすて切りすてしてきた鋭利な思考の刀は、最後には自分の胸に突き立てるよりほかないことが如実に示される。ここに刀を持った男性は死に果てるが、一人の見知らぬ男性が残り、彼も、「殺害者を責める気がないのならなぜ喋ってしまったのか、いまさらしかたがない」ときわめて思考型の反応をするが、ともかく、彼は殺人者の群には加わらず、彼女と個人的な会話をかわすことは非常に意義深い。彼女は未成熟にしろ、思い切った感情反応に生き、思考の剣の危険性をはっきりと認識すると同時に、一人の新しい、会話の対手となりうる男性を得たわけである。

ここに一つの、人間の心の内部の変容の過程を認めることができる。十日以前には幽霊として、電話で話し合った対手が、ここに少なくとも普通に話し合える人物となって現われたわけである。しかしながら、この男が見知らぬ男性であって、その会話の内容にも深い接触が見られない点から考えても、このひとの課題、つまり感情機能の開発ということが、まだまだ努力を要するものであることがわかるのである。この夢に見られる男性像の変容は、一方で、刀を持った男性たちが死ぬと同時に、見知らぬ男が現われるといった形で認められるが、これは、不明確な形で示された、「死—再生」のモチーフの現われともみることができる。このモチーフは夢分析、ひいては心理療法において重要なものであるから、次節において、取り上げて説明することにする。

5　死と再生のモチーフ

前節における夢分析の例において、死と再生のモチーフの重要性を指摘した。われわれ分析家は、自殺未遂、殺人、死の恐怖などと実際的に死の問題に対処してゆかなければならないが、それと同時に、夢における象徴的な死にも対決してゆかねばならない。そして、この両者は、山の頂上を越えて天まで昇る夢を見たひとが、実際に岩壁から落ちて死んだように（一一二頁参照）、微妙ながらみ合いをも見せるのである。しかしながら、ここに注目すべきことは、現実の死は一般には何としても避けたい否定的な意味をもつものであるが、夢における内的な死は必ずしも否定的とばかりはいえないことである。それは、心像の世界における「死」は「再生」へとつながるとき、むしろ劇的な変化の前ぶれを示すものとして受け取られるからである。われわれは実際に、古い制度が死んで、そこから新しい秩序が生まれることや、「一粒の麦が死ぬ」ことによって、新たに多くの麦が生じることの秘密をよく知っている。死は挫折であり消滅であり、否定的な面をもつことはもちろんであるが、このように再生へとつながってゆく限りにおいては、肯定的な面ももっていることに注意しなければならない。このような意味において、心理療法によって大きい人格変化を生じてきたときに、死の夢をみることがある。

たとえば、この章の初めに例としてあげた「ホテルの殺人」の夢を見た女性は、その後四か月ほどたって、分析も深まり大きい人格変化を生じてきたときに、「白いバレー服を着て、野外で踊り、踊り終わって湖のなかに身を投げ、深い淵に沈んでゆく」という夢を見ている。そして、この死の夢のなかで、このひとは深い感動を体験するのである。このような深い死の体験を通じて、このひとの心のなかで何ものかが死に、新しい、よりよいものへと再生してゆく過程を、われわれ分析家は共に経験し、観察することができるのである。しかしながら、死がやはり危険なものであることに変わりはないので、死の意味の両価性についてはつねに注意していなければならない。その上、このような内的な死と、実際的な死が微妙にからみ合い、重い神経症から立ち直りかけた患者が急に自殺を企図したりするような事実も存在するのである。このため、心理療法家は、患者が重い状態から回復しかけたときに、かえって慎重に危険性のないように注意をするのである。

死が否定的な意味と肯定的な意味と両方を有することを述べたが、一般的にいって、後者のほうの意味に強調点がおかれた死の夢を見るときは、恐怖感よりもむしろ深い感動をもって体験されることが多い。さきのバレー服を着て湖に身を投じた夢を見た女性の場合もそうであったが、このような感動は、第3節に述べた妊娠中絶を思いとどまって、それをラジオで放送しようとした夢を見た男性の、「叫び出したいほどの深い感動」の体験に通ずるものである。この夢は、この男性が今まで切り殺してきた感情が、ここによみがえり、このひとの内に生まれ出てくることを示すものと考えられ、その再生に伴う感動がこのひとの胸を強く打ったものと思われる。

これらのような深い感動の体験は、ルドルフ・オットーのいうヌミノース体験(numinous experience)に相応するものである。[27] このヌミノース体験ということは、ユングが非常に重視しており、彼の宗教観とも結びついているので、ここに、それについて少し説明し、あわせてユングの宗教に対する考え方について述べたいと思う。ルドルフ・オットーは、宗教における「聖なるもの」(das Heilige)を追求し、そのなかにおける合理的な要素と、道徳的な要素を引き去ってもまだ残るものに注目し、それをヌミノースという言葉で呼んだ。つまり、人間をとらえる宗教的な体験は、概念化して合理的に表現できる以上のものを含むことを重視したのである。ヌミノースという語は神霊を表わすラテン語のヌーメン(nūmen)から作られたもので、ヌミノース体験は、「天意の体験」

とも訳されようが、これはオットーの意図を正しく伝えないと思われるので、原語のままで用いることにした。彼はヌミノースの要素をさらに追求し、それは、いうなれば、畏敬(awfulness)、ちから(overpoweringness)、魅力(fascination)の感情を伴うものであると述べている。すなわち、われわれの自我の力をはるかに超えた圧倒感、抗しがたい魅力、そして近よりがたい畏敬の感情を起こさせるような、ある体験、これがヌミノース体験である。そして、このような体験が宗教の根本として存在することを彼は主張するのである。

ユングはこの考えに基づいて、宗教とは、結局、「ルドルフ・オットーがヌミノースムと呼んだものを慎重かつ良心的に観察することである」[28]と述べている。しかし、ここに「観察」という言葉が入っているが、自然科学における立場と異なる点があることに注意されたい。つまり、観察の対象となるヌミノース体験は、人間の心のなかに抗しがたい力をもって生じるものであって、意識的に起こしたり、制御したりできるものではない。この過程において、人間は観察者であると同時に、その作用そのものであり、自ら体験しつつ観察するのである。ここに、宗教の原語としてのラテン語の religio が、本来、「慎重なる観察」という意味をもっていたことは、示唆するところが大である。そして、われわれの立場が、このような意味での宗教と深い関係のあることが、感じられることと思う。実際、ユングはその心理療法において、このような意味における宗教性の重要さを強調しており、この点、宗教に対して否定的な態度を示したフロイトと、著しい対照をなしている。ここにユングのいう「宗教」は、特定の「宗派」をさすものでないことは明らかである。

死と再生のモチーフと、その体験に伴う感動のことから、ユングの宗教に対する立場を説明したが、このような意味での宗教性と、再生の意義を如実に示す一つの例について述べる。ある母親がその六歳の男の子のことについて相談に来られた。その男の子が最近になって、死のことについて質問をするので困るというのが、その相談の内容だった。家庭は幸福で病人もいないし、最近、知人で死んだひともなかった。しかし、その坊やは、自分が大きくなったときのことを考えているうちに、もし自分が八十歳くらいになると、お父さんとお母さんはどうなるかと考え始めたらしい。このことは必然的に、死の問題につながり、人間は死ぬとどうなるのかということにもなった。このむずかしい質問に対して、母親は(現在の若い母親たちがほとんどそうであるように)、地獄や極楽の話をする気にもなれず、さりとて、キリストの復活について語ることもできなかった。このような場合、母親自身が信じている宗教があると、それによって答えることが、いちばん良い解決策であろう。しかし、今の場合、それがないとすると、残された方法としてはただ一つである。私は、この母親に、その坊やが話をしたい限り、その話を一所懸命に聞いてやり、慎重に観察を続けるようにすること、こちらからよけいなことを教えず、子どもの体験を分かち合うようにすることが大切であるといった。さて、この坊やは、「お母さん、また悲しい話をしようか」といって、母親のところに来て、死について自分の考えたことを話したそうである。あるときは、両親も死ななければならぬときがくると話して、泣きながら、「悲しい話だけど、話さないといられない」ともいった。これらを、母親は泣きながら聞き、話し合ったそうである。しかし、解決はほどなく、この男の子の内部からやって来た。あるとき、この坊やは生き生きと目を輝かして、「お母さん、とうとうよいことを思いついた」とやって来た。「僕が死んでも、もう一度お母さんのお腹の中に入って、また生まれてくるとよい」と、この子は話し、これで、すっかり死の話をしなくなったという。

ここで、読者の方が「なあんだ」と思われないように願いたい。私は、この報告を聞いたときに、強い感動におそわれるのを禁じえなかった。死の問題に対して直面していった六歳の男の子の心の内部から、どの宗教にとっても最も大切な「再生」のモチーフが、(非常に原始的な形態にしろ)生じてきて、この子どもの内的な安定をとり戻させたのである。このような再生のモチーフが誰に教えられたものでもなく、この子どもの内部に自ら生じてきたのであり、これを思いついたときや、このことを母親と共に語り合ったときの感動的な体験は、まさにヌミノース体験であり、宗教的なものといわねばならない。ここに、自分が老人になったときは両親はどうなるかと考え、死の問題を考えたほどの論理的な思考のできる子どもが、解決として得たものが、合理的な観点からはまったく馬鹿げたものである点に注意していただきたい。「死んでから母親のお腹に入る」ということは、まさに心像として重要な意義をもつものであって、死に対する合理的な解答ではない。しかしながら、この心像の出現により、この子が深い感動を経験し、それ以来、死の問題におびやかされなくなったことは明白な事実である。六歳の男の子が、死によっておびやかされながら、それから逃げることなく、母親に支えられながらも、その問題に直面していったとき、このような「再生」の心像が内部から救いとして出現したのである。この例は、「再生」のモチーフの重要性や、あるいは宗教ということの本質についても、示唆するところの大きい例といえる。

蛇足ながらつけ加えておくと、この心像によって、この男の子は死の問題を解決してしまったなどという気は、私には毛頭ない。ただ、この子はこの時期に、このような心像によって、死の問題をひとまず乗りきったということである。おそらく、この子どもは思春期になって、もう一度、死の問題を考えることになろう。そして、そのときにさきに述べたような原始的な心像に満足できないことは当然であろう。そのときは、また、この少年は苦悩し、死の問題に前より高い次元で取り組み、また新たな解決を見出してゆくことだろう。このようなくり返しによって、人間は年齢と共に成長してゆくのである。この例は、ある男の子が、六歳という発達段階に達したとき、外界からは死を思わすような影響を何も受けていないのに、自らそれについて考え始め、結局は誰にも教えられずに、自分の心の内部から生じてきた「再生」の心像によって立ち直っていったものである。そして、この子どもの場合は、外からこのようなことについて教えられる可能性がないことが明らかな状況にあったので、なおさら人間の心の内部にある心像表出の可能性を如実に示していると思われた。ユングが元型を、人間の心の内部における表象の可能性(possibility of representation)として説明する意味が、このような例からも明らかにされるのである。

死と再生の元型は、このように非常に大切なものであるが[29]、これが外界に投影された顕著な例としては、いわゆる太陽神話をあげることができる。朝、神の英雄が東から生まれ、日の車に乗って天上を運行する。西では偉大な母が待ち構えていて彼を呑み込んでしまう。暗い夜がおとずれ、その間に英雄神は真夜中の海の底を航海し、夜の怪物と凄まじい戦いをした後、朝になると、再びよみがえり東の空に現われるのである。この神話に典型的に示されている死と再生のテーマは、英雄が一つの仕事を成就しなければならないときに、まず経験しなければならない苦難の体験としても表わされ、英雄が怪物に呑み込まれてしまって苦心する話となっても多く存在している。ユングは、この暗い、苦しい過程を「夜の海の航海」(night-sea journey)と呼び、これが夢分析の過程にも、よく生じることを指摘している。次にユングのあげている夢分析の例から、そのような過程を示しているところをあげて簡単に説明してみよう。この例は、ユングおよびその指導を受けていたひとによって分析されたある若い男性の科学者の夢について、そのおもなものをあげながら、人格の発展の過程を示したものである[30]。今は、その多くの夢のうち、第二段階の夢として示されている11番から15番までのものを継列としてあげる。

夢1　私、医者、パイロット、それに見知らぬ女性が飛行機で空を飛んでいた。突然にクローケー(芝生の上で争う球戯）の球が飛んできて鏡を割った。鏡は飛行のための不可欠の器具であった。そして飛行機は地面に落ちる。またしても、いったいこの女性はわれわれ三人のうちのだれに属しているのかという疑問が湧いてくる（この女性に対する疑問は前の夢にもあったので、またしてもという表現が使われている）。

夢2　私は父、母、妹と共に電車のプラットホームの非常に危険な場所にいた。

夢3　海の底に宝があった。これに到達するためには、私は狭い入口から飛び込まねばならなかった。これは危険なことであるが、底の方で私はだれか仲間を見つけ出すことだろう。私は暗い海の中へもぐってゆき、深みの中に美しい庭園を発見する。それは対称的に設計され、中央には泉水があった。

夢4　私は父と薬屋に行く。そこでは、貴重な品、とくに何か特殊な水を安く手に入れることができる。父は、その水がとれる国について話をしてくれた。その後、私は汽車でルビコン川を渡った。

夢5　四人のひとが川を船で下りつつあった。私と父、私の友人、そして、あの見知らぬ女性であった。

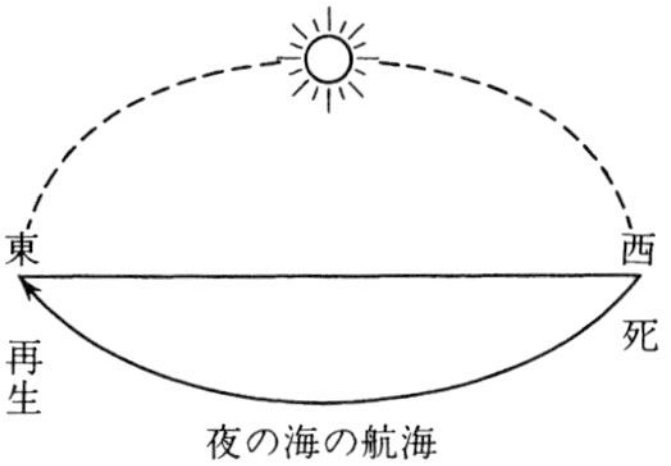

図13

これらの夢に対する詳細な考察はユングの原著にゆずるとして、われわれがここに注目したいのは、今まで述べてきた「夜の海の航海」のモチーフが、この夢の継列のなかに潜在的にではあるが示されていることである。すなわち、見知らぬパイロットと共に空に上がっていたこのひとは、突然に大切な器具である鏡を割られ、地に落ちる。おそらく、自分の能力にまかせて空を飛んでいたであろうこの若い科学者は、どうしても一度地に落ちることが必要であったのだろう。そして、夢2においては、乗物が飛行機から電車へと変わっているが、前よりも退行した状態、つまり、両親と妹と共に、家族の一員として現われている。人間が新しい段階へと発展してゆくためには、一度その得意の場面から落下して、必然的に退行現象を起こすことが、必要であるが、この退行の時期がまた危険な状態であることも、この夢は示している。さて、夢3においては、このひとは地面から海の底へと、ますます沈下を重ねる。しかし、ここでは彼は危険を承知の上で、一つの決断をもって飛び込んでゆくのである。海の底で彼は生命の水をたたえている泉を見出すのである。その海底には宝物、あるいは一人の仲間が約束されている。このような決断を下したあとでは、四番目の夢において、生命の水を父親と共に求めにゆくこととなる。この夢においては、父親はもはやたんなる父としてではなく、生命の水の出所について知る老賢者の心像としての意味も重ねもつものとして現われている。新しい発展の前提として退行は必要であるが、退行には適切に終止符が打たれ、そこから再び立ち上がってゆかねばならない。このときにおいて、父なるものの役割は真に大切である。まさに、このときにおいて、このひとは「ルビコンを渡った」のである。最後に示した夢は、最初と同じく四人の構成であるが、飛行機は、流れを下る船と変わり、なお大きい変化は、初めの夢においては女性のみならず男性も見知らぬひとであったが、ここでは父と友人という、自分の知っている男性になっている点である。初めの夢に続く夢によって、このひとのなし遂げた仕事はここに反映されている。すなわち、最初、自分の心の内で無意識内にあったもの(見知らぬ二人の男性によって示されていた部分)が、意識内に統合されてきたことが示されている。彼はもはや、見知らぬパイロットと共に危険な飛行をすることなく、自分のよく知っている友人と共に川の流れに乗って進んでゆくのである。

さて、この一連の夢において、われわれは、心像の変化を通じて、このひとの人格の発展のあとをたどることができたのであるが、最後の夢においても、まだ見知らぬ女性として現われたこの謎の女性は、いったいどのような意味をもつのであろうか。夢のなかに現われるこの重要な女性像については、次の章において詳しく述べることにしよう。

注

（1） 石橋臥波『夢』宝文館、一九〇七年、高峰博『夢学』有文堂書店、一九一七年、などに、わが国古来の夢に関する物語、作品の興味深い例が多くあげられている。

（2） フロイト以前の夢研究に関しては、フロイトの『夢判断』の第一章に卓越した要約がみられるので、それを参考にされたい。なお、夢全般にわたっての日本における入門書としては、宮城音弥『夢』岩波新書、一九五三年、がある。

（3） ニーチェ、手塚富雄訳『悲劇の誕生』世界の名著46、中央公論社、一九六六年、四五五—四五六頁。

（4） フロイト、高橋義孝訳『夢判断』上巻、新潮社、一九五七年、一〇七頁。

（5） Hadfield, J. A., Dreams and Nightmares, Penguin Books, 1954, p. 113.

（6） Neumann, E., The Origins and History of Consciousness, Pantheon Books, 1949, pp. 5-38.

（7） Jung, C. G., "Psychologische Interpretation von Kinderträumen und älterer Literatur über Träume," Seminar von Dr. Jung Wintersemester 1938/39. これはユング研究所での講義を謄写印刷したもので、全集にはいれられていない。

（8） フロイト、前掲注（4）書、四一—四二頁。

（9） Jung, C. G., General Aspects of Dream Psychology, C. W. 8, pp. 237-280. を参考にしながら、筆者の考えもいれて適宜に分類を試みてみた。

（10） Jung, C. G., Memories, Dreams, Reflections, Pantheon Books, 1961, p. 133.

（11） ニーチェ、前掲注（3）書、五三五—五三六頁。

（12） ユングは、初回夢が患者の無意識的な病因を明らかにするのに非常に役立つこと、この点に関してはフロイトも見解を同じくすることを述べている。The Practical Use of Dream-Analysis, C. W. 16, p. 140.

(13) Jung, C. G., *ibid.*, pp. 154-155.
(14) Jung, C. G., General Aspects of Dream Psychology, C. W. 8, p. 258.
(15) Jung, C. G., The Practical Use of Dream-Analysis, C. W. 16, pp. 150-151.
(16) Jung, C. G., On the Nature of Dream, C. W. 8, p. 291, にあげてある例。
(17) Jung, C. G., Two Essays on Analytical Psychology, C. W. 7, pp. 176-177. ここに小さい夢、大きい夢は、それぞれ little dream, big dream の訳である。わが国にも古来より「大夢」という言葉があるが、これは長時間の夢、したがって人生のことを意味するもので、まったく異なった意味をもっている。高峰博『夢学』八三九頁。
(18) Hadfield, J. A., Dreams and Nightmares, Penguin Books, 1954, p. 226. この本の最後の章に、予知夢の例が大分あげてある。
(19) フロイト、前掲注(4)書、二二—二九頁に、本人が忘却してしまっていることが夢に出てくる例が多くあげてある。
(20) フロイト、前掲注(4)書、一一頁。アリストテレスは、このような点から、医者はおそらく昼の間は気づかれないような体内の変化の初徴を夢によって推知することができると考えた。
(21) Jung, C. G., General Aspects of Dream Psychology, C. W. 8, pp. 262-263.
(22) Jung, C. G., On the Nature of Dream, C. W. 8, pp. 294-295.
(23) Meier, C. A., Jung and Analytical Psychology, Department of Psychology Andover Newton Theological School, 1959, p. 45.
(24) Jung, C. G., The Phenomenology of the Spirit in Fairytales, C. W. 9, I, pp. 216-217. なお、ユングの著書では、夢は三人称のかたちで書かれているが、ここでは、「私は」という書き方にして訳した。
(25) 夢分析において、意識の状態を知る必要があることは、投影法の解釈において、blind analysis が危険であるのとまったく同様である。夢の解釈法は投影法の解釈の基礎をなすものであるから、投影法の研究をされている方は、この夢分析の章から多くの知見を得られることと思う。前節における劇的構成の意義のところは、TATの研究をされている方に役立つところがあったことと思う。事実、TATを作ったマレー(H. A. Murray)はユングに分析を受けたひとである。
(26) Jung, C. G., The Practical Use of Dream-Analysis, C. W. 16, pp. 148.
(27) Otto, R., The Idea of the Holy, Penguin Books, 1959. (Das Heilige, 1917, の英訳である)。
(28) Jung, C. G., Psychology and Religion, C. W. 11, p. 7.

(29) ユングは再生について、興味深い論文を書いている。Jung, C. G., Concerning Rebirth, C. W. 9, I, pp. 111-147.

(30) この論文は、初め "Dream Symbols of the Process of Individuation," として、エラノス年報、一九三五年、に発表されたものであるが、後に、Psychology and Alchemy, C. W. 12, の中により詳細な説明を加えて収録された。本文中、夢を訳する際、夢を見たひとを主体として、「私は……」という形に変えて訳出した。

第六章　アニマ・アニムス

前章の終わりに示した例において、ある男性の科学者の夢に登場する「見知らぬ女性」の重要さを指摘しておいた。ユングは、夢のなかに現われる異性像、すなわち、男性であれば女性像、女性の場合は男性像が、心理的に非常に大きい意味をもつことに気づき、それらの元型として、女性像の場合をアニマ(anima)、男性像の場合をアニムス(animus)と呼び、その意味を探究したのである。さきに第三章において普遍的無意識について述べたとき、その一例として、影(shadow)をあげて説明した。影は、前に述べたように夢のなかでは、自分と同性の人物によって人格化されることが多いが、これに対し、アニマ・アニムスは、異性の人物によって人格化されるのが通例である。つまり、男性にとって、夢のなかの男性像は、その影の心像であり、女性はアニマの心像である。そして、女性にとっては、夢に現われる女性は影の心像であり、男性はアニムスの心像とみることができる。さて、影は個人的無意識との関連が深く、比較的理解しやすいものであるが、これから説明しようとするアニマ・アニムスは、無意識のより深い層にあって、把握することが困難なものである。筆者の今までの経験では(いまだ非常に乏しいものではあるが)、日本人にとっては西洋人よりもはるかに、このアニマ・アニムスを自我のなかに統合してゆくことが困難に感じられるようである。このため、この章の説明を進めてゆくのに大きい困難を感じるが、話が少し皮相的になることを承知の上で、できるだけわかりやすく説明をしてゆきたいと思う。

このような説明が、アニマ・アニムスを内的経験を通じて把握してゆくことの一つの機縁になれば幸いである。アニマ・アニムスについて説明するためには、それと対応するペルソナ(persona)について述べなければならない。そこで、まずペルソナと対比させながら説明することとする。

1　ペルソナとこころ

本書のめざすところは、あくまで自分の内界としての心の探索を行うもので、「心の現象学」とでも呼べるものと言える。そして、この章に至るまで、その現象の記述を続けてきたが、今ここで、「心」の意味について、ユングの考えを詳しく述べることにする。ユングは無意識の心的過程の存在を認め、今までくり返し述べてきたように、意識と無意識の相補的な働きを重視してきた。このような研究を進めてゆくにつれ、ユングは、われわれが漠然と心と呼んでいるものを、もう少し明確に定義づける必要を感じ、psyche という言葉と soul (Seele) という言葉を概念的に区別して用いるようになった。psyche とは、意識的なものも無意識的なものも含めて、すべての心的過程の全体をさしているものであり、これを一応、「心」という日本語におきかえて、今まで用いてきた。これに対して、今は soul が問題となるが、この意味は後に述べることにして、これを「こころ」と訳すことにする。ここに、「たましい」という言葉を用いなかったのは、これを宗教上の概念としての霊や魂などと混同されることをおそれるためである。そして、適当な訳語がないので、漱石が小説の題名にわざわざ平仮名を用いたのにならって、「こころ」と書いて、前述の「心」(psyche)と区別したわけである。

われわれ人間が、この世のなかに適応して生きてゆくためには、外的な環境に対して適切な態度をとってゆかねばならない。外的環境はつねにわれわれに、そのような態度をとることを要求している。つまり、父親は父親らしく、教師は教師らしく、子どもは子どもらしく、ある種の期待される行動に合わせて生きてゆかねばならない。そして、これを怠るときは、われわれは「不適応」のレッテルを貼られてしまう。学校へゆかない生徒とか、収入を全部自分で使って、家族に渡さない父親などは、その異常さを攻撃されるのである。しかしながら、これらの外的に見えやすく、理解しやすい外界に対する適応の問題に対して、筆者は、自分の内界に対する適応の問題も無視できないと考えている。

内的適応などという考えを不思議に思うひとのために、一つの例を示す。筆者がアメリカに留学中、多くの日本人留学生と一緒になったが、そのなかで、日本人には珍しくアメリカ人のなかにとけ込んで生活しているひとがあった。風俗習慣の非常に異なるアメリカ社会のなかに入り込んでゆくことは、少なくとも筆者の留学した当時においては、日本人にとって真に困難なことであった。このため、一般の日本人留学生は、アメリカ人たちとのびのびと交際してゆくこの日本人を羨しく、ときにはねたましくさえ感じたものであった。ところが、このひとがある日、筆者のところに相談に現われ、原因不明の慢性下痢に悩んでいることを告げたのである。このひとはあまりに下痢がひどいので、アメリカの医師に診てもらったのである。ところが、いろいろ検査したあとで、この医師は、この下痢が神経性のものであることを告げ、そして親切にも、このひとに何か悩みがあるのではないかと尋ねてくれた。アメリカ人の医師は、日本からやって来た学生が、異国の社会に適応できなくて、神経性の下痢が生じたと推察したのである。ところが彼の予期にまったく反して、この日本人学生の「適応」は良好を極めていた。学校は面白い、アメリカ人の友人はたくさんある、先生には好かれている、ガールフレンドもある……。ともかく、この医師は「不適応」のサインをどこにも見出せずに困ってしまって、自分には今のところわからないが、ともかく問題は心理的なことだと思うので、専門の心理学者に相談するようにと忠告してくれたとのことであった。筆者が非常に驚いたことには、彼と非常に似た型の他の留学生が、あいついでやって来て、慢性の消化不良に悩んでいると打ち明けたことだった。さて、このひとたちの「不適応」の問題は、明らかに彼らのあまりにも良すぎる「外的適応」に根ざしていると思われた。今までとはあまりに異なる外界、アメリカの文化に対して、性急に皮相的に適応しようとしすぎて、自分の内的な世界の重要さを忘れてしまっていたのではないか。彼らは外界を尊ぶあまり、自分を無視してしまっていたと思われる。

このことは、彼らが外的環境に適応しようとしすぎて、自分の内にあるこころとの接触を失いそうになったといえないだろうか。この例に示されるように、人間は外的適応を誤って神経症になるのみならず、内的適応をおろそかにしても、神経症に悩まねばならない。このような点に注目して、ユングは、われわれは外界に対してのみならず、内的世界に対しても適切な態度をとらねばならないとし、それらの元型として存在する根本態度を考え、外界に対するものをペルソナ、内界に対するものをアニマと呼んだ。ここにいうアニマが、ユングにとっては、こころと同義語である。つまり、元型として無意識内に存在する、自分自身の内的な心的過程に対処する様式、内的根本態度を「こころ」と考えるのである。元型としての「こころ」は、もちろん意識的に把握できないが、それが心像として現われたものを、われわれは把握することができる。それが、すなわち「こころの像」(soul-image)であり、夢のなかでは異性の像として人格化されることが多い。このように考えると、夢に現われた女性像を正確には、アニマの心像(あるいは、こころの像)というべきであるが、ユングは、これをもアニマと呼んでいる場合が多い。実際、こころと同義語のアニマという言葉をわざわざ用いるのは、この夢のなかの女性像をさしていう場合が多いからである。

ペルソナとアニマは相補的に働くものである。男性の場合であれば、そのペルソナは、いわゆる男らしいことが期待される。彼の外的態度は、力強く、論理的でなければならない。しかし彼の内的な態度は、これとまったく相補的であって、弱々しく、非論理的である。実際、われわれは非常に男性的な強い男が、内的には著しい弱さをもっていることを知ることがよくある。このように一般に望ましいと考えられる外的態度、ペルソナから締め出された面が、こころの性質となるのであり、これが心像として現われるときは、女性像として現われることになる。これが、女性の場合であると、女性に対して一般に期待される態度、やさしさとか柔順さなどがペルソナをかたちづくり、そのこころの像は男性像として人格化されて現われることとなる。この男性像をアニムス(正確にはアニムスの心像)と呼ぶのである。アニムスはアニマの男性型である(ラテン語で、たましい、精神を表わす)。このアニマ・アニムスはわれわれの心の内にあって、われわれの行動に大きい影響を及ぼす。それは、人間の意識的な態度に欠けている機能を全部含んでいるので、われわれのまったく「思いがけない」働きをすることになり、否定的にも肯定的にも大きい意味をもつのである。規則を守ること機械のような堅い兵卒に、「少しくらい、帰営がおくれたってかまわないじゃないの」とアニマはささやくかもしれない。あるいは、田舎で百姓をしている娘に対して、「お前は銃を取って、国防の第一線につかねばならない」とアニムスは命令する。これらのことは、彼らのペルソナからみれば不可能に思えるようなことであるが、その抗しがたい魅力や、圧倒的な力強さに押されて、それに従うこととなり、あるひとは転落の一途をたどり、他のひとは国民的英雄にさえなるのである。これらの、創造的にして、かつ危険性の高いアニマとアニムスの働きについては、次節に述べることにして、ここに、もう少しペルソナについて述べる。

ペルソナという言葉は、もともと古典劇において役者が用いた仮面のことである。ユングがこのような言葉を借りてきた意図は明らかであり、ペルソナとはわれわれが外界に対してつけている仮面であるともいうことができる。ペルソナは夢のなかでは人格化されて表現されることが少なく、一般に「衣服」など自分の身につけているもので表わされることが多い。適切なペルソナをもっていないという意味で、衆人のなかで裸体でいる夢をみたり、あるいは、まったく場違いの服装をしていることに示されたりする。ペルソナが人格化されることは少ないが、この場合は通常は同性の人間によって示されることが多い。次にペルソナの問題を示している夢の一例をあげる。これは、職業をもったある未婚の女性の夢である。

夢　私は数人の男と戦っていた。私は坐って、彼らを次々と、こうもり傘や棒きれでなぐりつけ、彼らはのびて順番に川に落ちてゆく。さて、最後の一人になって、もう降参しろといったが聞き入れない。そこで、私は今日でも明日でもいつでも相手になってやると立ち上がった。そのとたん、私は自分がまったく何も着ていないことに気がついて、恥ずかしさでとまどってしまう。私は坐りこんで、ともかく水泳着を着ることにしようといった。……われわれは、戦うために海水浴場に行ったようである。

これは、自分は坐ったままでいながら、男性たちを次々とノックアウトしていた女性が、最後の一人に対して、いつでも相手になってやると大見えを切って立ち上がったとたん、自分が裸でいることに気づいて、恥ずかしさで坐りこんでしまうところが、なかなか印象的である。人間はときにペルソナを取り去って、真の自分の姿を見せることや、それを自ら認識することは大切で、そのような意味において、裸の夢が肯定的な面を示しているときもあるが、この夢の場合は、むしろ適当なペルソナを欠いているといった意味の強い夢と思われる。この女性は実際に能力のある女性であるが、職場では対人関係がうまくゆかず困っていたひとである。この夢についての話し合いから明らかになったことは、いわなくてもよい本当のことを思わずいってしまって、上役からにらまれたり、仕事をやりすぎて同僚から嫌がられたりすることなどであった。うそをついたり、仕事を怠けたりして問題を起こすひともあるが、このように、本当のことを話したり、仕事に熱中しすぎて対人関係を悪化させるひともある。裸になるのはけっこうなのだが、時と場所によるわけである。このひとはともかく場違いの裸体に気づいて、せめて海水着でも着ようとするわけである。裸より少しはましというところである。

衣服がペルソナを表わすことは、実際生活において、あまり自分の「こころ」を示すと危険な職業についているひとが制服を着ていることにも反映されている。軍人、警官、車掌など、これらのひとは、つねに人間のこころの問題にふれねばならないので、それに深入りする危険性を制服によって防衛しているということもできるだろう。しかしながら、防衛の手段としての制服は、しばしばそのひとの全身をおおってしまって、そのなかに生きた人間がいるのかどうかを疑いたくなるようなことも起こってくる。これが、ペルソナとの同一視の危険性である。ペルソナの形成に力を入れすぎ、それとの同一視が強くなると、ペルソナはそのひとの全人格をおおってしまって、もはやその硬さと強さを変えることができなくなり、個性的な生き方がむずかしくなる。いつか、マルセル・マルソーのパントマイムを見たとき、ある男がいろいろな面をかぶって喜んでいるうち、道化の面をかぶると取れなくなってしまって困る場面の演技があった。面を取ろうと苦労して、身体はもがき苦しむが、どんなに苦しんでも、ずっと顔のほうは道化の笑い顔で、この相反するものを表現してみせるところにマルソーの演技が輝きを見せる。これは、まさに硬化したペルソナの悲劇を演じているものと感じられたのだった。ペルソナが、このように一面的で硬化したものでなく、もっと上手に使い分けているひともある。実際に、われわれは、その場所の異なるに従い、外界から期待される役割も異なるわけであるから、それに従ってペルソナの種類も変えてゆかねばならないわけである。そして、このようなペルソナを発達させることを怠るひとは、とかく外界と摩擦を起こしやすく、他人の感情を害したり、自分の能力をスムースに発現しがたくすることが多い。ペルソナは自分の内的なものに根ざしながらも、外的なものに対する役割を演ずるために採用されたもので、社会のなかにスムースに生きてゆくためには必要なものである。

一人の男性が「男らしさ」を強調するペルソナをもつとき、それは内に存在する女らしさ、アニマによって平衡が与えられ、女性の場合は、その女らしさをアニムスによって補償される。しかし、これが相補的に働くよりも、極端な同一化の機制によって、むしろ破壊的に作用を及ぼすこともある。つねに強く、厳しい男性が、浅薄な同情心に動かされて失敗をしたり、いつも愛想のよい奥さんが、新聞に書いてあった偉い先生の意見を基にして、お客様に演説を始めたりするのも、このためである。こんなときに、われわれは、あのひとはまったく別人のようだといったりするが、これは、まさに男性の背後から一人の女性が、あるいは女性のなかから他の男性が出て来て行動しているかのような感じさえいだかせるのである。われわれは、このような危険性を防ぐためには、あくまでペルソナやアニマ・アニムスとの同一視をさけ、それらを分化して、よく認識してゆくように努めねばならない。ともすれば硬くなりがちなペルソナに柔軟性と躍動性を与える、無意識の奥深く存在するアニマとアニムスについて、節を分けて、もう少し詳しく追究してみよう。

2　アニマ

男性の「こころ」の像は、夢のなかでは女性像をとって現われることが多い。次に、その典型的な夢を一つあげる。これは若い独身の男性の夢であるが、細かい点は省略して示す。

夢　私は誰かと海水浴にゆくところであった。行きたくはなかったが、私はどうしても行かねばならないことを知っていた。海岸では中学時代の先生が水泳を教えてくれた。ほかのひとたちが皆泳いでいるとき、私は一人離れて海岸にいた。すると突然、海底から裸の少女の体が浮き上がってきた。私はあわてて助け上げ人工呼吸をする。私は彼女のかすかな息を感じてほっとする。彼女のために暖かい着物を探すため帰宅するが、たくさんの衣類はどれも小さすぎてだめ、衣類を探しまわっているうちに目が覚める。

これは、危機状態にあった見知らぬ少女、アニマを救い出す典型的な夢である。この夢は分析を開始することを決めたすぐあとにみられたもので、初回夢(一一九頁参照)と呼ぶのにふさわしいものである。海水浴に行きたくはなかったが、行かねばならぬことを知っていたというところは、分析を始めるに当たって多くのひとが感じる両価的(アンビバレント)な気持がよく表わされている。ここにおける海は、まさに無意識そのものを示していて、水泳を学ぶ、すなわち無意識の世界に入り、それについて学ぶことが示されている。そこで、他のひとたちと離れて孤独になったとき、アニマは水死体に近い姿をとって現われ、このひとを驚かす。孤独はよかれあしかれ異常な体験を呼び起こす基となるようだ。伝説やおとぎ話の主人公たちも、森の中に迷い込んだり、両親にすてられたり、一人旅に出たりすることが、その異常な体験の発端となっている。さて、この場合も一人でグループから離れているとき、アニマが出現するが、それは真に危険な状態である。そこで、このひとは彼女を救い上げて人工呼吸をする。まさに、無意識の世界に沈み、彼との接触を断たれて死にかかっていた「こころ」を、再びよみがえらせて、接触を回復したものといえる。ここに人工呼吸のテーマが現われた点も興味深い。元来、ラテン語のアニマ・アニムスは共に、ギリシャ語の anemos (風) と同じ言葉であって、「こころ」あるいは「たましい」が「息(いき)」や「動く空気」の表象と深い関連を有しているからである。[1] 人工呼吸によって彼女が息を吹き返したことは、真に喜ばしいが、最後の部分の少し不満足な結末は、前節に示したこころとペルソナの関係を如実に示している。つまり、このひとのもち合わせているペルソナ(衣服)は小さすぎて、そのアニマを包むのにふさわしくないことを明らかにしているのである。実際、この夢に示されるとおり、このひとは長い分析を通じて、そのアニマを獲得するために勇気のある努力を続け、また同時にそれにふさわしいペルソナを確立するために相当な困難と戦い抜いていったのである。

以上のような観点に立つと、一三一頁に示した妊娠中絶を思いとどまった夢も、危機状態にあったアニマとの接触の回復を意味するもの、あるいはアニマの誕生の夢ともいうことができる。アニマは男性の心のなかの抑圧されたもの劣等なものと結びつきやすく、多くの場合、その劣等機能と結合している。この夢の場合、思考型の男性として、感情機能がアニマと結びついており、アニマの誕生はすなわち、このひとの劣等機能の感情が開発されてゆくことをも示している。その点は、この男性にとって不得意な音楽が夢に生じ、「笛を吹く」という感情の表現がなされ、その笛を吹くひとと自分とを同一視しかかっていることにも示されている。このように、アニマは必ずしも女性像として表わされるとはかぎらず、この場合、アニマの感情とでも呼びたいものが、笛の音によって表わされているというべきであろう。あるいは、アニマが動物の姿をとる場合もあり、その典型的なものとして「白鳥の乙女」をあげることができるだろう。いわゆる白鳥の乙女(swan maiden)のお話は全世界に分布しており[2]、それがどこまでが話の伝播によるものか、その国古来のものかを見分けることすらむずかしくなっているが、このような似た話が全世界のひとの心を打って、語りつがれている事実は、アニマの像が人類共通の普遍的無意識に根ざしていることを示しているものと考えられる。白鳥の乙女の物語は、アニマのもつ抗しがたい魅力と、そのとらえがたさを生き生きとわれわれに伝えてくれる。

男性の心のなかにあるこの「永遠の女性」は、外界に投影されることによって、その性質の一端をわれわれに示す。実際、男性たるものは自分を取りまく女性のなかにそれを見る(あるいは、見たように感じる)のである。すべてのひとの反対にあって苦しんでいる男性に向かって、「私は信じています」との一言で勇気を与え、この男性の大きい創造力の源泉となる女性もあれば、成功の絶頂にある男性に対して、ちょっと片目をつぶってみせるだけで彼を奈落に陥れることができるのも女性である。古来から、多くの芸術家が、そのペンや絵筆によって、この永遠の女性を描き続けてきたし、現在もなおその努力は続けられているのである。そして、われわれはそのような高尚な芸術に頼らなくとも、四十歳をすぎてから「女狂い」を始めて自分をも家族をも苦しめている男を、自分の周囲にすぐに見出すことができる。ユングは人生の後半の重要性をよく強調する。人生の前半が昇る太陽のようであるとするならば、四十歳を過ぎてからの後半の人生には、われわれは傾き沈んでゆくことに人生の意義を見出さねばならない。この時期になって、今までの価値概念が急激に変化するのを感じたり、生きてゆくことの意義を見失ったように感じて悩むひとも多い。地位や財産や名声を求めて、外へ外へと向かっていたひとが、このときになって今までと異なる内的な世界に気づき始める。そして、この内界にある「こころ」は外界の女性にと投影され、四十代の恋が始まる。このような点を考慮しないひとにとっては、その恋人が「あまりにも意外な」タイプであることに驚くかもしれない。堅いひとで通っていた学者が娼婦型の女性に心を奪われたり、ドン・ファンとして知られた男性が、ただ一人の清純な少女に変わらぬ愛を誓ったりする。これらはむしろ当然のことであり、慧眼なひとであれば、その一見愚かしく見える恋のなかに、その男性が開発させてゆくべき可能性の輝きをさえ読み取ることができるだろう。実際そのような女性に自分を縛りつけようとする自分の心のなかの因子、アニマの存在に気づき、それと対決してゆこうとすることによって、このひとはますます自分を豊かにし、統合性の高い人格へと発展してゆくことができるのである。

アニマが分析を通じて追究されるとき、それは一つの発展の過程をたどるように思われる。まず最初はアニマというよりは母親の像が現われる。実際、母親は各人のもつアニマ像の母胎となるものであって、母親のもつ暖かさや甘さ、それといつまでも子どもを自分のものとして独占したい烈しい力とは、アニマの性質にも受けつがれている。母親の甘さと呑み込む性質(devouring quality)のゆえに、いつまでも母親に抱かれていて、アニマの発展が制止させられているひとも多い。このような段階にとどまっている男性は同性愛や、浅薄なドン・ファン型に陥ることも多い。すべてのドン・ファンがそうであるとはいいがたいが、異性のなかに母なる愛を求めようとして、その満足が得られないまま、次々と相手を変えてゆかねばならないのである。心理的には母親の胸に抱かれていながら、多くの女性を征服したと錯覚を起こしている男性もある。次に、母親とアニマ像との移行段階として、母親代理の心像が現われる。「いつもやさしくしてくれた近所の小母さん」や、初めて訪ねていった親類で出会った年上の従姉。姉さんのようでもあるし、お母さんのようでもあるし、そのやさしい感じの底に、何かいい表わしがたい心の揺れを感じる。それは母親の像の延長のように見えながら、自分の「家」の外にある魅力としての意義をもっている。これは必ずしも母親らしいひとと限定しなくとも、少なくとも自分の家(あるいは母)以外のところに、自分の心を揺するものが存在することを経験することであって、将来の母親からの独立への一つの準備となるものである。さて、この段階を経て、アニマが登場するが、これをユングは四段階に分けて、第一段階を生物学的な段階、次にロマンチックな段階、そして、霊的(spiritual)な段階、最後のは叡智(wisdom)の段階としている。

初めの生物学的な段階は、ともかく女であること、子どもを産み出すことができるということが大切である。とくに、その性の面が強調され、母親からの分離を明らかにするものとして、娼婦のイメージが現われる。いかに道徳的なひとでも、分析のある段階では、このような娼婦型の女性像が夢に現われて驚かされるものであるが、ともかく、ものを生み出してゆく土の存在をここにおいて経験し、受け入れさせられるのである。この段階に達した男性は、前の段階にとどまっている「坊ちゃん」たちを嘲笑したり、セックスの話をして驚かしたりして喜ぶものであるが、この段階では、性について知っていても女性については知っていないともいえるだろう。そして、この次の段階として、ロマンチックなアニマが登場する。さきの段階では女でさえあれば誰でもよかったが、この段階では一人の女性に対する愛が生じてくる。ここでは、女性を人格として認め、それに対する選択ときびしい決断が必要となる。ロマンチックアニマという場合、これを母親代理の女性に対する甘い心の揺れと混同しないようにしていただきたい。というのは、一般には、そのような感情をロマンチックという表現で表わすことが多いからである。それはむしろ、センチメンタルとでもいうべきで、娼婦型のアニマに取りつかれた男たちの嘲笑を買うだけの値打ちのあるものである。さて、ここで述べているロマンチックアニマは、まさに西洋の文学が多大の努力を払って描き続けたものであり、古来の日本においてはあまり発達させられていなかったものといえるだろう。昔の日本においては、「家」を守るためにアニマの開発は極力おさえられてきて、その代わりに、娼婦は美的洗練を受けて、感覚的な美しさをアニマ像のなかに追究してきたとも考えられる(江戸時代の芸妓)。「家」を第一とするために、女性は家の跡継ぎを産み出す「土」としての役割にとどめておき、その人格を認めようとせず、さりとて、そのような段階のアニマに満足できぬ男性は、「家」とは別世界のところで美的アニマを開発させることとなった。男性は、妻の人格を認めないが、その代償として、妻の座を認めることとなったが、このことは、「土」としての女性の強さが全家族のなかに及ぶことになり、多くの日本の男性が永久に土なる母から逃れられないことともなった。近代になって、西洋の文化に接したわれわれ日本人は、このロマンチックアニマにその文学をとおして接し、強い憧れの気持を抱かされたのである。しかし、実際的に、この段階にまでアニマを開発させている日本人は、現在においても、非常に少ないように思われる。日本で一般にフェミニストとか、ロマンチストなどと呼ばれている男性は、むしろさきに述べた母親像からアニマへの移行段階の母親代理の心像の段階にとどまっていて、「娼婦型」のアニマと対決することをさけているひとが多いように思われる。それは、これらのひとに感じられる「芯の弱い」感じと対応しているようである。

アニマの第三の段階は霊的な段階で、聖母マリアによって典型的に示される。ここにおいては、セックスは聖なる愛へと高められているということができる。これは母でありながら、同時に処女であり、母親としての至高の愛と、乙女の限りなき清らかさを共存せしめている。この段階に続くものとして叡智のアニマがある。実のところ、最も聖なる、そして最も清らかな第三の段階のアニマの上に、この叡智が存在するのは不思議にさえ思われる。これは、たぶん、「ときとして、たらないものは過ぎたるものにまさるという真実によるものであろう(3)」

とユングは述べている。この段階のアニマの像としては、ゼウスの頭から鎧に身を固めて生まれ出てきたというギリシャの女神アテネがあげられる。兜につつまれた女神アテネの顔は、男性のような冷たさと輝きをさえもち、不思議な深い知恵をわれわれに感じさせる。しかしながら、この段階のアニマ像としてわざわざギリシャの女神をあげなくとも、わが国の有名な中宮寺の弥勒菩薩像があげられると筆者は考える。この像に母の慈悲を感じるひとも多いことだろう。しかしそれは聖母マリアの示す愛と異なると誰も感じることだろう。そしてまた、この姿に不可思議な魅力を感じるひとも、これをヴィーナスと比べようとは思うまい。限りないやさしさと魅力を秘めながらも、われわれの心を打つものは、やはりこの像のもつ深い知恵のように筆者には思われる。実際、わが国における菩薩像のなかに、この段階のアニマの表現を見出すことが多いと思われる。そして、多くの観音菩薩が男性のようでもあれば女性のようでもある(むしろ女性的と思われる)点は、前述したアテネが女神でありながら甲冑を身につけている点と相呼応するものである。なお、中宮寺の菩薩にモナ・リザの微笑を思い浮かべたひともあるが、モナ・リザも、西洋における、この段階のアニマ像の表現の一つと考えられる。もちろん、モナ・リザとアテネと、弥勒菩薩とでは、前述したような共通点をもちながらも、そのポイントが少しずつ異なっていることも事実である。第三段階として述べた聖母マリアのようなイメージがわが国ではほとんど発展させられていないのにもかかわらず、第四段階のイメージは、むしろ西洋よりも日本のほうに豊富ではないかとさえ思われる。

以上の四段階はユングが思弁的に作り出したものではなく、多くの男性の分析の結果として経験的に生じてきたものである。アニマの像はまったく複雑怪奇なものであり、前述のように簡単に分類してしまうことにさえ抵抗を感じるものであるが、実際に夢分析を行なった場合、前述のような段階を通じてアニマ像が発展せしめられるものであり、どれかの段階を飛び越して、発展させることが困難なことを指摘した点に、ユングの功績があると考えられる。そして、この四段階を経た後に、アニマはもはや人間像をとって表現されることなく、一つの機能(function)として、われわれの自我を、その心の真の中心としての自己(次章参照)に関係づける働きをするものとなる、とユングはいう。まさにアニマは関係(relationship)のための機能となるのである。このアニマを通じて、われわれが、自分の心の内に関係を求めてゆく自己とは何であるのか、ということになるが、これは次章で述べることとして、アニマについてもう少し補足的な説明を加えておきたい。

　実際においてアニマを意識内に統合してゆこうとの試みは、ある意味では男性にその弱さの開発を強いるものであり、真に困難なことである。どれほど強がりをいっており、あるいは実際に強いひとでも、いざ恋愛となると弱くなったり、愚かになったりすることにも示されるように、実際、アニマは男性に弱さを経験を通じて教えてくれる。そして、このような弱さの内的経験を通じてこそ、男性はほかのひととの真の関係を打ち立てることができるのである。強いばかりの男性は支配し、命令することはできても、他人と深い対等の交わりを結ぶことはできない。心理療法家となるひとは、必ずアニマの問題に直面しなければならぬのも、このゆえである。しかしながら、アニマと対決し統合してゆくことと、アニマと同一化することとは区別しなければならない。アニマとの同一化が行われると、その男性はいわゆる女々しい男となったり、むやみに感情的になったりする。あるいは甘い感傷的な考えに陥って、現実との対決をさけたりする。カウンセラーといわれる男性のなかに、女らしい感じや甘い感じの強いひとがあるが、これらのひとはアニマとの同一化の危険におかされているというべきであろう。

　一般には、男性としての強さや判断力などがまず期待されるので、このような外的な期待にそえるペルソナを作り上げることが大切であり、このようなペルソナを人生の前半において築いた後に、アニマの問題との対決は人生の後半(三十五—四十歳以後)になされるのが普通であるとユングはいっている。確かに、外界に対する適当なペルソナをもたないで、内界におけるアニマとの対決をなそうとするときは、腹背に敵を受けて真に危険な状態に陥るものである。ただ、例外として、芸術家、宗教家や、前述したように心理療法家なども、若いときからアニマの問題と取り組まねばならぬ宿命を背負った特殊なひとであると思われる。

アニマは女性に対して投影されることが多いが、必ずしもそうとはかぎらず、何かの物事や、物体がその役割を果たしている場合もある。その典型的な例としては、アメリカにおいては自動車がアニマ的な役割をもっているように思われる。男性は競って素晴らしい自動車を買い、それを世話し(彼らはまさに自動車を世話し、愛撫さえしている)、それについて友人たちと話し合いをする。考えてみると、男性化したアメリカの女性に比べると、自動車のほうがはるかにアニマらしいともいえるが、近代の合理主義の産物に、非合理な感情の投影をしなければならぬのも気の毒な感じを抱かせる。アメリカ文化はいち早く吸収するわが国において、この自動車のアニマ化はどの程度進んでいるのだろうか。

今まで述べてきたアニマに関する四段階の発展過程、および、ペルソナとアニマの関係などはユングが夢分析の結果から経験的に述べたものであるが、これを、このまま日本人にあてはめることができるかどうかは、大きい問題である。これは日本人の心性に深くかかわるものとして、今後とも考察を続けるべきことと思われる。ともかく、ここでアニマについての考察を打ち切り、次節においては、女性の場合の「こころ」、アニムスについて考えてゆきたい。

3 アニムス

女性の場合は、そのいわゆる女らしい外的根本態度に対して、無意識内には劣等な論理性や強さが集積されている。それが夢においてイメージとなるときは人格化されて男性像をとることが多い。それがアニムスの心像(たんにアニムスといってしまうことがあるのは、アニマの場合と同様)である。女性の内界に存在するこの男性、アニムスは、例外を許さぬ頑固な意見として外に表われてくることが多い。ユングはアニムスは意見(opinion)を形成し、アニマはムードをかもし出すといっているが、実際、世に恐ろしいものは女性の意見と男性のムードである。これらはどちらも不可解な根強さをもっているのが特徴である。アニムスに取りつかれた女性は、「……すべきである」と意見を述べる。これは一般原理としては正しいが、その個々の実際場面には適していないときが多いので、この頑固な意見に出会うと、男性は俄然、感情的になってきて、感情的な反対論を述べたてる。しかし、これはいつまでたっても交わらぬ平行線であって、ほとんどの場合時間が解決を与えてくれるのみである。アニムスは、女性がそれと同一化するときは、このような否定的な面をもつが、もちろん、肯定的な面ももっている。それについて、もう少し詳しく述べてみよう。

アニマの発展の段階が四段階であったように、アニムスも四段階に分けて考えることができる。これをエンマ・ユング(ユング夫人)は、(1)力、(2)行為、(3)言葉、(4)意味、の四段階に分けている。[4] これは、ゲーテの『ファウスト』のなかにおいて、ファウスト博士が、新約聖書のギリシャ語を独訳しようと試みて、「はじめにLogosありき」のLogosを、言葉(das Wort)、意味(der Sinn)、力(die Kraft)、そして行為(die Tat)としてみるところから取ったものである。実際、アニマがエロスの原理を強調するものであるのに対して、アニムスはロゴスの原理を強調するものということができる。さて、力として最初にあげた段階は、男性の力強さ、とくに肉体的な強さを示すもので、スポーツ選手などのイメージとして表わされる。これはアニマの第一段階に対応して、「低いアニムス」とでもいうべきであろう。次の行為の段階は、初めの段階とそれほど明瞭には区別しがたいが、強い意志に支えられた勇ましい行為の担い手としての男性像によって表わされる。ヘミングウェーが、このような意味合いをもって、女子学生の憧れの対象となったりする。

男性の場合、アニマの問題が退行した状態で生じるときは、エロチックな空想として現われることが多いが、女性の場合は、そのようなエロチックな空想として現われることは少なく、むしろ、頼もしい男性の出現による未来の人生の設計などという、願望に満ちた考え(多分に空想的であるが、本人にとっては、一つの考えである)として生じてくる。そして、この素晴らしい考えによって、「女性も職業をもつべきである」とか、「自分の夫は一流大学出身でなければならない」とか、動かしがたい意見が形成される。このように願望に満ちた考えが強くなると、それとの比較によって、外界のあらゆるものは無価値に見えたり、つまらなくなったりしてくる。何に対しても浅薄な批判を加えているうちに、それがついには自分に向けられるようになり、自分を極端につまらなく感じたり、女であることを卑下したり、あるいは、過ぎ去ったことのみ取り上げて、「大学へ行っておくべきだった」、「あのひとと結婚しておくのだったのに」とくり返すことになる。アニムスに取りつかれた女性のこのような特徴は、グリム童話の「つぐみひげの王様」の王女の態度として、非常に生き生きと描かれている。たくさんの求婚者にあだ名をつけて笑いものにしておきながら、そのあとで王女は何度も、「ああ、つぐみひげの王様と結婚しておけばよかったのに」とくり返さねばならないのである。[5] アニムスは、このように破壊的な作用をのみ生じるとはかぎらない。女性のなかにある願望に満ちた考えは、だれも気がつかぬ可能性を引き出したり、新しく提出された考えに対して偏見をもたずにいち早く同意したりすることによって、建設的な役割を果たす。男性がその硬い思考の枠組みにとらえられて、新しい傾向を排斥しようとするとき、その意義を認めて革新的な行動に加担する女性が現われ、改革の陰の推進者となることも多い。周囲からつけ狙われている志士をかくまって、雄々しくふるまった女性などは、この一つの例ということができる。

アニムスが現在の女性にとって大きい意義をもつのは、言葉・意味の段階として示される知的なロゴスの原理においてであろう。現在の合理的、客観的な思考法を尊重する時代精神に支えられて、女性はつねに、このような意味でのアニムスの問題と取り組まねばならない。アニマの特性が他人との協和であるのに対して、アニムスの特性は、その鋭い切断の能力にある。差を明確にし、正誤の判断を下す能力は、快刀乱麻を断つのにも比すことができようが、一〇七頁に示した夢のように、アニムスの剣の恐ろしさにも注意しなければならない。さもないと、近代女性はアニムスの剣によって、男性と太刀打ちしているように見えながら、その実は自分の女の命(femininity)を切りきざむ作業に熱中することになる。そしてアニムスの剣は、結局のところ借りものでしかないので、その強烈な意見の背後に、父上の教訓や新聞の文化欄の記事などを捜し出せることもまれではない(一〇八頁の幽霊協会の夢における新聞に関する論議を参照されたい)。実際、自分の女らしさを殺し、新聞の意見で身を固めた女性ほど、男性に敬遠されるものはあるまい。しかしながら、女性が自分の自己実現の道を歩もうとするかぎり、このアニムスを生きてみて、統合してゆく困難な道を選択してゆかねばならない。

そして、この道はつねに、女としての命を失う危険性と、男性からの強烈な反対によって著しい困難を伴う。相手の男性が太母(グレートマザー)の懐にまだ眠っている場合は、この傾向はまさに著しいものとなる。女性の独立の動きは、この男性の安楽な眠りをおびやかすからである。このような困難な道を避けて、女性的な仕事のなかにアニムス的な要素を織り込むことによって満足を見出そうとしている女性もある。育児や家事を能率的に、合理的に処理してゆくことのなかに満足を見出してゆくのである。しかし、このような仕事の能率を上げることや、産児制限の普及などによって、家庭の主婦は多くのエネルギーの剰余を得、これの消費法に困ってしまうわけである。このエネルギーが少し横道にそれ、低いアニムスと結合すると、この女性は性的冒険を求めて行動することとなる。一般の女性にとって、セックスのみを切り離して楽しみや興味の対象とすることは少ないが、この種の女性は、男性と同じく(実際それはアニムスの働きによるものだが)、セックスのみを追い求めて行動することとなる。ドン・ファンが母親からの独立を求めてのあがきであると前に述べたが、これらの女性の性的冒険やよろめきも、自己実現の道を求めてのみじめな努力ともいうことができる。これらの男女は不思議な嗅覚によって相呼び合って、行動を共にするが、肉体の結合とこころの分離とを味わうのにすぎないことも多い。

一般の主婦は、このような素晴らしい冒険は実行してみずに、せいぜいテレビ映画の鑑賞の範囲にとどめておき、余ったエネルギーはもっぱら子どもへと注がれることになる。現在の夫にアニムスの像を見出せぬ嘆き、「ああ、つぐみひげの王様と結婚するべきであった」というアニムスの嘆きは、子どもへの期待へと変わってゆく。願望にいろどられた考えはすべて子どもへと投影され、子どもは母親のアニムスを生きねばならぬこととなる。子どもはやさしい口づけで、百年にわたる女性の眠りを覚ます美しい王子であることが期待され、あるいは、名演奏によって万雷の拍手を浴びる少年音楽家となることが要請される。アニムスの発展を一途に願う母親に、科学的な育児法や、合理的な教育法などという適切な武器を供給する親切な男性も多いので、ここに悪名の高い「教育ママ」が誕生する。しかし、自分の妻の教育ママぶりに困惑したり、冷笑したりしている男性が、多くの場合いまだ「母ちゃん」のひざに乗っている男性として、女性のアニムスの正しい発展の道をとめ、教育ママの生産に大きい力ぞえをしていることに気づいていないことも多い。われわれが内的な世界にまで視野を広げて物事を見るときは、夫婦のうちどちらか一方だけが悪く、一方がよいなどという場合は、非常に少ないように思われる。

人間の幸福ということを単純に考えるならば、女性としてはアニムスの問題などに気づかぬほうが、はるかに幸福といえるだろう。このことは多くの神話やおとぎ話に示される主題であるが、その一例としてギリシャ神話のクピド(エロス)とプシケの物語をあげることができる。美しい娘プシケはクピドに愛され結婚するが、夫のクピドは夜にだけやって来て朝にはいなくなってしまう。そして、プシケに自分の姿をけっして見てはならないといいわたす。初めのうちは幸福にすごしていたプシケも、とうとう好奇心や疑いの気持に勝つことができずに、ある晩に灯りを取り出してクピドの姿を見てしまう。それと気づいたクピドは怒ってとび出してゆき、ここからプシケの苦難の道が始まる。幾多の困難にあいながら、とうとうプシケは再びクピドと結ばれるが、その話は略するとして、ここにプシケが夫の姿を見ることを禁じられていた点に注目したい。つまり、美しい娘プシケは、そのアニムスを見ようとしないかぎり、すなわち、アニムスの問題を意識せずにいるかぎり、幸福な結婚生活を続けてゆくことができるのである。しかし、彼女の好奇心と疑いの心が、それを許さなかった。彼女の内に、何かそのような単純な幸福にあきたらぬものが生じたのである。この点は、あらゆる女性にとって選択をせまられる転機である。クピドがプシケに自分の姿を見ることを禁じたように、一般の男性は、女性がアニムスに目覚めることを好まない。実際、女性のなかにはアニムスにまったく気づかなかったり、完全に抑圧したりしているひとがあり、これらの女性は個性がないという点において、男性のアニマの投影を受けるのに最適であり、この意味において多くの男性から愛されたり、ちやほやされたりする。このような女性は、ほかの女性から見れば、個性がなくて頼りない、どこがいいのかわからぬ女性に見え、それが男性の間に人気が高いのが不可解に思えるものである。同性から見るとつまらないひとが異性にもてたりする秘密は、このような点にも存在している。

しかしながら、アニムスにいったん気づいた女性は、いまさらそれをやめることはできない。プシケの長い苦難の道と幸福な結末が示しているように、一度歩み始めた道は、いかに苦しくても歩ききって、アニムスの発展の道をたどり、それを意識のなかに統合してゆかねばならぬ。そのような苦しい努力を経て、アニムスは高い意味をもつこととなり、自分の女らしさを失うことなく、その女らしさを先導するアニムスによって、女性の自我はより高い統合性をもった自己と結ばれてゆくのである。現在の日本では、一方ではアニムスの問題に直面せざるをえない状況にある女性もあれば、他方では、アニムスとまったく無関係な幸福な生活をおくっている女性もある。アニムスの発展の道をたどる意義をさきに述べたが、それがあまりに苦難に満ちたものであることを思うと、アニムスに対して目を閉じている女性を無暗に起こそうとする気はしない。ただ、自ら目を開いたひとに対しては、必要なときには助力をつくすべきと思われる。

古来からアニマを描いた文学は多くあるが、アニムスを描いたものは少ない。多くの男性が「永遠の女性」を求めて、その像を把握しようとしたのは、よく了解できるが、これに対して、女流文学者はアニムスを描くことに専念したであろうか。これは一つには、男性どもがアニマを記述することに専念しすぎるので、「現実の女性」はそのようなものではないと、女流文学者は反発心も手伝って、現実の女性を描くことに力を入れたとも解釈できる。ところで、ユングはしばしば、アニムスの像がとらえにくいことを述べ、「私は、女性がアニムスの人格について、はっきりした報告ができるような例は見たことがない(6)」とさえいっている。これは、夢における心像において、アニマはしばしば一人の女性として現われる(たとえば一五〇頁の夢や、一六四頁の夢など)のに対して、アニムスは、よく二人、三人または数人の男性として生じる点(一〇七頁、あるいは一六一頁の夢参照)をユングは指摘して、女性のアニムスは複数の人格によって成り立っているのではないか、したがって、それを一つの人格として描き出すことができないのであろうといっている。この点について、ユング夫人は次のように述べている。[7]女性は古来から母としての役割が非常に大切であり、人生のほとんどを「母」として生きるようにされてきた。これに対して、男性は「父」としての役割のみならず、多くの職業において複雑な生き方を経験してきた。この点から見ると、男性にとって「母」の像は非常に重要であり、すべての女性像はある程度、この母の像を母胎としてでき上がっている。このためアニマ像は比較的単一的で、すべての男性にとって共通点も多くなってくる。これに対して、女性のもつアニムス像は、父の像が大切なものではあるが、男性に対する母の像ほどではなく、アニムスは多くの男性像(それも種々雑多である)の影響を受けるので、単一なものとなりにくいというのである。なかなか興味の深い説である。

さて、今まで述べてきたように、アニマとアニムスは、人間関係のなかに入りこんできて、その関係をいっそう複雑なものにする。一組の男女の関係はアニマ・アニムスを入れて、四人の関係であるといいたいくらいである。それに、男性がアニマと同一化すると、女々しい男として馬鹿にされようし、女性がアニムスにつかれると、女らしさを失ったものとして非難される。しかし、一度この問題に気づいたものとしては、われわれは、ある程度の同一化の危険をおかしてさえも、自分の内部にあるアニマ・アニムスを統合することに努めねばならない。この苦しいまわり道を通じて、一人の女性あるいは男性として、そのなかに強さ、弱さを含みながら、より豊かな人間として自分の個性を生きてゆく道を見出すべきである。この点において、もはやアニマもアニムスも、人間の男らしさ、女らしさをおびやかすものではなく、高い意味をもった機能としての働きをするものとなったということができる。このように生きてゆく過程を、ユングは個性化の過程と呼んでいるが、それについて次章において、詳しく考えてみよう。

注

（1） Jung, C. G., Basic Postulates of Analytical Psychology, C. W. 8, p. 345.

（2） Jung, Emma, "Animus and Anima," The Analytical Psychology Club of New York, 1957, に白鳥の乙女の物語がいろいろ紹介されている。

（3） Jung, C. G., Psychology of the Transference, C. W. 16, p. 174.

（4） Jung, Emma, *op. cit.*, p. 3.

（5） グリム童話のなかでも一般によく知られている「蛙の王様」、「いばら姫」(眠りの森の美女)、それに、この「つぐみひげの王様」などは、女性の自己実現の問題(したがってアニムス)について示唆するところの大きいものである。

（6） Jung, C. G., Mind and Earth, C. W. 10, p. 41.

（7） Jung, Emma, *op. cit.*, p. 28.

第七章　自　己

すでに第一章において指摘しておいたように、ユングは早くから意識と無意識の相補性に注目し、心の全体性(psychic totality)について強い関心をもちつづけてきた。その考えを最も端的に示すのが、彼による自己(self, Selbst)の概念である。実際、これはユングの心理学の核心をなすものといってよく、彼はその生涯をかけて、この問題と取り組んだといっても過言ではない。自己の概念はユング自らも述べているように[1]、東洋の思想との結びつきが濃い。東洋と西洋の思想の橋渡しとして、このユングの考えが大きい役割を果たすものと思われる。そして西洋の学問を東洋に移そうと努力しているもの、あるいは東洋の思想を西洋に伝えようとするひとにとっては、見逃すことのできない重要な意味をもつものである。まず、自己の問題と密接に関連している個性化の過程について説明する。

1　個性化の過程

今まで、人間のタイプや、ペルソナ、アニマ・アニムス等について述べてきたが、これらの間につねに相補的な関係が存在していることに気づかれたことと思う。たとえば、内向と外向、思考と感情、ペルソナとアニマ

(アニムス)等は互いに他と対極をなし、相補的な性格をもっている。人間の心がこれらの対極の間のダイナミズムに支えられて、一つの全体性・統合性をもっていることは、ユングがつねに注目してきたところである。もっとも、われわれの意識も自我(ego)を中心として、ある程度の安定性をもち、統合性をもっている(三四頁参照)。そして、このためにこそ、われわれは一個の人格として他人に認められているわけである。しかしながら、その安定した状態に人間の自我はとどまることなく、その安定性を崩してさえ、より高次の統合性へと志向する傾向が、人間の心のなかに認められる。そのような心の動きを非常に典型的に示した例が、第四章にあげた幼稚園児の絵である。つまり、この例において最も印象的なことは、かたつむりが家にせっかく安住しているのに、その両者を引きさくような動きが生じてくることである。考えてみると、家の中に楽しく安住しているのだから、そのままの状態が続くといちばんよさそうだが、その安定を崩す動きが内的に生じてきて、それを起点として、高い段階の統合性へと向かうことになる。その間の努力はすでに説明したように、この子どもの続いて描いた絵に反映されている。この例に示されているように、個人に内在する可能性を実現し、その自我を高次の全体性へと志向せしめる努力の過程を、ユングは個性化の過程(individuation process)、あるいは自己実現(self-realization)の過程と呼び、人生の究極の目的と考えた。そして、われわれが心理療法において目的とするところも、結局はこのことにほかならないのである。

さきの幼稚園児の例でも明らかなように、われわれの意識の状態が一つの安定したものであっても、それを突き破り、そして結局は高次の統合性へと導く過程が、われわれの心のなかに生じてくる。この際、そのような働きを、もはや意識の中心としての自我に帰することはできない。つまり、意識の状態は一応安定しており、なんら自我の力によって変更する必要が認められないからである。この例の場合では、実際には、ほかの男の子たちに生意気だといじめられるような危険をおかしてさえ、高い次元の統合性に向かう働きが生じたのであるが、その意識を超えた働きの中心として、ユングは自己なるものを考えたのである。自我が意識の中心であるのに対して、自己は意識と無意識とを含んだ心の全体性の中心であると考えた。自己は意識と無意識の統合の機能の中心であり、そのほか、人間の心に存在する対立的な要素、男性的なものと、女性的なもの、思考と感情などを統合する中心とも考えられる。ユングが、このような考えを相当明確にしたのは、一九二一年の『人間のタイプ』の出版においてであるが、その考えの萌芽はすでに一九〇二年に発表された彼の博士論文においても認めることができる。[2] すなわち、この論文で二重人格として生じるものは、新しい人格の発展の可能性が何らかの特殊な困難性のために妨害され、その結果、意識の障害として現われたものであると述べている。二重人格や夢中遊行の行動のなかに、このような目的をもった意義(teleological significances)を見出そうとしたのである。

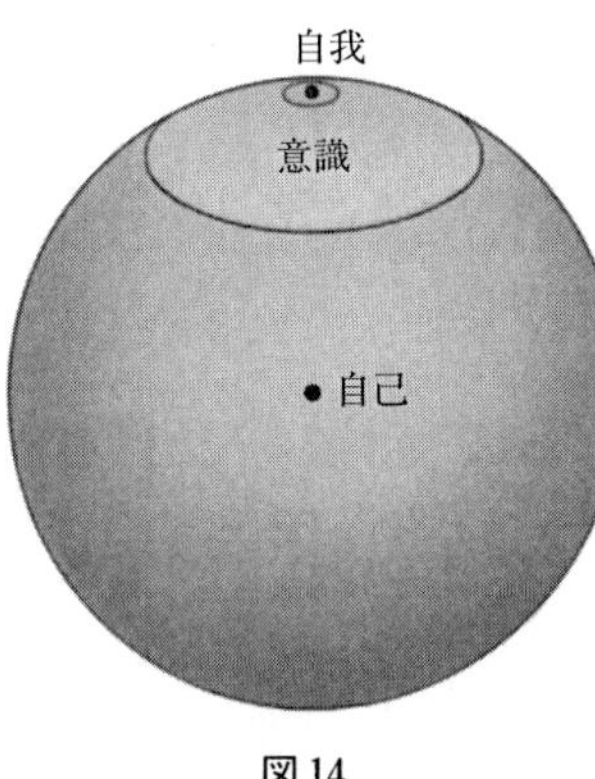

図14

この時代には、二重人格、夢中遊行などの意識障害の現象が、臨床的な興味をもって探究されたのであるが、これらの現象を説明しようとして、無意識の心的過程の存在を認めようとしたことは、フロイトにもユングにも共通な点である。しかし、フロイトがこれらの現象を無意識内の性的な動因に還元しようと努めたのに対して、ユングが心の全体性という考えによって、目的論的な観点を導入したことは、両者の明らかな相違を示すものである。筆者に治療を受けに来た同性愛と夢中遊行に悩むスイスのある男子の高校生が、その同性愛の対象となっている学生のことを話しているうち、「ああ、結局、彼は私です。私の心のなかでこうあって欲しい、こうあって欲しかったと思っている私の姿、それが彼なのです」と叫び出すように話したことがある。同性愛に悩み、その相手に夜中に夢中遊行して会いにゆくなどは、まったく異常なことである。しかし、この異常なことを病理的な面でのみとらえずに、この行動のなかに、彼の生きることを願い、そうありたいと願っている心の働き、つまり、そのような異常な行動をとってさえ、自分の人格のなかに欠けたものを取り入れ統合しようとの試みがなされていることを読み取ることが大切であると考えられる。実際、ユングの自己の考えを把握することによって、われわれは一見病的、あるいは異常と見える行動のなかに、高次の統合性へと志向する心の働きを見出すことができ、それゆえにこそ、心理療法という仕事に大きい意義を見出すことができるのである。それは、一人の高校生が同性愛という異常な行為を消滅させる仕事に参加するというよりは、一人の高校生が自分の心のなかに潜んでいる可能性を見出し、それを自我のなかに統合してゆく過程を共にする仕事として、受けとめられるのである。このように考えると、同性愛という現象事態が、この高校生の自己実現をうながすための一つの起点としてさえ感じ取られるのである。

以上のようにユングは、二重人格などの異常行動のなかに、意識と無意識の相補的な働きを見出し、心のもつ全体性の確信を強くしたのであるが、これは彼が東洋の思想にふれることになって、ますます明確なかたちをとることになる。彼はそれを一九二九年に発行されたリヒャルト・ヴィルヘルムの『太乙金華宗旨』の独訳に対する解説のなかに明らかにしている(3)。中国における「道」の考えが、相対立する陰と陽の相互作用と、その対立を包含するものとして把握されている点に、ユングは大きい示唆を受けたものと思われる。彼は、ここで、われわれが意識の世界のみを重んじることなく、無意識も大切なものであることを知り、この両者の相補的な働きに注意するときは、われわれ全人格の中心はもはや自我ではなく、自己であることを悟るであろう、と述べている(4)。

自我はあくまで意識の中心であり、意識も無意識も含めた全体の中心として自己が浮かび上がってくるのである。これを彼はまた、「自己は心の全体性であり、また同時にその中心である。これは自我と一致するものでなく、大きい円が小さい円を含むように、自我を包含する」とも述べている。[5] さて、このような偉大な自己を経験することは大きい危険が伴う。アニマ・アニムスについても、その肯定的な面と否定的な面との両面が存在することを述べたが、自己も、暗い面をもっている。それは、その偉大さのなかに自我が呑み込まれて、その居場所を見失ったような状態とでもいえようか。つまり、心の全体性のほうが無意識のなかに沈んでしまい、無意識の特性である時間と空間の相対性や、部分と全体が等しくなったりするような傾向が意識内に出現してくる。これが端的に生じている場合が精神分裂病の場合などで、その妄想内容のなかにこれらのことを認めることができる。自我が適当な強さをもたぬかぎり、このような危険が存在するわけである。これと似た現象であるが、自我が自己の偉大さにあてられて、同一化の現象を起こす。すなわち、自我肥大(ego inflation)が生じることもある。これは、つねに自己との対決の危険にさらされる職業である心理療法家や宗教家などの陥りやすい点であって、最も謙虚であるべき宗教家や心理療法家が、鼻もちならぬ高慢さをさらけ出すのも、この点である。意識的には謙虚さを売りものにして、それが無意識的な傲慢さによって裏づけられていることに気づかないタイプのひともある。

このような危険性をもつものとして、自己との対決を行おうとするひとは、相当な自我の強さをもつことが要請される。この自己実現の過程における自我の役割の重要性について、ユングは「自我の一面性に対して、無意識は補償的な象徴を生ぜしめ、両者間に橋渡しをしようとする。しかし、これはつねに、自我の積極的な協同態勢をもってしなくては、起こりえないことに、注意せねばならない[6]」と述べている。すなわち、まず自我を相当に強化し、その強い自我が自ら門を無意識の世界に対して開き、自己との相互的な対決と協同を通じてこそ、自己実現の道を歩むことができるとするのである。この点は、ユングが東洋の知恵を大いに取り入れながらも、東洋の一般的な態度との異なりを示す点ともいうことができる。ユングがしばしば指摘しているとおり、東洋は、心の内的世界について、とくに自己の問題について、西洋よりは、はるかに以前から多くを知っていたということができる。そのため、ややもすると自己の偉大さの強調が、自我の存在を犠牲にして説かれてきたように思われる。一個の人間の自我の価値(ひいては、一人のひとの生命さえ)が、それを超える偉大な存在のためには、平気で無視されるような考え方や生き方が、東洋には強かったことにも、このことが反映されている。あるいは、内的世界に心を奪われて、外界との関係(これが自我の役割である)を忘れてしまった典型としては、衆人の前で水の上を歩こうとして、沈んでしまって恥をかいたヨガの行者などをあげることができる。この行者が内的世界において、時間や空間の相対性を体験したことは容易に察せられるが、その体験を外界にまで延長しようとした点に問題が生じてきたわけである。

自我の存在を忘れた行者は水に落ちこんでもの笑いとなるが、自己の存在を忘れたひとはどうなるであろうか。自分の意識体系を強化させ、発展せしめると同時に、無意識なもの、すなわち、非合理的なもの、劣等なものを抑圧してきたひとは、その強い自我によって地位や財産を築くことになろう。しかし、このようなひとは、ふとあるとき自分の地位や財産や、その仕事など、彼が誇りとしてきたものの「意味」がわからなくなったと感じ出すかもしれない。簡単にいうならば、そのひとたちは、自分が自分のたましいと切れた存在であることに気づき始めるのである。ユングは、自分を訪れた患者の約三分の一が、このように自分の人生の意味がわからなくなってやって来たひとだといっている。なかには、外的に何もかも適応していて、その「適応性に悩んでいる」と逆説的な表現をしたひとさえある。このようなひとたちの失われたこころを求める焦りに、しばらくの間の忘却のときを与えるために、近代文明は多くの発明をしている。多くのひとは、ただ刺激を求めて、低俗な映画をみたり競輪にこったりし始める。われわれ人間の時間節約のため多くの発明を生み出した近代文明は、時間の浪費のためのテレビなども発明してなんだか変な折合いをつけているが、これによって、失われたこころとの接触を回復することはむずかしい。われわれは水に落ちたヨガの行者を笑ってばかりもいられない。それでは、われわれはテレビも洗濯機もなげすてて、禅寺にでもこもるべきであろうか。実際、日本古来の伝統によって支えられている方法として、禅によって、こころの回復を試みるひとも多くあり、その意義もはっきりと認められる。しかし問題は、あれかこれかということではなく、あれもこれもという点にあるのではないか。つまり、外界との接触を失うことなく、しかも内界に対しても窓を開くこと、近代的な文明を消化しながら、古い暗い心の部分ともつながりをもとうとしなければならないことにある。ここにおいて、ユングが東洋の思索に大いに心ひかれながら、あくまで自我の重要性を強調し、自我(エゴ)と自己(セルフ)との相互作用と対決(Auseinandersetzung)ということを主張することの意味が十分に感じとられることと思う。

　このように述べても実際に行うことは、危険性も高く、むずかしいことである。実際、ある個人が自己実現の問題に直面するときは、そのひとにとって最も危険なときであるとさえいえるだろう。このときには多くのひとが、自分の今までもっていた価値観が逆転するような感じさえ経験する。今まで、思考機能の有用性を確信していたひとは、感情機能の重要性に直面してたじろぐことであろうし、女らしいことはまったく軽蔑すべきと思っていた男性が、女らしくふるまっている自分を発見して驚くこともあろう。今までの各章において、いろいろな例をあげ、あるひとはその影に気づいて、それを統合しようとしたことを述べ、あるいは、男性的なペルソナをもったひとがアニマに直面することを述べたが、これらはすべて、自己実現の過程の一部ということができる。

そして、その際における危険性について、読者の方は悟っていただけると思う。実際、自己実現のためには、今まで自分が絶対によしとしていたこともすて去らねばならぬときさえあり、ユングが、「すべて良いものは高くつくが、人格の発展ということは最も高価なものである」[7]と述べているのも、うなずけることである。

自己実現の過程を内的なイメージの世界において追究するとき、それが今まで述べてきたように、影、そしてアニマ(アニムス)、次に自己と、順番が存在し、アニマ・アニムスにもさきに述べたような段階があることを認めた点に、ユングの特性が認められる。しかし、一般にはこれが内的な世界だけで追究されることは考えられず、内界と外界との巧妙な結びつきと、それを橋渡しする投影の機制も手伝って、われわれの内的な発展は外的な関係とも関連づけられてくる。このため、たとえば、影の問題を内的に追究するひとは、そのイメージを投影した友人や兄弟などとの実際的な関係も微妙にからみ合ってきて、内的に影の統合がなされてゆくときは、それらのひとたちとの交際関係が改善されてゆくことにもなるわけである。これらは密接にからみ合っていて、どちらが先行するともいいがたいものがある。ユングが講義したあとで、あるひとが「先生のいわれる自己というのはどうもわかりにくい。もっと具体的に見えるもので、何が自己なのかいっていただきたい」と質問し、これに対し、「ここにおられるすべてのひと、皆さんが、私の自己です」とユングは答えたという。このことは、自己実現ということが、自分だけのことではなく、いかに他のひとびととのつながりを有するものであるかを非常に端的に示しているものということができる。このことをユングの言葉によって、もう一度述べるならば[8]、「個性化は二つの主要な面をもっている。まず一つは、内的・主観的な総合の過程であり、他の一つは同様に欠くことのできない客観的関係の過程である。ときとして、どちらか一方が優勢となることもあるが、どちらも片方だけで存在することはできない」ということができる。「分析を通じて自分を知る」と考えて、分析によって自分の心の内部を顕微鏡で覗くように調べるものと思っているひとは、分析を始め出すや否や、他人との関係の改変、対決が迫られてきて、「分析」の苦しさを痛感させられるものであるが、他人との関係を切り離して自分のみを知ることなどは不可能なことである。筆者も分析をしながら、ユングのいう内的な過程と外的な過程の巧妙な結びつきを、しばしば経験させられ、自己実現の過程における両面的な意義を痛感させられる。「分析」は、そのひとが、その自己を外的・内的に生きることを要請し続けるのである。

ユングの提唱した自己実現の考え、そして、その考えに含まれている人間の心の内部に存在する可能性に対する信頼は、その後多くの心理療法の学派の考えのなかに反映されてきている(直接的な影響はあまり多くないと思われるが)。ただ、アメリカにおける自己実現の考えは、その光の部分のみを見て、ユングが述べているような暗い部分を見逃してしまっている点に、甘さを感じさせられる。心理療法にたずさわるものとして、人間の成長の可能性への信頼をもつことは非常に大切であるが、自己実現に伴う危険性と苦しみをよく知っていることも必要なことであると思われる。ユングの心理学の特徴として、この自己の問題にしても、その存在を仮定するというのみでなく、その象徴的表現をとらえ、研究を重ねていった点があげられるが[9]、この点については節を改めて述べることにする。

2　自己の象徴的表現

自己実現は人生の究極の目的であると述べたが、これは一つの静止した到達点があり、それを自己実現と呼んでいるというものではない。前節において述べたことによって明らかであろうが、自己実現はつねに発展してやまぬ過程であり、その過程そのものに大きい人生の意義がある。実際、われわれは自分の自己(セルフ)そのものを知りつくすことはなく、自己の象徴的表現を通じて、その働きを意識化することができるのである。このようにして把握できる自己の象徴はいろいろな形をとって現われる。前に、影やアニマ・アニムスが人格化されて現われる例を示したが、自己も人格化されることがあり、このときは超人間的な性格をもった姿をとる。つまり、男性にとっては老賢者(wise old man)、女性においては至高の女神の姿をとって夢に現われる。このような人格像はおとぎ話によく現われるもので、おとぎ話の主人公が困り果てたときに、率然として現われ、助言や忠告を与えてくれる知恵深い老人の姿として出現してくる。実際、われわれの自我が問題に直面し、あらゆる意識的な努力を続けても解決できず、絶望に陥りそうなときに、自己の働きが起こり、われわれは今までの段階とは異なった高次の解決を得ることを経験するのであるが、この老人の出現のしかたは、このような自己の働きの面を如実に示している。

このような老人については、ユングが『おとぎ話における精神の現象学』のなかで例をあげて説明している。[10] この老人は常人の思い及ばぬ洞察力をもっている。ユングのあげているコーカサスのおとぎ話では、王子様が、誰が見ても欠点のみつからぬお寺を作るが、ある老人が現われて、「惜しいことに、根石が曲がっている」と忠告する。王子がこれに従って寺を建て直すが、老人はまたもや欠点を見出し、三回も建て直す。このような話に、この老人のもつ不思議な知恵がよく示されている。東洋における仙人などは、まさにその典型であるが、芥川の『杜子春』の物語に現われる仙人などは、この好例であろう。あるいは実在したかどうかも判然としない老子という人物像が、中国人、あるいは日本人の心のなかに重要な地位を占めていることは、老子という名のもとに、東洋人のもつ「老賢者」のイメージが、年とともに一つの人格像として形成されていったものと考えることもできる。夢に現われたものとしては、一三三頁に示した夢における白の司祭と黒の司祭が、このような意味の強い人間像ということができる。女性の場合は、地なる母の神や、至高の愛の神としても現われる。シンデレラのお話で、シンデレラが舞踏会に行きたいと思っているのを助けてくれる洗礼親の仙女は、この典型である。この場合も主人公が困り果てたときに仙女が出現している。

自己（セルフ）の人格化された像としては、このような老人の像のみでなく、子どもとして現われるときもある。「老人の知恵をもった子ども」というのは逆説的であるが、結局これは、自己実現の過程として現在生成されつつある(becoming)面が強調されているものということができる。自己が子どもの像として現わされている例としては、聖クリストファーの物語をあげることができる。[11] 聖クリストファーは非常に力が強かったので、最も強いひとにのみ仕えようと思った。初め王様に仕えたが、王様が悪魔を恐れているのを知り、悪魔に仕えることになる。ところが、悪魔が十字架を恐れていることがわかったので、もしキリストを発見できるならば、キリストに仕えようと決心する。一人の牧師がある川の浅瀬の所で待つように忠告するので、それに従い、その後、その川で多くのひとを肩に乗せて渡すことを続けながら、キリストを待った。ある嵐の夜、一人の子どもが彼に川を渡して欲しいと願った。クリストファーは、お安い御用とばかり、子どもを肩に乗せて、川を渡ろうとした。ところが、背中の子どもはだんだんと重くなりクリストファーの歩みは、歩一歩おそくなった。とうとう向こう岸に渡ったとき、彼は「まるで全世界を背負っているように」感じ、彼は自分の背中の上にいるひとがキリストであることを悟る。そして、キリストは彼の罪を許して、永遠の生命を与えることになる。

この話における、子どもの姿をしたキリストのイメージは、自己について多くのことを示している。クリストファーが、その強さを誇っていても、一人の子どもを背負いかねるところは、自我がいかにその強さに頼っていても、自己の働きに対して、いかに無力感を味わわねばならないかを如実に示している。そして、その重みに耐えかねるところは、自己実現の道がときには、重荷として感じられることも示している。自己実現は高くつくものだとユングはいったが、実際に、自己実現はできることならばさけたいと感じられるほどの苦難の道であるともいえる。ノイローゼのひとたちは、苦しい自己実現の道を拒否してしまったため、他の意味の苦しさを味わわされているひとともいうことができる。これをいいかえるならば、ノイローゼのひとは、本人も気づいていない実現すべき可能性を、内にもっているひとであるともいうことができる。ここに自己が子どもの姿をとって現われることは、それが無限の発展の可能性を示すとともに、反面、一見するところ弱いものとか、あまり価値のないもののような感じを与えることを示している。実際、最後には全世界を背負っているほど、重荷に感じたキリストを、クリストファーは最初は一人の子どもとみて、これならば簡単なこととばかり肩に乗せたのである。この場合、彼は仕事を引き受けたが、なかには、こんな子どものいうことを聞く必要があろうかと打ちすててしまうひともあろう。直観を主機能とするひとが感覚機能を軽蔑したり、内向的なひとが外向的な生き方を馬鹿にしたりして、取り合わないのが、このような場合である。そのようなひとたちはせっかく生まれでようとしている子どもを殺して(一三二頁の夢参照)生きているともいうことができる。

自分のなかの劣等な部分と直面し、それを統合してゆこうとする努力が自己実現であるが、このような統合性が強調されるものとして、反対物の合一を示す男性と女性の結合の姿が、自己の象徴として生じるときがある。まさに陰と陽の統合である。これは、多くのおとぎ話において、王子と王女の結婚がテーマとなることにも反映されている。前章にあげたプシケとクピドの物語においても、アニムスの問題を意識のなかに取り上げねばならなくなったプシケは、幾多の苦しみに出会うことになるが、最後は、このプシケとクピドが結ばれることによって、物語が終わることになっている。このような二者の合一による全体性の象徴に対して、その一方が欠けていることを典型的に示すのは、おとぎ話にもよくあるが、結婚式の当日になって花嫁(婿)がいなくなるとか、石になってしまうとかの主題があり、夢にも同様のテーマが生じることもある。このような全体性の象徴が、人格化されたものでなく、幾何学的な図形として生じてくるものがマンダラ(曼荼羅)である。

ユングは彼の患者たちが、その夢や幻想などにおいて、円や四角をテーマとする象徴的図形を見る、というよりは、患者の心の内部より自発的に生じてくることがあるのに気づいていた。そして、この出現の意義は患者自身にとっては不可解なことではあったが、その際に深い平安の感じや、調和の感情が伴うこと、あるいは治癒の起点とさえ感じられることがあるのをユングは重要視していた。ところが、彼がチベットの文献を知るに及んで、東洋においては、この円と四を主題とする多くの図形が宗教的に大きい意義をもつものとして存在し、それがマンダラと呼ばれていることがわかり、この東と西の対応を非常に興味深く感じるのである。実際、ユングがその患者から集めていた多くの象徴図形は、それらのひとたちが東洋のマンダラを知っていて描いたということは考えられぬので、普遍的無意識の存在を考えるユングにとっては、非常に意義の深い発見であったわけである。もともと、マンダラとはサンスクリット語であり、この語義はたくさんあるが、栂尾祥雲の『曼荼羅の研究』[12]によると、印度最古の文学である『梨倶吠陀(リグベーダ)』には、これが「区分」の意義に用いられており、巴利(パーリ)聖典長部などでは、「円輪」の意味に用いられているという。密教においては、本質、道場、壇、聚集の四種の概念の総合がマンダラと考えられるという。マンダラが本質を意味する点について、栂尾の文を引用すると、[13]「元来、曼荼羅(maṇḍala)なる語は、曼荼(maṇḍa)という語基と羅(la)なる後接語とから成立している。そのうち、曼荼とは心髄本質の義で、味の上では牛乳を精煉した上にも精煉した醍醐味をさすのである。羅とは梵語の後接語たる mat, vat と等しく、所有の義、成就の義で、つまり曼荼羅とは本質心髄を有しているものという義である」。

ここに引用したマンダラの意味は、ユングの考えている自己の象徴的表現ということと、相当一致度の高いものと思われる。ただ、東洋の場合は、宗教的観想の対象として存在するものであり、普遍的な意味も高いものであるが、ユングの場合は、ある個人の夢や幻想から得た個人的なものである(もっとも、東洋のマンダラのなかのあるものは個人の夢や幻想から得られたものもあると考えられるが)。さて、このようなマンダラは、ある個人が心的な分離や不統合を経験している際に、それを統合しようとする心の内部の働きの表われとして生じる場合が多いとユングはいっている。「これは明らかに、自然の側からの自己治癒(self-healing)の企てであり、それは意識的な反省からではなく、本能的な動きから生じてきたものである。[14]」このよい例が原色図頁の図Ⅳに示した、幼稚園児の幾何学的な(花壇の)絵である。これは、まさに、この幼児の心のなかに生じた不統合感(家とかたつむりの分離によって示されている)を、その心の内部から癒し、再び統合へと向かわしめる自己の働きを如実に示しているマンダラということができる。子どもがこのような危機に直面し、それを乗り越えてゆくときにマンダラ図形を描くことは、注意しているとよく認めることができる。[15] なお、八九頁の図10は、ユングの患者の描いた数多くのマンダラから、その一つをあげたものであるが、この場合は成人のものであり、前記の幼児のものより相当洗練された表現となっている。西洋人の描いたマンダラの例は、ユングの著作に相当出ているので、それを参照されたい。[16] マンダラとしてはいちばん簡単なたんなる円のみのものから、前記のような複雑なものまであり、なかには立体的なものもある。これらの場合、多くは四のテーマが重なるのであるが、なかには円と、三、五などのテーマが重なる変則的な場合もある。マンダラではないが、一五〇頁にあげた夢において三人の男と一人の女性という組み合わせが生じ、四番目の未知の女性に導かれて川を下ることは、四の数の完全性と、アニマが自己への仲介者として働いていることをよく表わしているものということができる。

意識的には分裂の危機を感じ、あるいは強い不統合性を感じて解決策もなくて困っているひとが、このマンダラ象徴が生じることによって心の平静を得、新たな統合性へと志向してゆく過程を見ることを経験すると、人間の心の内部にある全体性と統合性へ向かう働きの存在、自己治癒の力の存在を感ぜずにはおれないのである。マンダラのもつ幾何学的な精密さと、得がたき高価なものであるという特性が重なって、宝石が自己の象徴として現われることもある。宝の石を求めて主人公が苦労するおとぎ話も相当多い。わが国はもともと宝石が少なかった点もあろうが、石の意義を大いに認めながら、それを幾何学的に精密なものとするよりは、自然の姿のままで美的・宗教的な意義をもたせようとした点は、西洋と比較して非常に興味深いものがある。真四角な庭の中央にある円形の噴水、そして、その四隅には像が立ててあるといったような、幾何学的なイメージを重んじる西洋の庭と、あらゆる点で、幾何学的対称性をさけるように心がけたともいいたい日本の庭とは、どちらも深い意味で宗教的な意味ともつながるものだけに、その相違が興味深く感じられる。

自己の象徴としては、そのいまだ意識化されていない面が強調されるときは、動物の姿をとって現われる場合もある(おとぎ話のなかで、つねに主人公を助ける動物などである)が、これらは省略して、以上でだいたい、おもな自己の象徴をあげたので、この節はこの辺で終わりとして、次節では話題を変え、自己実現における「時」の問題について考察する。

3　自己実現における「時」

「自己実現は高くつく」ということをさきに述べた。実際に、自己実現は落ちていた大金を拾って使うような甘い話ではない。隠された宝を求めて多くの苦労を重ねる話は昔からよくあるが、このような苦しみは自己実現に必ず伴うものである。そして、ときにはそれは破壊的な力をもって生じ、自己実現の過程は自我を破滅させることにもなるのである。そのような典型的な例をユングに従って述べる(17)。

それは一介の労働者から多くの苦労の後に経営者にまで出世していったひとの話である。このひとは初めはただの印刷工であったが、二十年にもわたる苦労の後、非常に大規模な印刷所を自分で経営するほどになった。事業は大いに繁栄するので、このひとはますます仕事に熱中し、そのことにのみ全力をあげることとなった。このような熱心さが事業を発展させる基になるが、実はこのことが彼を破滅に導くことにもなるのである。すなわち、あまりにも事業にのみ関心を向けて他のことを抑圧したことの補償として、無意識のうちに、彼が幼年時代に絵や図案を描くことが好きだったという記憶が強力に浮かび上がってきたのである。このような、事業とあまり関係のない能力を、自分の幼児的な欲求に結びついているものとして、ありのままの形で受け入れ、それを趣味として取り上げるならば問題はない。しかし、あまりにも長い間抑圧されていたこの願望は、そのような段階でとどまることが許されず、彼は自分の印刷所での製品を「芸術的」に作りあげようと空想し始め、その空想は実現されることになってしまう。彼は自分の印刷所の製品を、幼児的で未成熟な自分の趣味に合わせて作り始めたが、数年たらずして彼の事業はつぶれてしまうのである。これは、現代の文明社会において出世しようとするかぎり、自分の力をただ一つの目的に集中して、他を犠牲にすべきであるという生き方を、そのとおりやってみたものの、それがあまりに極端に走ったために自分の心の内部に蓄積された幼児的な欲求につぶされてしまった例ということができる。彼の事業に対して外へ外へと向かって流れていた心的エネルギーは、事業が拡大され頂点に達したとき、その「時」において、内界に向かって逆流を始め、彼にとって内的意義の高い絵や図案の世界を、ついに彼は外的な意義と混同してしまい、それを商品として売ろうとすることによって破滅に向かうのである。彼がこの内界と外界を混同したりすることなく、事業と趣味を同一視したりせずに、彼の幼児的な世界を徐々に受け入れてゆく工夫をすれば、彼の自己実現は、このような破局的な結末に至ることはなかったと思われる。これは、まさに自己実現における危険性を示す好例であるが、ここで、この事業に向かって熱中していた彼にとって、このような内的なことに目を向けねばならぬ時がやってきた。その時の問題について考えてみたい。

この例で示されるように、人生の後半においてこのような重要な時がくることを、ユングはしばしばくり返して述べている。思春期が自我意識の確立するときとして、多くの学者に重要視されてきたのであるが、この四十歳前後に、人生の後半に至るための転換期としての重要性のあることを、ユングは主張するのである(18)。人生を自己実現の過程としてみるとき、それはつねに発展を求めてやまぬ動的なものではあるが、年齢的にある特定の時期において、このような傾向が強化される時が存在する。その顕著なものがよく知られている第一、第二反抗期であり、このときに、われわれは、今までとは段階の異なる自主性の確立へと努力を払うのである。このような飛躍の時期は必然的に「危険な年齢」であり、飛躍のためのエネルギーは、ときに破壊的となり、この時期に多くのひとが反社会的、あるいは非社会的な行動にでて、ひとをも自分をも困難に陥れるのである。このような顕著な二つの反抗期の間に、六歳(小学校就学前)くらいと、十歳頃(小学三、四年頃)に、反抗期ほど顕著ではないが同種の時期が存在するようである（第四章に絵をあげて説明した事例は六歳児であり、第二章第3節の不潔恐怖症の男の子は九歳である。これらの例を参照されたい）。これらの段階については、詳しく述べることは省略するが、このような内的な発達段階が、ある程度年齢に応じて存在することを、われわれは知っておかなくてはならない。

年齢に応じた内的な発達の段階を示すものとしては、われわれ日本人にとって孔子の有名な言葉は、一つの理想的な姿を示すものとして植えつけられており、不惑、耳順などという言葉で年齢を示したりするほどである。このような理想的な段階に対して、一般の人間の段階を端的に示しているものとして、グリム童話にある人間の寿命についての簡単なお話をあげることができる。この愉快なお話によると、神様は、ロバに対して三十歳の寿命を与えようとされるが、ロバは荷役に苦しむ生涯の長いのを嫌がり、神様は十八年分短くしてやろうと約束される。ついで、犬も猿も三十歳を長すぎるといって辛がるので、神様はそれぞれ十二歳と十歳分だけ短くされる。そこへやって来た人間だけは三十歳の命の短いことを残念がるので、神様は、ロバ、犬、猿から取った年齢分、十八、十二、十歳の合計を人間に与えたので、人間は七十歳の寿命をもらうことになる。人間はこれでも不満げに退いたが、さて、このおとぎ話によると、それ以来人間は、三十年の人間の生涯を楽しんだ後、あとの十八年は重荷に苦しむロバの人生を送り、続く十二年は噛みつくには歯も抜けてしまった老犬の生活をし、後の十年は子どもじみた猿の年を送ることになったとのことである。この話も人生の段階について、いろいろな示唆をわれわれに与えてくれる。実際、すべての動物が自然のままにあるならば、別にそれは長命を願うこともないだろう。本能に従って生き、本能に従って死ぬのみであろう。しかし、動物のなかで人間のみが、神に頼んで、与えられた天寿をあえて延ばしてもらうことになる。しかし、それは無限に長くなるのではなく、他の動物が辞退した分をもらったというところが面白い。神様も人間が他の自然物とは異なることを認めた上で、しかし、やはり自然物の限界内で命を延ばすことを認められたとでもいえようか。この物語に従うと、この延命の結果はあまり幸福ではないが、現代の人間にとって望みたいことは、せめて、せっかく与えられた七十年の生涯を、この話のように後半に動物の年として生きるのではなく、あくまで人間の生涯として生きてゆきたいということではないか。もちろん、神を恐れぬ人間は、いろいろな薬を作り出して、与えられた七十歳の命を長くする努力も払っている。しかし、いかに楽観的なひとといえども、薬によって(少なくとも科学が作り出す薬によって)、死を永遠に回避できるとは思っていないだろう。

ここにおいて、さきに述べた三十歳以後の人生をロバや猿としてではなく人間として生きることの意義が重要になってくる。ところが、ここで人間のおかしやすい誤りは、三十歳までの生涯を、そのまま七十歳まで続けようと願うことである。彼らは三十歳の生活に固執し、「若さ」と「力強さ」を売物にしようと努力する。仕事に熱中し、事業は拡大する。そして、その結果は、さきにあげた例が示すように、見せかけの上昇がとまる「時」がやってきて、この高く上りすぎた五十歳の若者は、突然、「猿の年」に向かって落下する。このような事態をさけるためには、われわれは、いつまでも三十歳までの生涯に固執することをさけ、四十歳は四十歳の、五十歳は五十歳の人間の年を、フルに生きることが必要となってくる。ひとは六十歳になって、なぜ三十歳の若さにしがみつこうとするのか。六十歳には六十歳の味があるはずである。昔からあった「老人の叡智」はどこへ行ったのか、とユングは嘆く[19]。アメリカでは老人は若さを誇り、父親は息子のよき兄となり、母親は、もしできることなら、娘の妹でさえありたいと願う。結局、このような混乱が生じてきたのも、今まで、あまりにも老人を尊重してきたことの反動であろうが、こうまで極端に走ってしまうと、まったく意味のないことである。われわれは、あくまで人間としての七十歳の生涯を生きるためには、いつまでも、見せかけの上昇を追うことなく、人生の後半においては「下ることによって仕事をまっとうする」逆説を生きねばならない。このような人生の後半の意義に関するユングの説は、東洋人にとっては目新しいものではないといえるかもしれぬ。孔子の言葉をもち出すまでもなく、東洋の宗教や哲学は実際に老人の叡智に満ちているということができる。それではユングの説を日本人に述べることがまったく無意義であるかというとそうともいいがたい。アメリカについて述べたのと同じような理想の父や母になろうと努めている若い両親が日本にいないとはいえぬからである。

自己実現の問題が、一般にある年齢においてとくに強く感じられることを述べたが、ある個人にとって、そのような「時」はいつ訪れてくるのかは、もちろん確定していない。そして、それは本人の思いもよらぬときにやってくることもある。仕事にばかり熱中して、それにばかり力を注いでいた前述の印刷工場の経営者が、ふと幼児の記憶を心に浮かべて、それを何とかしてみたいと思う「時」、この場合でいえば、この人の上昇がとまり急激な落下が始まる「時」、それは思いがけぬときにやってくる。あるいは、第二章に述べた遊戯治療の例において、手も顔もよごして遊びに熱中していた子どもが、初めて自発的に手を洗い、治療者からハンカチを受け取る「時」、それは治療者の予想を超えて、生じてくるものである。このような意義深い「時」を、時計によって測定できる時間と区別して考えることが大切である。これをティリッヒにならって、前者のような「時」をカイロス(kairos)、後者のような時間をクロノス(chronos)と呼んでおこう。[20] 自己実現の問題と、このカイロスの問題は密接に関連している。今まで外向的に生きてきたひとが、内向的な生き方にも意義を見出さねばならぬとき、あるいは女性との交際に無関心に勉強ばかりしてきた学生が、心を魅せられる女性にふと出会ったとき、これらのカイロスを大切にしないと、このひとは自己実現の道を誤ることにもなる。しかし、カイロスをあまりに大切にしすぎて、クロノスを忘れてしまうと、生きてゆくために必要なペルソナを破壊する危険もある。勤務時間、面接時間、劇場の開演時間、恋人との約束時間、これらすべてのクロノスを守ることは、一般の社会人として必要なこととなっている。そして、なかにはクロノスばかりを大切にして、そのなかに流れるカイロスには無関心になってしまっているひともある。

実のところ、恋人に会うとか、素晴らしい芸術の観賞などは、まさに、「その時」にすべきであるのに、これらをさえクロノスに従わせねばならぬのが、現代の悲劇かもしれぬ。これを最も端的に示しているのが、角力の立ち合いの制限時間であろう。もともと、その本来の趣旨からして、角力の本質は、そのカイロスによる立ち合いにあったのではないか。だから、昔の角力の立ち合いには制限時間などというものはなかった。それが、近代のスポーツにおける時間、クロノスの重視に従わねばならなくなったわけである。スポーツはクロノスによって支配されるが、カイロスによって事が運ぶ点に、儀式の本質があり、角力などは昔において、宗教的儀式として存在していたことが、この点からも想像される(オリンピアの儀式も同様に近代スポーツに変容したわけであるが)。この儀式とスポーツ、カイロスとクロノスのジレンマから制限時間などという妥協案が出てきたともみることができる。この点、角力は往時の宗教性をどこかに残しており、このために、宗教的儀式の最高の司行者として、絶対に負けてはならない横綱のイメージと、いちばん強いスポーツマンとしての横綱のイメージが、ファンや角力取り自身の心のなかで交錯して、このために悲劇の横綱ができたりもする。

自己実現における重要な時において、われわれはしばしば、不思議な現象に出会うことがある。それは偶然にしては、あまりにも意味の深い偶然と考えられる現象が起こるのである。たとえば、今まで絵には全然関心のなかったひとが、友人と絵の展覧会に行く夢を見る。そして、分析家の所で、自分の劣等機能としての感覚機能の発展という点から、絵を見にゆくのも意味があるだろうと話し合う。帰宅すると、夢にみた友人から電話があって、絵の展覧会にゆこうと誘われるといったような現象である。これは、いわゆる夢のお告げといわれるもので、予知夢のことについて述べたときに、例も示しておいた。このような、「意味のある偶然の一致」(meaningful coincidence)を、ユングは重要視して、これを因果律によらぬ一種の規律と考え、非因果的な原則として、同時性(synchronicity)の原理なるものを考えた[21]。つまり、自然現象には因果律によって把握できるものと、因果律によっては解明できないが、意味のある現象が同時に生じるような場合とがあり、後者を把握するものとして、同時性(シンクロニシティ)ということを考えたのである。これは心理療法という、人間の心の現象を取り扱う仕事に従事していると、他のひとたちよりも数多く、このような現象に出会うとも考えられる。これはとくに、心理療法によって転機を与えられる場合に経験することが多い。このような強烈な経験をしたクライエントが、「このように偶然が重なるのは、もう、たんなる偶然とは思えません」といったことがあるが、これは、その感じを非常によく表わしている。しかし、このような同時性の現象を因果律によって説明しようとすると、それはただちに偽科学(魔術)に陥る。死ぬ夢を見たから死んだとか、祈ってもらったからよくなった、などと説明する考え方である。マイヤーは、この考えを推し進めて、現在問題となっている心と身体の問題を解く、一つの鍵として、この同時性の考えが役立つのではないかといっている[22]。すなわち、心理的問題があるから身体が害された、とか、身体が害されたから心の状態が悪くなったというように、因果律的に把握しようとしないことによって、精神身体医学(psychosomatic medicine)の現象を解明しようとするのである(もちろん、なかには、因果律的な方法によって説明しうる現象もあるのは当然である)。

同時性の原理に従って事象をみるときは、何が何の原因であるか、という点にではなく、何と何が共に起こり、それはどのような意味によって結合しているかという点が重視されてくる。後者のようなものの見方は、実のところ、中国人の非常に得意とするところで、易経などは、そのような知識に満ちた本であるということができる。事象を因果の鎖によって時間系列のなかに並べるのではなく、事象全体をとらえて、その全般的な「相」を見出そうとするのである。中国に古くから文明が栄えながら、自然科学が発達しなかった理由として、中国人(東洋人)の考え方が非論理的であると述べるひともあるが、そのようなことはなく、中国人(東洋人)も十分に論理的であると筆者は思う。論理的であるが、このように事象に対する態度が根本的に異なっており、このため西洋に自然科学が発達したが、中国では発達しなかったとみることができる。そして、相を相として非因果律的に把握することはむずかしいので、このようにして知った相の知識を因果的に説明し始めるや否や、それは、いわゆる迷信となり果てて、自然科学の発達をますます妨害することともなったと考えられる。西洋においては、自然科学が発達するが、これは一面豊かな「相」の知恵を抑圧すること、ひいては、自我が心の深部に存在する自己(セルフ)との接触を失うほどの危険をもたらすことになって、現代の西洋において、「人間疎外」の問題が大きく取り上げられねばならなくなったともいうことができる。

同時性(シンクロニシティ)の概念は自己の問題と関連が深いので、ここに取り上げて簡単に説明したが、この考えは、これからの科学方法論において大きい意味をもつものと考えられる。[23] 興味のある方は、ユングの原著を参照されたい。

注

(1) Jung, C. G. & Wilhelm, The Secret of the Golden Flower, Routledge & Kegan Paul, 1931.
(2) Jung, C. G., On the Psychology and Pathology of So-called Occult Phenomena, C. W. 1, pp. 33-88.
(3) Jung & Wilhelm, *op. cit.*

(4) Jung, C. G., Two Essays on Analytical Psychology, C. W. 7, pp. 175-176.

(5) Jung, C. G., Concerning Rebirth, C. W. 9, I, p. 142.

(6) Jung, C. G., Fundamental Questions of Psychotherapy, C. W. 16, p. 123.

(7) Jung, C. G. & Wilhelm, *op. cit.*, p. 92.

(8) Jung, C. G., Psychology of the Transference, C. W. 16, p. 234.

(9) 自己（セルフ）、および自己実現の過程を心像や象徴の世界においてとらえてゆくことが、ユングのライフワークであったといっても過言ではない。本書においてはほとんどふれることができなかったが、次の著作は、この点からいって重要なものである。興味のある方は参照されたい。

Jung, C. G., Psychology and Alchemy, C. W. 12.

Jung, C. G., Aion : Contribution to the Symbolism of the Self, C. W. 9, II.

Jung, C. G., Mysterium Coniunctionis, C. W. 14.

最初のは中世の錬金術の過程のなかに、自己実現の過程が投影されていることを示し、その心像を通じて自己実現の過程を述べたものである。二番目のは、キリストが自己の象徴としての意味をもつことを追究したものであり、第三の著作は、自己が対立物の合一、統合によって示される点に注目してなされた研究である。

(10) Jung, C. G., The Phenomenology of the Spirit in Fairytales, C. W. 9, I, pp. 207-354.

(11) von Franz, M.L., The Process of Individuation. これは、ユングが晩年に編集した解説書、Man and his Symbols, Aldus Books, 1964, の一二八頁にのっている物語である。なおこのユングの編集した本は筆者も最近入手したばかりのため、本書に引用できることが少なく残念であるが、ユングが通俗的な解説書として書いた唯一の本であるだけに、非常に読みやすいものなので、一般の読者の方におすすめしたいものである。

(12) 栂尾祥雲『曼荼羅乃研究』高野山大学出版部、一九三二年。

(13) 栂尾祥雲、前掲注(12)書、一—二頁。

(14) Jung, C. G., Mandalas, C. W. 9, I, p. 388.

(15) Jung, C. G., Man and his Symbols, p. 165, にも子どもの描いたマンダラ図形の例がのっている。

(16) Jung, C. G., The Archetypes and the Collective Unconscious, C. W. 9, I. にマンダラの例が多くある。
(17) Jung, C. G., Psychological Types, Routledge & Kegan Paul, 1921, pp. 424-425.
(18) Jung, C. G., The Stages of Life, C. W. 8, pp. 387-403.
(19) Jung, C. G., *ibid.*, p. 400.
(20) ティリッヒの言葉を借りたが、今の場合彼の用いている意味とは異なっている点もある。
(21) Jung, C. G., Synchronicity : An Acausal Connecting Principle, C. W. 8, pp. 417-519.
(22) Meier, C. A., "Psychosomatic Medicine from the Jungian Point of View," J. Analytical Psychol., 8, 1963, pp. 103-121.
(23) ユングがこの同時性の原理について発表した際に、有名な理論物理学者のパウリ(Pauli)の論文と共に出版しているのは真に意義深い。Jung, C. G. & Pauli, Naturerklärung und Psyche, Rascher, 1952.（英訳 The Interpretation of Nature and the Psyche, Pantheon Books, 1955.）ここで、ユングとパウリとは、自然物と心の現象の共通の説明原理として、因果律による原理と共に、この同時性(シンクロニシティ)の原理を取り上げるべきことを述べている。

II

ユングの生涯

第一章　はじめに

ユングと現代

スイスの精神医学者——彼は自分自身をよく魂の医者と呼んだが——カール・グスタフ・ユングの名は、わが国においても相当有名であると思われる。しかし、彼の名は、フロイトと共に精神分析運動の初期に活躍した人として、コンプレックス、内向—外向などの言葉と共に記憶され、実は彼は一九六一年に八十六歳の長い人生を終えたのであるが、ずっとそれ以前から、「過去の人」として遇されてきた感があった。ところで、ごく最近になって、ユングに関心をもつ人が急増し、彼の心理学を再評価しようとする動きが活発になってきたように思われる。そして、彼を一人の精神医学者としてよりは、今世紀における偉大な思想家の一人として見直そうとするような傾向が窺われるのである。

ユングの復権の現象は、わが国だけのことではなく、欧米においても同様に生じているのである。筆者が一九六五年にスイスのユング研究所から分析家の資格を得たときは、世界中でユング派の分析家は二百人程度であったが、一九七七年には六百人弱にまで急増している。分析家の国籍も十九か国にまたがるようになり、少数ではあるが、アジア、オーストラリア、南アメリカにまで及んでいる。

ユングの生涯についてこれから述べてゆく前に、彼がどうして現在において強い関心をもたれるようになったかという点を、少し考察してみたい。ユングはもともと精神科医として、神経症や精神病の治療に従事してきたのであるが、その際に、人間の心の深層に存在する無意識領域に注目するようになった。かくて、今世紀の初頭に彼は精神分析の創始者フロイトのもとに参加し、共に協調することになったが、早くも、一九一三年には後に詳述するような考えの相違によって、訣別したのである。彼はその後、自分の独自の心理学を打ちたて、それを分析心理学と呼ぶようになった[1]。それでは、彼の心理学がどうして現在のわれわれに大きい意味をもつのであろうか。そのもっとも根本に存在する点は、彼が無意識ということに注目し、彼の患者である欧米人の意識の周辺に存在するものの意味を見出そうとすることによって、ヨーロッパ文明社会の底層に存在する隠された構造を的確に把握していたということである。

ヨーロッパに発生した特異な文化は、十九世紀末から今世紀初頭にかけて、その威力を全世界に揮い、そのすべてを支配するかに思われた。ヨーロッパから派生し、ある意味ではその頂点を極めたとも言える新興国アメリカは、世界の中心と見なされるようになった。しかし、最近になって、アメリカのヴェトナムにおける失敗が象徴的に示すように、世界の人々は欧米中心主義が崩壊しつつあるのを感じとっている。交通機関やマス・メディアの急激な発達によって、世界の人々は人間の生き方や思想などの多様性を身をもって知り、欧米文化を唯一の尺度として他の「進歩」の程度を測る愚に気づき始めている。欧米を唯一の目標とし、それに追いつくことに全力を傾けた日本が、他の多くの国に先がけて公害に悩まされることになったのも、皮肉な現象である。

ユングは一般の人々が欧米中心主義に何らの疑義ももたぬ頃から、それに対する深い疑いによって自ら悩み、彼のもとに訪れてくる患者の悩みの底に同様の問題が存在していることに気づいていた。ヨーロッパの文化を支える二つの柱、キリスト教と自然科学に対して、彼の疑いの目は向けられた。キリスト教と自然科学は時に相対立したりしながらも、うまく相補的に働き、ヨーロッパの繁栄を支えてきたものである。しかしながら、両者共に堅固な体系を形成するにあたって、それと相容れないものを峻厳に拒否する性格をもっている。従って、そこから締め出されたものは、欧米人の無意識の領域へと追いやられてゆくことになる。ところで、ユングはそのような無意識の世界に注目し、その当時はまったく堅牢と思われていたヨーロッパ文化の崩壊への危険性を読みとると共に、一方では、それを補償し新たな発展へと向かう可能性をも、その中に読みとっていたのである。しかし、その頃の状況の中では、彼の言に耳をかそうとする人は極めて少なかった。「ユングは生まれるのが百年早かった」という彼の弟子の嘆きは、少し声高に響きすぎるとしても、彼が時代の流れを相当に先取りしていたことは認めねばならない。

ヨーロッパ文化の底層に隠されたものについては、フロイトももちろん気づいていた。彼がそれに、セックスという呼び名を与えて発表したとき、強い反発と拒否に出会ったのも当然であろう。しかし、彼の方法論は、その隠されたものを、今までのヨーロッパを支えてきた科学的方法論に、出来るかぎり従うことによって明らかにしようとするものだったので、徐々に受け容れられるようになったのであった。ユングのそれは科学的方法論自体をさえ疑うものであったので、理解されるために長い年月を要したのである。誤解のないようにここでつけ加えておかねばならないが、後に述べてゆくように、ユングはキリスト教も自然科学も、それを否定しようとするのではない。そこに次元の異なる新しい要素が加わり、高次の統合性を目ざす必要を説くのである。

現代は不安の時代であると言われる。わが国を例にとってみても、親子、夫婦などの家族関係の在り方に確固とした規範を持たぬために、家庭内暴力や離婚などの問題が急激に増加している。ヨーロッパ中心主義の崩壊などということを述べたが、そのために、われわれ日本人も中心喪失感に悩んでいる。つまり、中心となる規範が不明なのである。キリスト教に対する疑問ということから、すぐに仏教やイスラム教を世界の中心に据えて、現代の不安が解消されると考える人は、数少ないことであろう。仏教国であるわが国において、いったい何人の人が仏教によって安心立命しているであろうか。

安心立命を古くさく感じる人には、アイデンティティという用語を用いると納得されるであろう。このような現代の不安を先取りして、現在における社会変動の急激さは、人々のアイデンティティを揺さぶるのである。このような現代の不安を先取りして、ユングは癒し難い内面の亀裂と不安を体験するが、そこから、個性化の過程という、ひとつの解決への道を見出してくる。それは単純に考えられるような「救い」を与えるものではない。逆に悩みを深めるものとさえ言うべきかも知れない。しかし、現代の不安におびえるわれわれに対して、ユングの心理学は、われわれが不安から逃れることなく、それと直面してゆく勇気を与えてくれるものである。

現代の社会の混乱や不安に対して、既成の宗教による救済を期待する人はあまり多くないであろう。さりとて、自然科学の発達によってユートピアが出現するとは、十九世紀末の人々が信じたように、われわれは素朴に信じることができなくなっている。あるいは、現代社会の若者たちの問題を、「性の抑圧」という図式で説明することにも無理を感じるであろう。ユングがこれに対して、出来合いの「答」や「救い」を与えてくれるはずもないが、闇の中に何とか光を見出そうとした彼の心理学は、何らかの示唆を与えてくれるのではなかろうか。

ユングの生涯

ユングの人生と、彼の心理学は切っても切れない関係をもっている。彼はしばしば、心理療法家として患者に向ける理論の刃は、取りも直さず治療家自身に対しても向けられていることを強調するが、確かに、彼は自分の心理学を生きてきたと言うことができるのである。ユングは自分が「経験主義者」であることをよく強調するが、それは、彼の心理学が彼自身の無意識との対決、および、彼が共に関与した彼の患者たちのそれを基礎として成立していることを意味している。従って、ユングの心理学を理解するためには、その人はそれ相応の「経験」をもたねばならない。単なる知識を獲得するだけの態度では、ユングを理解することは難しい、と言わねばならない。彼の心理学は「生きる」ことと密接に結びついている。

「私の一生は、無意識の自己実現の物語である。無意識の中にあるものはすべて、外界へ向かって現われることを欲しており、人格もまた、その無意識的状況から発達し、自らを全体として体験することを望んでいる」と、彼は『自伝』[2]の冒頭に記している。「無意識の自己実現」としての彼の一生について語ることは、彼の確立した無意識の心理学について語ることになる。従って、彼の生涯を知ることは、彼の心理学理解のための強力な手段となるのである。ところで、ここに引用したように、ユングは『自伝』を書いている。ユングはもともと、自分の個人的な生活を公衆の前にさらすのを嫌う傾向の強い人であった。しかし、多くの人のすすめによって、晩年になって『自伝』を書くことに同意した。これは、彼の秘書のアニエラ・ヤッフェ編という形式をとり、ユングの語るところや、過去の記録などを彼女が編集したのであるが、興のおもむくところ、八十歳を超えたユング自身が筆をとって書き下ろしたところもある。これはユングの希望によって、ユングの死後に出版されたのであった。

ところで、ユングの『自伝』は極めて特異なものである。というのは、これはあくまで彼の内面に目を向けられたものであり、外的な事象については、ほとんど語られていないと言ってよいほどのものだからである。しかも、ここに言う「内面」とは、まさに無意識の世界であり、一般に考えられるような内省とか、個人的感情などを意味しているのではない。たとえば、彼が『自伝』の中で、彼の妻の死について語っているのは、「一九五五年の妻の死後、私は自分自身にならねばならぬという内的義務を感じた」というだけである。このことは、時に誤解を生み、ユングが個人的な感情に乏しい人であるかのような批判を呼び起こすことにもなったが、事実はそうではなく、ユングに親しかった人々の証言によると、妻を失ったときの彼の悲しみは実に深いものであったらしい(3)。ただ、彼はそのような感情を『自伝』に書かなかっただけである。つまり、彼が『自伝』に書き残そうとしたのは、そのような感情や内省などではなく、もっと深い――人類共通の普遍性をもつとさえ思われる――無意識の世界の出来事であったのである。

　ユングは友人から青年時代の思い出について書いて欲しいという依頼を受けたときに、それに対する返事の中で次のように述べている。「私の人生のすべての『外的な』面は偶発的なものだったのです。内的なことだけが、実体性をもち、決定的な価値をそなえていることがわかったのです。その結果、外的な事柄についてのすべての記憶はうすれてしまったのです(4)。」

　かくて、彼の『自伝』はひたすら「内面的」なことに焦点づけられる。ここで誤解のないようにつけ加えておかねばならぬことは、これは彼が「外面的」なことを軽視したことを意味していないということである。彼は、外的なことの記憶がうすれていったことを述べた前記の手紙の中で、「それらに私が自分の全エネルギーをあげて関与したという、まさにその理由によって(5)」消え去っていったのだと、逆説的な表現をしている。彼は外的なことも十分にやり抜いてきた人である。彼は、外的なことを避けて内的なことをやり抜くことなど不可能であると考えていた。ユングの本領は、それにしてもあくまで内的なことにあるので、本書においても彼の内的世界に焦点をあてて述べてゆくことになるが、外的な事実の方も適当に触れてゆきたいと思っている。その方が、ユングを全体として理解しやすいのではないかと思われる。

ユングの『自伝』を読んで、時にもたれるもう一つの誤解は、彼を「聖者」のように感じることである。筆者はスイス滞在中にユングを知る人々に、彼のイメージをいろいろと語って貰ったが、それは、行いすました聖者というのからは、はるかに遠い存在であった。彼は感情表現をおさえることなく、率直に出す人であったらしい。怒ったり、ぶつぶつ言ったり、また、楽しいときはよく笑う人であったらしい。スイスで、彼の甥という人に会ったとき、ユングのことを聞かして欲しいと言うと、「われわれは伯父さんの中で、あの伯父さんが一番好きだった」と答え、それは彼が偉いとか有名とかいうためではなく、「伯父さんの中で、あんな面白い人はなかった!」と、今思い出しても楽しくなるという表情をして言ったのが非常に印象的であった。

スイス人特有の節約癖――ケチと言うべきか――があって、秘書が手紙を出すときに適当な切手がなかったので、少し高い目のを貼って出すと、カンカンに怒ったとか、案外保守的なところがあって、女の人がパンタロンをはくのを好まなかったとか、このようなエピソードをいろいろと聞いた。ただ、面白いのは、これらのユングを深く尊敬する人々が、ユングの欠点?とも思えることを楽しげに語り、それがユングに対する敬愛の念を深めているようにさえ感じられたことである。彼にインタビューしたBBC放送のブラック氏が、彼の印象を述べて、スイスの田舎の百姓のおじいさんのようだと言ってもよろしいか、とユングに念を押すと、「そのとおりで、ちょいちょいそうよばれたものです」と彼は答えている。(6) 彼は老賢者であると同時に一人の平凡な老人でもあるのである。彼のこのような多面性は誤解や、あらぬ噂の種になることも多かったようだ。ユングのように多面的で偉大な人物の全貌を描き出すことは、不可能に近く、筆者の彼に対する傾倒の強さによって、記述は時に光の部分に偏ることになろうが、読者のイマジネーションによって、その欠点をカバーし、人間ユングの姿を心に描き出していただきたいものである。

スイスの土壌

ユングの伝記を書いた、ユングの弟子、バーバラ・ハナ(7)は、その冒頭に「スイスの土壌」という節を設けている。これは、ユングの育ってきた背景を考える上で真に適切なことであり、しかも、スイスという国が案外よく知られていない点から考えても多少ともこの点に触れるのは必要なことと思われるので、筆者も彼女の知恵を借りて、少し述べてみたい。

わが国で、あなたの一番好きな国はと問うと、スイスがあげられることが最も多い。日本は東洋のスイスになるべきだと言う人さえあるが、こんな人たちもスイスの実態を知らずに言っていることが多い。平和の国スイスというイメージをもっている人で、スイスが国民皆兵であることを知らない人もある。

ユングの人となり、従って彼の心理学を知るためには、それの生まれて来た土壌を知らねばならない。われわれがスイスに住んでみて、まず印象づけられるのは、その多様性ということであろう。スイスは合衆国なのであり、各州が——と言っても小さいものだが——おのおののシステムを持っている。何しろ、国語が、ドイツ、フランス、イタリア、ロマンシュの四か国語あり、各自治体は会議によって何語を公用語か定めるのだから、なかなか大変である。未開発国が国の「統一」を目ざすときに、まずこころみることは国語の統一であることを考えると、このような多様性に耐えて、統一国家を維持してゆくことの強靱さには感心してしまうのである。多様の中の統一はスイスのモットーであるし、それはユング心理学においても同様であると言うことができる。

ジェームズ・ジョイスは、スイスを「精神の自然公園」(Naturpark des Geistes) と呼んだという。精神という語は、確かにスイスを語るのにふさわしい語だと思う。筆者がユング研究所に留学し、研究主任のヒルマン博士に会ったときに、彼が「チューリッヒの精神」(The spirit of Zürich) が、分析を学ぶのにふさわしいと言ったことを印象深く記憶しているが、このようなときに使われる「精神」という語が、まことにぴったりとした感じで響いてくるのである。ユングのみならず、ビンスワンガーとか、メダルト・ボスなどの偉大な心理療法家がスイスから出ているのも、スイスの土壌の精神性を反映していることであると思われる。

バーバラ・ハナは、スイスは山国であると言っても、平地ではなかなかアルプスが見えず、晴天の日に時々、突如として見えてくるアルプスの連峰の姿は、「精神（スピリット）」ということや、到達し難い夢の国の存在を感じさせる、と指摘している。ユングは『自伝』の中で、幼児期の印象的な記憶として、夕日に映えるアルプスの姿を見た感動を述べている。このようなイメージが彼の人格形成に大きい意味をもったであろうと推察される。

スイスが文字どおりの民主主義の国であることは、人も知るとおりである。直接民主主義と呼んでもいいほどの体制の中で、ユングも義務としての投票を欠かすことはなかったという。週末はボーリンゲンの別荘ですごすのが好きだった彼も、投票があるときには「残念ながら今週は投票のためにボーリンゲンに行けない」と悲しそうにしていたということである。(8) このような民主制と、大国の中にはさまれつつ中立を守り抜く気概とに示されるように、スイス人が自分の意見を貫く態度は立派なものである。BBC放送での対談のとき、ユングの思想の根底にスイス人独特のなにかをもっているという点について、ユングは、「スイス人は特殊な独立精神をもっており、つねに自己の判断を保持します。たやすくひとまねはしません……」(9) と誇らしく語っている。

スイスの永世中立は、国民皆兵という体制によっても支えられている。スイスに住んでみると、国民の一人一人が兵役に対して忠実であり、射撃は国技と言いたいほど熱心であるのに驚かされる。第二次世界大戦のとき、ナチスドイツの侵入を防ぐことができたのも、スイス人のこのような強さのお陰である、ということを、筆者もしばしば聞かされたものである。スイス人の中立を愛する心が、強い闘争心によって支えられていることを知ることは必要である。ユングもスイスの軍隊に誇りを持ち、その義務を喜んで遂行している。ユングの強固な意志の背景に、スイス人のこのような特徴が存在しているのである。

中立と平和を維持してゆくためには、内部における「合法的戦い」が必要であることを、ユングは強調する。既に述べたように、小さいスイスという国の中で、ドイツ語地区、フランス語地区というように別れているのだから、お互いが相手を「悪」と見なせば――そのようなことはよく生じることだが――戦争を起こすより仕方がないだろうし、スイス合衆国は直ちに分裂するだろう。そこで、スイス人は政治という合法的な戦いを派手に行い、論戦を通じて相互理解に達し、統合を保つことを、四百年以上の歴史を通じて学んできたのである。この点も、スイスの特徴としてあげるべきであろう。

バーバラ・ハナが、欠点を指摘することも必要だからと断りながら、スイス人は、お金を高く評価しすぎる点をあげているのは興味深い。スイスにおける「精神」の意味を最初に述べながら、お金を大切にしすぎるというのも変なことだが、このような矛盾をはらむところにスイスの特徴があるとも言えるだろう。

スイスの土壌ということを述べてきたが、これは決してユングが国民主義者であることを意味するものではない。むしろ逆に、彼は国際的で、ユング研究所には世界各国の人々が集り、講義もドイツ語の他に、英語、フランス語(時にイタリア語)でも行われている。彼の提唱する普遍的無意識の存在は、民族や国の区別を超えた、国際的な人類の共通部分に目を向けさせられるものである。しかしながら、個性的なものこそ普遍的であるという逆説が真であるように、いかに普遍性をそなえたものであっても、それがよって立つ個別的な基礎を無視することはできないのである。ユング心理学を知るために、スイスという土壌の質について、少しは知っておく必要があるのもこのためである。

注

(1) ユングは自分の心理学を、フロイトの精神分析学と区別して、分析心理学(analytical psychology)と呼んだ。一時は、コンプレックス心理学とも言っていたが、後にはあまり用いなくなった。最近、ユング派の人の中には、元型心理学(archetypal psychology)と呼ぶ人もある。

(2) この原題は、『C・G・ユングの思い出、夢、思想』(Erinnerungen, Träume, Gedanken von C. G. Jung)であるが、以後、『自伝』と略称する。(邦訳『ユング自伝』1・2、みすず書房、一九七二年、一九七三年)

(3) この点については、バーバラ・ハナによるユングの伝記に述べられているが、筆者はユングの弟子たちから直接聞くこともあった。(三五一頁参照)

(4) 『自伝』、ヤッフェのはしがきより。

(5) 『自伝』、同右。

(6) ベンネット、萩尾重樹訳『ユングの世界』川島書店、一九七三年。同書の附録「ユングは語る」。

(7) バーバラ・ハナはイギリス人で、一九二九年にユングに分析を受けるためチューリッヒに来て以来、そこに留まり、ユングの弟子となった。本書にもしばしば登場するマリー＝ルイゼ・フォン・フランツと親しく、共にユングの側近にあって、ユングと交際する機会が多かった。ユング研究所の講師として有力なメンバーの一人である。ユングの伝記 Barbara Hannah, Jung his Life and Work, A Biographical Memoir, Michael Joseph, London, 1977, を出版。本書で以後、バーバラ・ハナによる、とするときはすべて、この伝記によるものである。

(8) バーバラ・ハナによる。

(9) ベンネット、前掲注(6)書。

第二章　地下の世界

生い立ち

カール・グスタフ・ユングは、スイスのツルガウ州のケスヴィルで、一八七五年七月二十六日に生まれた。父親のポールは牧師であった。ケスヴィルの牧師館の壁には、ユングがここで生まれたという記念碑がはられ、そこには、「人間の魂とその隠された深層の探究者」と書かれているという。ユングの母方の祖父もバーゼルの牧師であり、ユングの家系には宗教家が多く、このことはユングの人格形成に極めて大きい影響を与えている。

ポールの父、すなわちユングの祖父は、これも、カール・グスタフ・ユングという名である。祖父のカール・グスタフ・ユングは、一七九五年にマンハイムに生まれ、ハイデルベルク大学で医学を学んだ。彼は学業が極めて優秀であるのみならず、なかなか面白いユニークな人で、ペットとして豚を飼い、散歩のときは犬を連れて歩くように豚を連れて歩き、ハイデルベルクの市民を喜ばせたという。(1) 彼は二十四歳のときにスイスのバーゼルに来て、二十八歳にして、アレキサンダー・フンボルトの援助はあったが、バーゼル大学医学部教授となった。彼は当時において既に、精神障害に悩む子どもたちのための施設をつくったりしたのだから、彼の存在は孫であるユングが精神医学をバーゼル大学で勉強するようになったことに影響していると思われる。この点について、ユングが『自伝』の中で、この祖父のことを子どもの頃からたくさん聞かされていたので、人真似はしたくないという気持から、医学を勉強しようなどとは学生時代に思ったことがなかった、と述べているのは興味深い。しかも、結局のところ医学を専攻するのだから、「影響」などというものは本人の意識とは別のところではたらくものなのであろう。

ユングの家系図は、このカール・グスタフ・ユングの祖父のシグムント・ユングで切れて、それ以上たどることができない。シグムントはマインツの市民であったが、スペイン王位継承戦のときの戦いでマインツの市立文庫が焼けたため、家系図が不明になってしまったのである。ところで、このマインツに医学・法学博士でカール・ユングという人が十七世紀にいたことが解っており、おそらくこの人はユングの先祖であると思われる。この博識の人、カール・ユングは有名な錬金術研究家、ミヒャエル・マイヤー(一五六八—一六二二)や、ジェラルドス・ドルネウス(十六世紀末)と同時代人であり、近くに住んでもいたので、親交があったのではないかと思われる。ドルネウスはパラケルススの弟子であり、ユングが錬金術やパラケルススに強い関心をもって論文を書いている事実(2)の背後には、このような歴史の鎖が存在していることを知ると、ヨーロッパの文化の重みがいまさらのように感じられるのである。

古くまで家系をさかのぼったが、話をユングの両親にもどすことにしよう。父親のポールは、前述のカール・グスタフ・ユングの十三番目の末子である(面白いことに、ユングの母のエミーリーも、十三番目の末子である)。彼は大学で古典と東洋の語学を学び、その分野で教授になりたいと望みを持っていたが果たせず、田舎の牧師として職についた。ユングは自分にとって「父」という語は信頼感と無力さを意味したと、後年に述べているが、ポールは優しく寛容であるが、気の弱い人であったのだろう。これに対して、母のエミーリーは力強く、精力的な人だったらしい。

ユングは『自伝』の中で、彼の母親について、「私の母は私にはとてもよい母であった。彼女はゆたかな動物的あたたかさをもち、料理が上手で、人づきあいがよく、陽気だった。母はよく肥えていて聞き上手だった。彼女はまた話し好きでもあったが、その話し振りは泉がざあざあと派手な音をたてるのに似ていた」と述べている。しかし、このような常識的な「母」としての像の後に、不可解な強い人格が潜在しているのだった。これは次章に述べるように、ユングの生いたちに大きい影響を与えている。

ユングの父がどこか、うっ屈した気弱な面をもち、逆に、母親の方が精力的だった事実を、アンソニー・ストーがフロイトの両親と対比させていることは興味深い[3]。ストーは、フロイト派にもユング派にも偏せず、中立的な立場でユニークな『ユング』という著書を書いたが、その中で、この両親像の差が、フロイトとユングの学説の差に反映されていることを指摘している。フロイトの父は、厳格であり、権威者であった。また、彼の母は暖かく見守ってくれる人で、強さを感じさせる人ではなかった。このような家庭に育ったフロイトが、父性原理に基づく深層心理学を建設し、ユングはフロイトに比して、はるかに、母性原理を重んじなければならなかった、というのである。フロイトにとって大きい意味をもつ、超自我ということは、明らかに厳しい父親像に根ざしているが、ユングにおいては、あまり注目されない概念なのである。

ユングが生まれて六か月後に、ユング一家は、ラインの滝の上流にあるラウフェンへと移ってきた。ここに四年間いた後に、一八七九年には、バーゼルに近いクライン・ヒューニンゲンへと再び引越すことになるが、ラウフェンにいる間、ユングの両親は性格上の相違から不和になり、母親は暫く別居する。これは幼いユングにとって痛手となったことは当然で、全身湿疹にかかってしまう。これは今でいえば明らかに、心身症の症状であろう。

ユング自身の言葉にあるとおり、よい母として後に感じられた面と、このように自分を棄てて暫く消え去っていた母としての、否定的な面と、母親のもつ両面を幼いときに体験したことも、ユングにとっては大きい意味のあることであったろうと思われる。

地下の神

ユングは三歳と四歳の間に、「一生涯ずっと私の心を奪うことになった」と彼自らが述べている、次のような夢を見た。彼はこの夢を六十五歳になるまで、誰にも話さず秘密にしていたという。(4)

「牧師館は、ラウフェン城の近くに全くぽつんと立っていて、寺男の農家の背後には大きな牧場が拡がっていた。夢で私はこの牧場にいた。突然私は地面に、暗い長方形の石を並べた穴をみつけた。かつてみたことのないものだった。私はもの珍しそうに走り出て、穴の中をみつめた。その時、石の階段が下に通じているのをみたのである。ためらいながらそしてこわごわ、私は下りていった。底には丸いアーチ型の出入口があって、緑のカーテンで閉ざされていた。ブロケードのような織物で作られた、大きな重いカーテンでとてもぜいたくにみえた。後に何が隠されているのかを見たくて、私はカーテンを脇へ押しやった。私は自分の前のうす明りの中に長さ約一〇メートルの長方形の部屋があるのを見た。天井はアーチ形に刻んだ布で作られていた。床は敷石でおおわれ、中央には赤いじゅうたんが入口から低い台にまで及んでいた。台の上にはすばらしく見事な黄金の玉座があった。確かではないのだが、多分赤いクッションが座の上にあった。すばらしい玉座でおとぎ話の本当の王様の玉座だった。何かがその上に立っていて、はじめ、私は四—五メートルの高さで、約五〇—六〇センチメートルの太さの木の幹かと思った。とてつもなく大きくて、天井に届かんばかりだった。けれどもそれは奇妙な構造をしていた。それは、皮と裸の肉でできていて、てっぺんには顔も髪もないまんまるの頭に似た何かがあり、頭のてっぺんには目がひとつあって、じっと動かずにまっすぐ上を見つめていた。

窓もなく、はっきりした光源もなかったが、頭上には明るい光の放散があった。微動だにしないにもかかわらず、私はいつそれが虫のように、玉座から這い出して、私の方へやってくるかもしれないと感じていた。私はこわくて動けなかった。その時、外から私の上に母の声がきこえた。母は「そう、よく見てごらん、あれが人喰いですよ」と叫んだ。それが私の怖れをさらにいちだんと強めた。目が覚めると、私は汗びっしょりでもう少しで死なんばかりだった。その後幾晩かにわたって、それに似た夢をまた見るのではないかとそれがこわくて眠れなかった。」

幼いユングをおびやかした、この凄まじい夢は、彼にとって測り知れない大きい意味をもつものであった。彼はこの夢を先にも述べたように誰にも秘密にしておいたが、その意味は年がたつにつれて、彼自身に明らかになってきた。地下の玉座の上に存在していたのは、ファルロスであり、地下の神であった。ユングは父親が牧師であったためもあって、幼いときから宗教に強い関心をもっていた。しかし、彼にとって至高善の神のイメージは単純に受け容れ難かった。神のもつ両面性ということは、彼の生涯のテーマであった。つまり、善のみの存在ということが彼には受け容れ難かったのである。このことは、彼がスイスの田舎に育ったことと大いに関係しているかも知れない。そして、彼の極めて稀な鋭い感受性ということも、これに関連してくるだろう。田舎に住んで、彼は早くから、死や天然の災害の存在を知り、それによって悩み悲しむ人々の心情を鋭く感じとり、自らも心を痛めるのであった。このような悲しみや痛みが現存しているのに、この世を創った神を至高善とすることは、彼にとって納得のできないことであった。このような点から考えると、この地下の神は、天なる至高善の神に対して、悪を表わしているとさえ言えるかも知れない。あるいは、天の神が霊を重んじるとき、この地下の神は、その姿の示すとおり、肉の存在を重んじるとも考えられる。

ユングが、無意識の研究に従事するようになってから、常に強調したことは、無意識と意識の相補性ということであった。無意識は意識の一面性を補い、それと相反するものでありながら、それらの統合によって、より高次の全体性へと向かうようなはたらきをもっている。ユングの夢も、このような相補性という観点からみると、それは、当時の一般的なキリスト像に対する相補的な存在として生じてきているとも考えられるのである。このような夢は、いわゆる「大きい夢」であり、ユング個人の意識に対するものとしてよりは、その社会全体の在り方や考え方に対するものとして生じてきたものと見るべきである。従って、このような「大きい夢」は、ユングの生涯にわたる仕事を先取りしているかのようにさえ感じられるのである。

地下の玉座に鎮座するデーモンは、ユングの生涯にわたってはたらき続けた。彼はその『自伝』の最終章に次のように書いている。

「私の中にはデーモンがいたのだ。その存在は結局のところ決定的なものであった。それは私を圧倒した。私が時に傍若無人であったとすれば、それは私がデーモンによって駆り立てられていたからである。私が何かに到達したとき、そこにとどまることは決してできなかった。私の幻像（ヴィジョン）に追いつくため、先を急がねばならなかった。私の同時代の人々は当然のことながら、私の幻像（ヴィジョン）を認めることができず、彼らは先を急ぐ一人の愚者を見るに過ぎなかった。」

創造のデーモンに駆り立てられた人間は厳しい人生を歩まねばならない。ユングは自分の創造の道を共に歩もうとする人とは親しくつき合ったが、ある「到達点」にまで達して、その人がそこに止まろうとするときでも、デーモンは未だ先へと彼を駆り立て、彼はその親しい人と袂を別って先へ進まねばならなかった。このため、彼は時に冷淡な人に見え、多くの誤解を受け、敵をつくることになった。しかし、それは致し方のないことであった。彼はこのような状況を戦場にいる兵士にたとえ、戦友が倒れることがあっても、自分は断腸の思いをしつつ先へ進まねばならない運命にあるのだ、と言っている。デーモンの命に服する人には自由がない。彼はおそらく多くの友人を背後に残しつつ、一人で前進せざるを得なかったであろう。彼はまた、「多分、私は他の人よりもはるかに、人々を必要とし、同時にはるかに必要としない、ということもできよう。デーモンが活動するとき、常に人はあまりにも近く、あまりにも遠いものとなる。デーモンが停止する時のみ、人は中庸をなすことができる」とも述べている。

幼児期の夢から一足とびに、晩年の追想にまで話が及んでしまったが、これも、その夢がいかに彼の一生を支配するほどの大きい意味をもつものであるかを示している、と考えられる。

秘密

ユングはクライン・ヒューニンゲンの学校へ六歳のときに入学した。父親は六歳になったユングにラテン語を教えはじめる。小さいときから、ユングは多分に内向的で、孤独であったらしい。次のエピソードは、少年ユングの内的な世界への関心を如実に示している、と思われる。

ユングは九歳くらいの頃、自分の好きな石の上に坐って、次のような想像の遊びをしたという。彼は、「私はこの石の上にすわっている。そして石は私の下にある」と考える。ところが、石の方も「私だ」と主張し、「私はここでこの坂に横たわり、彼は私の上にすわっている」と考えることもできる。とすると、「私はいったい、石の上にすわっている人なのか、あるいは、私が石でその上に彼がすわっているのか」が解らなくなってくる。「いったい誰が何なのか」という問いは全くはっきりせず、しかし、それは「好奇な魅惑的な闇の感じに伴われる」のであった。少年ユングは、そのような謎に魅せられて、数時間もの間、石の上に坐っていることもあった。荘子の胡蝶の夢を思わせるような、このような「遊び」に少年ユングがふけっていたのは、まったく驚くべきことである。

ユングの「秘密」は、その後ますます明確な形を与えられてゆく。彼は定規の端にフロックコートを着て背の高い帽子をかぶり、ぴかぴかの黒い長靴をはいた長さ約六センチメートルの小さな人形を刻み、インクで黒く塗り、のこぎりで切り抜いて、それを筆箱に入れていた。筆箱の中にはこの人形のためにベッドを作っておいた。また、ライン川から、つるつるした楕円形の石を拾ってきて、上半分と下半分を絵具で塗りわけ、この人形と石とを、屋根裏部屋へ誰にも見つからぬように、隠しておいた。これは、彼の「偉大な秘密」であった。彼は心を傷つけられたり、父のいらいらに悩まされたりすると、屋根裏部屋にゆき、そっと人形と石を見ることによって、心を癒されるのであった。彼はこの秘密によって、自分の安全が守られていると、何ということはなく、感じていたのである。ユングは時に、授業時間中に自分で作り出した秘密の言葉を巻紙に書き、後でそれを人形のはいっている筆箱に入れにいった。それは彼にとって重要な儀式のようなものであった。

八―九歳の頃、このような「秘密」や、秘密の宝物などを持つ子どもは多い。これは、子どものアイデンティティを支える重要なものなのである。ユングは『自伝』の終りの方で、「人間にとって大切な「個」としての感情を強めるには、その人が守ることを誓った秘密をもつことが一番いい方法である」と述べている。八―九歳の年齢で、子どもは子どもなりの「個」を確立するのではないだろうか。もちろん、それにはすぐに続いて思春期が訪れ、子どもは成人になるための長い試練に耐えてゆかねばならないのであるが。この年齢のときに、うまく「秘密」が持てなかったり、心ない大人――両親であることが多いが――によって、秘密があばき出され、不適応に陥る子どもが案外にいるものである。

彼は後年になって、フロイトとの離別の端緒ともなった、『リビドーの変遷と象徴』の著作を準備しているときに、子ども時代のエピソードを興味深く思い出した。というのも、彼がその当時、精神病者の世界を理解しようとして、世界中の宗教や、未開人の心性などを研究しているときに、自分の「宝物」と類似のものを見出したからである。たとえば、オーストラリアの住民たちが大切にしている、チュリンガという石は、楕円形で、上半分と下半分が塗り分けられているものである。あるいは、定規に刻みこんだ人形と類似のものとして、ギリシャの医神アスクレピオスの記念碑の上に立って、彼に巻物を読んできかせるテレスホロスの像を、ユングは見出したのであった。このような意味深い「宝物」によって、ユングは子どもなりの「個」を確立することができたと考えられる。

「刻んだ人形のエピソードは私の子ども時代のクライマックスであり、結論でもあった」とユングは述べている。確かに、彼の子ども時代はこれによって頂点に達し、次の時代へと移ってゆくのである。

注

（1）　バーバラ・ハナによる。

（2）　ユングはパラケルススについて関心が深く、パラケルススの死後四百年祭に、パラケルススについての講演をしたり「精神現象としてのパラケルスス」という論文を書いたりしている。これらは、ユング全集、13、15巻に所収されている。

（3）　アンソニー・ストー、河合隼雄訳『ユング』岩波書店、一九七八年。

（4）　『自伝』。

第三章　もう一人の私

少年ユング

十一歳のとき、ユングはバーゼルのギムナジウムに入学した。今までの田舎での学校仲間たちのつき合いとは異なり、彼は急に広い世界の中にはいって来たことを感じたのであった。田舎では彼は「牧師様の子」であったが、ここでは、田舎牧師の父をはるかにしのぐ有力者や、大きい家に住んでいる人たちの子弟と交わることになったのである。従って、彼の目は外的な広い世界へと向けられるのだが、やはり、彼の内界の重要さは少しも衰えるものではなかった。むしろ、それは後述するようなNo.2の人格の存在の自覚という形で、ますますはっきりとしてきたとさえ言えるのである。従って、少年時代の彼についても、内界に存在する「もう一人の私」というテーマに重点をおいて述べてゆくことにしよう。

ユングの六十歳の誕生記念に、ユングの少年時代の思い出について語った、友人オエリによると[1]、幼児期のユングはとにかくとっつきにくい存在であったらしい。「こんな非社交的怪物に今まで出会ったことがなかった」と、オエリは冗談めかして述べている。ユングの九歳のときに妹が生まれるが、それまでは彼は一人子であったし、牧師の子どもとして、それほど他の子ともつき合わず、一人遊びをし、夢想にふけってすごしていたようである。彼は『自伝』の中で「私は一人で遊び、一人で森の中で白昼夢に耽ったり散歩したりして、私だけの秘密の世界をもっていたのである」と述べている。

ところが、少し大きくなってくると、一人で夢想にふけるような反面で、いたずらものらしい面も出てくるようになる。友人のオエリの思い出によると、そのいとこを仲間に引きこんで「いくじなし」のいとこを笑いものにしては喜んでいたらしい。オエリの思い出によると、そのいとこを呼んできて、どこかのベンチに腰かけるように命令する、いとこがそれに従うと、ユングは大笑いをして喜ぶ。というのも、そこにはついさっきまで酔っぱらいが坐りこんでいたので、いくじなしのいとこが、その悪臭にやられるだろう、といった他愛のないものだったらしい。それにしても、こんなときのユングの高笑いは有名で、その癖は大人になってからも残っていたらしい。

「いたずらもの」の性格は大人になってもなくならず、ユングの思い出を語る人に、ちょいちょいとこのことを聞かされた。ユングが亡くなった後で、ユングとの思い出を記した『ユングとのふれあい[2]』という本が弟子たちによって出版された。その中には、ユングの老賢者のような面と、いたずらっぽい面が八十歳を越えてもなお共存していたさまが、多くの人によって描かれている。

オエリは「率直なところ、ユングは数学はまったく駄目だった」と述べているが、このことはユングも認めている。面白いことに、第二章に既に紹介したユングの祖父のカール・グスタフ・ユングも数学が駄目だったらしいのである。祖父のユングは日記の中で、数学に少しでも関係のあることがでてくると、自分の心は曇ってしまう、自分の子どもたちが数学ができなくとも非難する気が起こらない、これは遺伝なのだから、と書いている。

トルストイもそうだったが、すぐれた思想家の中に数学がまったくできない人が割にいることは面白い事実である。数学の解らないことの一例として、ユングが『自伝』に書いていることも興味深い。少し引用してみることにしよう。

「中でも私を悩ませたのは、次のような命題だった。つまり、a＝bで、b＝cなら、a＝cであるとする命題である。定義に従えば、aはbとは異なる何物かを意味し、従って別のものであり、bと等しいとはできない。cは勿論のことである。にもかかわらず、上述の等式を成立せしめるのだ。等価が問題の時はいつでも、a＝a、b＝b等々と言われ、これは受入れることができた。ところが、a＝bは、私にはまっかなうそ偽りのように思えたのである。」

論理的な思考力を人並以上に持ちながら、数学が解らなくなる人が、どうしてそうなったのかを聞くことは興味深い。それは何らかの意味で数学の本質と深く関係していることが多いからである。ここでもユングの疑問は、数学において「等しい」とは何かという根本的な問題と関連しているように思える。こんなときに、ユングの疑問を掘りさげて、ゆっくりと話合える数学の教師がいればどうなっていたろうと思ったりするが、脱線はこれ位にして、本題に戻ることにしよう。

ユングは数学はできなかったが、他の自然科学の学問はよくできたようである。自然科学にも人文科学にも興味があるので、彼は将来どちらの方向へ進むべきか、なかなか決められなかった。彼は『自伝』の中で、ギムナジウム時代の思い出として、「私の関心は、二つのちがった方向に向けられていた。一方では、私は、事実にもとづいた真理ゆえに、自然科学に強い関心をよせ、他方では、比較宗教学に関係のあるあらゆる事柄にも魅せられていた」と述べている。自然科学では、動物学、古生物学、地質学などに惹かれ、人文科学では、ギリシャ・ローマ・エジプト、有史以前の考古学に惹かれていた。結局、彼は考古学を専攻したいと思うようになるのだが、外的な条件が重なって医学専攻に変わるのである。しかし、これはもう少し彼が成長してからのことであり、それより前に、ユングの生涯に大きい意義をもつことになった事柄について述べねばならない。

発作

十二歳という年は彼にとって宿命的なものであったとユングは述べている。

一八八七年の初夏のある日、彼は級友を待って大聖堂の広場に立っていた。そのとき、ふいに別の少年がいたずらに彼を一突きしたのである。彼は不意をくらって倒れ、石で頭をしたたかに打ち、意識を失わんばかりになった。その瞬間、彼の心の中に「もうお前は学校へ行かなくてもよい」という考えがひらめいたとのことである。そのことがあって以来、学校の帰り道とか、両親が宿題をさせようとするときにはいつでも、彼は発作を起こすようになってしまったのである。意識を失ったようになって倒れてしまうのだから、両親も驚いたことだろうと思う。医者に診せても解らない。ある医者は、てんかんだと診断を下し、両親をますます心配させる。ところが、ユング自身の方は、てんかんの発作がどんなものか知っており、自分のはそんなものじゃないと、心中ひそかに医者を馬鹿にしているのだから始末が悪い。この「病気」のおかげで彼は半年以上も学校を休むことになるが、彼自身はそれを「一種のピクニックだった」と『自伝』の中に述べている。

「私は自由で、数時間もの間、夢想にふけることもできたし、森の中や川のほとりや谷間など好きなところへはどこへでも行けた。私は、戦闘の絵や、戦争や、襲撃され焼き払われている古城のすさまじい光景を再びかきはじめ、あるいは幾ページもマンガをかいたりした。同じようなマンガが、今日までずっと、眠りにつく前に時折浮んでくる。たえず動きまわり変化する仮面が歯をみせてにこっと笑いながら現われて来、その中にその後すぐに死んだ人の親しみ深い顔があるのである。」

このような記述を読むと、現在わが国において多く発生している学校恐怖症のことを、私は思ってしまう。彼らは学校にゆくことができないまま、家でマンガを描いたり、ロケットや飛行機の写真を集めて壁にはってみたりしてすごしている。そして、学校に行こうとすると腹が痛くなったり、頭痛がおこったりする。ユングの場合も一種の学校恐怖症としてみることができるのではないかと思う。思春期というのは大変な時である。どんな人であっても、この時期には何らかの障害にぶち当る。ただ、その人の内に秘められている可能性と、環境との相互の度合いによって、その程度が異なるだけである。障害の程度はむしろあまり問題ではなく、ただ、その人がそれを如何に克服していったかが大切となる。オエリは、ユングが「病気」で一年学校をおくれたと言っているから、ユングの「学校恐怖症」も一年は続いたのであろう。しかし、彼がやがてそれを抜けだしてくる決定的な時が訪れてくる。

ユングの「病気」が不可解で、よくならないので両親の心配は大きくなっていった。ある日、父の友人が訪ねてきて二人が話合っているのを、ユングは茂みの中にかくれて盗み聞きをした。客が「息子さんはどうですか」とたずねたのに対して、父親は、医者に診て貰っても何かわからないと答え、「もし治らないのなら恐ろしいことです。私はなけなしのものを全部なくしてしまった」と語る。これを聞いてユングは仰天した。彼の病気によって父親は思いがけない金を費していたのだ。ユングははっきりと「現実」に直面したのである。

その時以来、ユングはまじめな子になった。父親の書斎にはいって勉強し始め、発作に対しても必死になって戦った。二、三週間後には発作に襲われることもなくなり、学校に戻ったのである。彼はこの経験を通じて、神経症とはどういうものであるかを知ったと『自伝』の中に述べている。このような神経症の克服の過程について、彼は別の重要な体験をしている。彼は登校の途中、ふいに一瞬間ではあったが、濃い雲の中から出てきたばかりとでもいう印象を受ける。

「今や、私は私自身なのだ！　それまでは、まるでもやの壁が私の背後にあるようだった。そしてその壁の後には、まだ「私」はなかった。けれどもこの瞬間、私は自身に出くわしたのである。……今や私は、私が今自分自身であり、今、私は存在しているのだということを知った」と彼はこのときのことを回想して述べている。

思春期というのは大変な時代である。それは蝶になるために必要な蛹の時期に比することができる。蛹の内面では途方もない大変換が生じ、蝶という成虫へと変身するのである。ユングが神経症の悩みを克服した後に、自分の存在を自覚するところは、このような過程を如実に示していると感じられる。彼が一種の学校恐怖症のような状態になったことは――彼自身は恥かしいことのように述べてはいるが――むしろ、当然のことのように思われる。というのは、内に秘めた可能性の大きいものほど変身の際に大きい苦悩を体験することは事実であるからである。彼自身も、一九四二年に、バーゼルにおける教育講演で、「秀才」について語ったとき、次のように述べている。[3]

「大きな才能というものは、人類という樹の最もすばらしい果実でもあり、またしばしば最も危険な果実でもあるのです。この果実は非常に細い枝になっていて、この枝はすぐに折れやすいのです。」これに続いて「創造的な能力は残念なことには逆に破壊的な作用をすることもあります」とも言っている。ユングの「創造的な能力」は、危うく彼を破壊するところだったが、彼の両親の庇護と、彼自身の自覚によって、それに打ち克つことができたのである。それにしても、このような子をもった両親や、彼と接した教師たちの苦労は大きいものがあったろうと推察される。

もう一人の私

ユングの興味が自然科学と人文科学の「二つのちがった方向」に向けられていたことは既に述べた。彼のこのような対極性は生涯にわたってもち続けられるのであるが、『自伝』の中で、彼はこれをもっとはっきりと、自分の中には二人の人物がいたと述べている。

「私はいつも自分が二人の人物であることを知っていた。一人は両親の息子で、学校へ通っていて、他の多くの少年たちほど利口でも、注意深くも、勤勉でも、礼儀正しくも、身ぎれいでもなかった。もう一方の人物は、おとなで——実際年老いていて——疑い深く人を信用せず、人の世からは疎遠だが、自然すなわち地球、太陽、月、天候、あらゆる生物、なかでも夜、夢、「神」が浸透していくものすべてとは近かった。」

このような二人の人物に対して、ユングは人格No.1とNo.2という呼び方をしている。彼は少年時代の自分を「恥かしがりやで、臆病で疑い深く、青白くやせていてみるからに丈夫そうではなかった」と述べている。そのような外見的なNo.1の背後に、際限のないほどの深さとひろがりをもった人格No.2が存在していたのである。このような人格No.1とNo.2の対抗的な動きは、精神病理的な二重人格や、人格の分裂とは関係のないことで「あらゆる個人の中で演じられている」ことだとユングは言っている。ただ、No.2の存在に気づく人が意外に少ないだけである。

人格No.2の存在についてのユングの感覚は、時に非常に具体的で生き生きとしたものであったので、そのために混乱が生じかけることもあった。たとえば、あるときユングは、ルツェルン湖畔に家をもっている知合いの親しい家族から、一緒に休日を過ごそうと招かれた。そこの主人は息子とユングにボートを使うことは許してくれたが、向うみずなことをしてはいけないと言った。ユングはボートではなく、そこにあったこぎ船の方に乗って冒険をしているところを、その家の主人にみつかり、こっぴどく叱られる。こんなとき、ユングは言いつけを破ったために叱られるのは当然のこととして、まったくしょげかえっている反面、何かそれを不当のことと感じざるを得ないようなNo.2の動きをも感じていた。それはこの無知な田舎者が敢えて自分を侮辱しているという激しい怒りの感情であった。こんなとき、ユングは自分のことを、「この私は、単におとなであるばかりではなく、同時に偉そうな、権威者であり、公職と威厳をもった人であり、老人であり尊敬と畏怖の対象でもあった」と述べている。つまり、彼の人格No.2は、これほど生き生きとした具体的なイメージとして彼の中に生きていたのである。しかし、そのことは「現実との対照がたいへんへんてこだったので、私はふいに自分の怒りをとどめた」。たしかに、子どもの頃に誰かに叱られたとき、そのことの正当性を認めながら、他方では自分の内なる誇りがそれに楯つくのを感じた経験をもつ人は多いであろう。しかし、その内面を一個の人格として、公職と威厳をもった老人という姿にまで具象化し得るところにユングの特徴が示されている。

ユングが面白半分ではあるが、満足げに、自分はゲーテの子孫かも解らないという「伝説」を語るのも、このような心性と関連していると見ることもできる。その「伝説」とは次のようなものである。「私の曾祖父のフランツ・イグナッツ・ユング(一八三一年没)の妻、ソフィヤ・ツィグラーとその妹は、マンハイム劇場と親密な関係にあり、多くの作家と親しかった。ソフィヤ・ツィグラーはゲーテとの間に私生児をつくり、それが私の祖父のカール・グスタフ・ユングである。」この話は現在入手し得る資料からは、何らの証拠も見出せぬものである。にもかかわらず、ユングがこの話を面白がるのは、後にも述べるように、彼はゲーテのファウストを非常に高く評価しているので、「ゲーテの血」が自分の中に流れているという話に、内面的な真実を感じとっていたからであろう、と思われる。

ユングの人格の特異さは、学校の先生にはなかなか理解し難いものではなかっただろうか。なかには、ラテン語の先生のようにユングをよく理解してくれる人もあったが、この天才風の先生は、宿題の時間になるとユングを大学の図書館へやって本を持って来させる用事を言いつけたが、ユングは図書館からの帰り道に、できるだけゆっくりと歩き、その借りてきた本を夢中になって読み、退屈な宿題の時間をまぬがれたという。ところが、ドイツ語の先生はユングをまったく理解していなかったようである。あるとき、この先生の提出した作文の題が非常に興味深く感じられたので、ユングは特別に努力して自分ながら素晴らしいと思うほどのものを書いた。

先生は作文を成績順に返してゆくので、ユングは相当の期待をもって、自分の名を呼ばれるのを待った。ところが、先生は全部の作文を読みあげながら、ユングのだけは未だ手もとに残していた。先生はユングのは非常によく書けているが、これは何かを写してきたものに相違ないと断定し、何を写してきたか白状するように迫った。ユングは驚いて抗弁するが認められない。先生は「君は嘘をついている！　君にはこんな作文は一度もかけやしなかった。誰もそんなことを信用しやしない。それで——どこから写してきたんだい」と言いはるのである。ユングは級友たちも彼を白い目で見ているのを感じた。彼の異議申し立ては結局受け容れられなかった。

ユングは怒りと落胆を味わいながら、この事件について、いろいろと考えてみる。そして、結局のところ自分が自分自身を理解し得ていないと同様に、先生も自分を理解し得ないのだという結論に達する。彼の人格No.2が、時にその輝きを表面にまで到達せしめたときは、そこに存在するNo.1をはるかに越えるものとしてはたらくのであろう。その深さとひろがりは、ユング自身にとっても未だ不可解のことであり、先生がそれをユング自身のものではなく、「借りもの」であると判断したことも、ある意味では正しかったと言えるだろう。

ユングの母も、人格No.1とNo.2を持ち合わせていたとユングは考える。しかし、それは彼女にとってあまり意識されているようではなかったが。ユングの母の父はバーゼルの牧師であったが、透視力があるとか、死者と交信できるとか言われた人である。彼は常に幽霊にとりかこまれていると信じていたので、説教の草稿をつくっているとき、背後を幽霊が歩いて邪魔されぬように、娘(ユングの母)に自分の後にいるように頼んだという。[4] このようなことは、彼女の人格形成に大きい影響をもったことであろう。

ユングが六歳頃のことだった。近所に裕富な家があって、三人の子どもがあり、一番上はユングとほぼ同年の男子で、あとは女の子であった。彼らは都会人らしく振るまい、ことに日曜日には子どもたちをエナメルの靴、白いひだかざり、白い手袋などで飾りたてた。彼らは何となくきざっぽい作法を身につけており、ぼろのズボンに穴のあいた靴という、ユングたち田舎者の少年たちとは、距離をおいて接していた。こんな態度を腹にすえかねた少年ユングは、この素晴らしい身なりの少年をひっぱたいていじめた。少年の母は大いに怒ってユングの家にねじこんでくる。ユングの母は怒り、ユングに対して涙ながらに説教した。彼は内心自分のしたことはまちがっていないどころか、逆に満足をさえ感じていたが、母の怒りをおそれて後悔し、部屋の中に一人ぽつんとしていた。母親は窓ぎわに坐って縫物をしていたが、ぶつぶつと何かつぶやいている。ユングは母親が「もちろん子どもをあんなふうに育てちゃいけない」と言っているのを聞いて、何ともいえぬ気持になる。さっきは、母親はユングの非を認めて説教した。しかし、ここで彼女のNo.2のつぶやきは、金持の子どもたちこそ変に育てられているのだと断定しているのである。母親の人格No.2は、その後もときどき出現して、ユングを驚かすが、それは常に深い真実を彼につげるもの——常識とはどれほどはずれているにしろ——であった。

ユングが人格No.1とNo.2の問題として体験したことを、東洋の思想の影響を受けて、自我と自己の問題として定式化するためには、未だ相当の年月を必要としたのであった。それまでは、彼はこの両者の相克の中で凄まじい苦労を体験しなくてはならなかった。

葛藤する思想

ユングは自分のギムナジウム時代をふり返って、「私の生涯の中で、この時代は葛藤する思想に満ちたものであった」と述べている。人格No.1とNo.2を基盤として、いろいろな葛藤がユングの心の中にうごめいていたのである。

彼の葛藤の第一は宗教的なものであった。彼の父は牧師であった。彼は父の教えを守る敬虔なクリスチャンとして育ってくるが、そこにひとつの不可解な不協和音が鳴りひびいていることも認めざるを得なかった。十二歳の頃、ユングは大聖堂の広場に行った。「世界は美しいし、教会も美しい」とユングは思った。空は青く、陽の光がさんぜんと輝き、大聖堂の屋根に映えていた。そして、これら素晴らしいすべてのものを創造された神のことに想いおよんだとき、彼は息苦しくなってくるのを感じた。彼はそこでそれ以上考え続けると、何か大変なことが起こりそうだという予感を感じて苦しくなってくる。彼は考え続けるかぎり、自分が途方もない罪を犯し、地獄におとされてしまう。それは両親にとってどんな悲しいことであろう。両親をそれほどの悲しみに陥れることのないように、自分はここで考え続けてはならないと思う。

このような彼の葛藤は、彼を考え続けさせようとする内面の力が、両親の教えとの間に摩擦を生ぜしめるものであろうことを予示している。ユングはそれを避けるために考え続けるのをやめようと努力するが、内からの力は強く、三日間の間、苦しみ抜く。とうとうたまらなくなって、ユングは考えはじめる。「なぜ私は自分の知らない何かを考えるんだろう。……誰が私にそうさせたがっているのだろうか。……この恐ろしい意志は、どこから来るのだろうか。」罪深い考えはいったいどこから来るのか、と彼は考える。自分の考えでないとすると、それは両親から来るのか。彼の善良な両親がそんなことを考えるはずはなかった。それでは祖父母たちか。こんなふうに考えすすんでいるうちに、彼はアダムとイヴの話を思いつき、人類の最初としてのアダムとイヴの犯した罪へと考え及んだ。どうして、彼らは神の望んでおられないような罪を犯したのだろう。

ここで、ユングの心の中に次のような考えが生じた。つまり、アダムとイヴが罪を犯したのも、神が彼らの中にそのような可能性を開いておかれたからである。そのことは、神がアダムとイヴ以前に悪魔を創られたことからも明らかである。「全能の神は、アダムとイヴが罪を犯さなければならないようにすべてを調え給うた。だから、彼らが罪を犯したのは、神の意志であった。」このように考えて、ユングは結局は、どのような考えが心に浮かんでくるにしろ、それを受け容れ、それに勇気をもって直面してゆこうと決心する。そこで、彼の見た凄まじいイメージについて『自伝』には次のように記されている。

「私は、まるですぐにでも地獄の火の中へ飛びこもうとしているかのように勇気をかき集め、考えの浮ぶにまかせた。私は自分の前に大聖堂と青空があるのをみた。神は地球の上のずっと高い所で、黄金の玉座に坐っており、玉座の下からはおびただしい量の排泄物が、きらめいている新しい屋根の上にしたたり落ち、屋根を粉みじんにこわし、大聖堂の壁をばらばらにこわすのである。」

神の排泄物が大聖堂をこわすというのだから、何とも物凄いイメージであり、ユングが抵抗を感じたのも当然であろう。この破壊は何を意味するのか。それは神によってなされたことであり、キリスト教そのものの破壊を意味していない。とすると、それは父親の教えによって代表される因襲的なキリスト教の考え方に対する挑戦を意味しているものであろう。たとえ、そのためにどれほどの勇気がいるとしても。ユングは『自伝』の中に次のように述べている。

「人間の勇気を試す際には、神はたとえそれがどんなに神聖であろうとも伝統に固執することを拒む。神は、その全能の力によって、そのような勇気を試すことからは、真に悪なるものは何ら生じないことを、すでに配慮しているであろう。」

ユングの宗教性はこのような体験によって深まっていったが、それは牧師である父親の教えとは異なったものとなっていった。彼は時に父と議論した。父親は、「お前はいつも考えたがっている。考えちゃいけない。信ずるんだ」とよく言ったが、ユングは「いやちがう。体験しそして知らなくちゃ」と思っていた。昔の人がどう言ったか、書物にどう書いてあるかが大切ではなく、自分個人の体験こそ大切であると彼は考えたのである。そんなときに、ユングはキリスト教において重要な、聖餐式に参列するが、それは何の感激も彼にもたらさなかった。実際、既に述べたように、彼は内面的には宗教的イニシエーションの極みに達していたのだが、あまりにも因襲にとらわれた儀式は彼の内面にそぐわないものとなっていたのである。そのような儀式は彼にとっては宗教でもなんでもなく、むしろ「神の不在」を意味するものであった。

こんなときである、ユングは母の人格No.2が、何の前口上もなく不意に、お前はゲーテの『ファウスト』を読まねばならないというのを聞いた。彼は早速ファウストを読み、感激した。彼は「奇跡的な鎮痛剤のように私のたましいに浸み込んできた」と述べている。「ここについに、悪魔を真面目に取上げ、彼——完全な世界を創ろうとする神の計画の裏をかく力をもっている敵と血縁関係を結んだ誰かがいる」とユングは考えた。彼はゲーテこそ、人間を暗黒と苦悩とから解放する際に悪が果たす神秘的な役割のわかる人であると感じたのである。

ゲーテに対する興味から、ユングは哲学に関心をもち、哲学書を読みあさる。その中で、彼が強い感銘を受けたのは、ショーペンハウエルであった。自分の内面に存在する「恐ろしい意志」について、悪について強い関心をもっていた彼としては当然のことであったろう。彼はまたカントの『純粋理性批判』からも多くを得たと述べている。

哲学に関する興味にもかかわらず、彼の自然科学への関心も弱まることはなく、常に「二つの方向」への勉学を絶やさなかったので、ユングはギムナジウムの同級生の驚くような博学になる。このようにして得た多くの知識をもって、彼はやがてバーゼル大学へとすすみ、そこで医学を専攻することになるのである。

注

(1) Oeri, A., "Some Youthful Memorieis of C. G. Jung," Spring, 1970, pp. 182-189.
(2) Fordham, M., ed. Contact with Jung, Tavistock Publications, 1963.
(3) ユング、西丸四方訳「秀才」、『ユング著作集5』日本教文社、一九五六年。
(4) バーバラ・ハナによる。

第四章　精神科医として

カンテラの灯

ユングはあらゆることに広い興味をもっていたので、大学で何を専攻するかに随分と迷ったが、結局は医学を学ぶことに決定した。その頃、次のような夢を見た。

「どこか見知らぬ場所で、夜のことだった。私は強風に抗してゆっくりと苦しい前進を続けていた。深いもやがあたり一面にたちこめていた。私は手で今にも消えそうな小さなあかりのまわりをかこんでいた。すべては私がこの小さなあかりを保てるか否かにかかっていた。不意に私は、何かが背後からやって来るのを感じた。振り返ってみると、とてつもなく大きな黒い人影が私を追っかけてきていた。しかし同時に私はこわいにもかかわらず、あらゆる危険を冒してもこの光だけは夜じゅう、風の中で守らなければならぬことを知っていたのである。目が覚めた時、私は直ちにあの人影は、「影入道」つまり私のもって歩いていたあかりで生じた、渦まくもやに映った私自身の影だとわかった。私はまた、この小さなあかりが私の意識であり、私のもっているただ一つのあかりであることもわかった。私の自分についての理解は私のもっている唯一の宝物であり、最も偉大なものである。暗闇のもっている力に比べると、きわめて小さくかつ力弱いけれども、それはなおあかりであり、私だけのあかりである。」

この夢は、ユングに重大な啓示をもたらすものであった。この夢によって、彼は彼の人格のNo.1が光の運搬人であり、No.2はNo.1に影のように従っていることを知ったのである。そして、彼はこのときに、それがどんなに小さく弱いものではあっても、自分のあかりであるNo.1をあくまでわがこととしていくことを決心したのである。No.2は魅力ある世界であった。それは「内なる光の国」であった。しかしながら、その「光の国」こそは、人間の意識の中では巨大な影となるものである。このことを知らず、「内なる光の国」にのみ魅せられたものは、不幸に陥る。ユング自身、この内界について彼が語ろうとすると、人々がうさんくさそうな態度をとったことに思い到るのであった。

ユングの弟子の一人、フォン・フランツが、この点に関連して現代の青年を引き合いに出し、彼らの陥りやすい危険性について述べているのは興味深い(1)。第一章に少し触れておいたように、外的世界の探究としての自然科学の発展に懐疑的となった現在の若者たちは、急激に目を内界へと向け、ドラッグの助けを借りて「内なる光の国」に親しむことになる。ところが、彼らはしばしば人格No.1の支持を失い、破滅へと向かってしまうのである。最近アメリカにおいて、急激にユングの本が読まれ出したのも、ドラッグの急激な伝播によって、外向的な国アメリカの人々が思いもよらなかった内界の存在を知ったことが大きいと思われる。しかし、ユング自身の人格No.1に対する、このような態度をも受け容れないかぎり、それは大変危険なことになるであろう。

ユングは現在の若者たちのような破滅へと向かうことなく、創造の道を歩むことができた。しかし、これは――現在の多くの人がそうであるように――No.2を無視するのではない。彼は自分自身をNo.1と同一と感じるようになり、No.2を後にして前進してゆこうと決心した。しかし、どんな時でも、彼はNo.2をあえて否定したり、妥当でないと宣言したりはしなかった。No.2を否定した人は、安全だが、人生の半面のみを生きることになったり、時には、無視されたNo.2の怒りを受けて、手痛い打撃をこうむったりする。このNo.1とNo.2の関係は極めて微妙であり、人生において、幾多の難問を引き起こすものである。

ユングはニーチェの『ツァラツゥストラ』に心を奪われながらも、ニーチェがNo.1の役割を棄てる危険性に陥っていったと考え、これを批判した。当時のバーゼル大学の学生の間では、ニーチェの噂でもちきりで、ユングもそれらを多く耳にした。ニーチェが紳士然としているとか、ピアノのひき方がどうとか、文体が大げさすぎるとか。そのくせ、噂をしている人たちは、ニーチェの著作をあまり読んでいなかった。ユングはニーチェを読み、それについて、『自伝』には次のように記している。「ツァラツゥストラはニーチェのファウストであり、彼のNo.2であって、私のNo.2はその時ツァラツゥストラに相当していた。……ニーチェはその壮年期がすぎてからやっと彼のNo.2を発見したのだが、それに対し私は私のそれをすでに少年時代から知っていたのであった。」そして、ニーチェはあまりにも不用心にそれについて話をしてしまったので、世間から誤解を受けることになった。かくて、彼は自分と同時代人との距離を遠く感じれば感じるほど、熱狂的で大げさな表現を用いざるを得なくなり、ついに、自分とNo.2の同一化という自我肥大(インフレーション)の危険に陥ってしまったのである。

父の死

先に示した夢によって、ユングは現実の世界へと立向かってゆく姿勢を確立した。一八九五年、彼はバーゼル大学に入学し、医学を専攻した。しかし、翌年の一八九六年にユングの父が死亡し、彼は経済的な困窮に悩まされることになる。

ユングが宗教的な葛藤に悩んでいたことは、前章の終りに少し述べておいた。彼は自分の宗教的な疑問を父親にぶっつけ、両者はよく議論した。それはなかなか激烈なものだったが、因襲的なものにとらわれている父親と、時代を先取りするユニークさをそなえている息子との間では、議論はどうしても実りないものとなり、結局は腹を立ててやめてしまうのがおちであった。ユングは自分の「生きる」実感の中から、宗教的な問題を取りあげるのに対して、父親はどうしても既存の神学や教義の守りの中にこもろうとするので、話が嚙み合わないのであった。

一八九六年に父親は死亡した。父は死の際で、ユングが国家試験に合格したのかどうかを案じていた。ユングはたまらなくなって、「うまくゆきました」とうそをつかざるを得なかった。父親はそれを聞いて満足し、息を引きとったのであった。

父の死後幾日かたったとき、母親がユングに向かって、あの「第二」の声で言った。「お父さんはお前にとってちょうどいい時に亡くなられたのだよ。」これは「おまえたちはお互いに理解しあえず、お父さんはお前の邪魔になっていたかもしれないのだよ」と言っているように、ユングには受けとられた。確かに、それはNo.2の人格の発言にふさわしいもののように思われた。

父の死によって、ユングは自立した男性として生きてゆくことを必要とされるようになった。彼は父の部屋に引越し、一家の父親役を引き受けることになった。ともかく、経済的な問題が生じてきた。大学で勉学を続ける資金は無いし、ユングができるだけ早くお金をもうける方がいいというので、大学を中退して、どこかの事務所の書記にでもなるようにとすすめる親類の人もあった。困り果てたユングは彼の一番信頼している伯父の一人を訪ね、事情を話した。彼は何らかの援助を期待していたことだろう。しかし、伯父は話を聞いた後で、パイプを口から離し、「なあ、そんな風にして、みんな大人になることを学ぶんだよ、坊や」と言っただけであった。ユングは激昂し、伯父の家を辞した。ユングはよく怒る人であった。しかし、怒った後には極めて冷静になり、的確な判断を下したという。伯父の家からの帰途、ユングは冷静さを取りもどし、「そうだ、あれこそ伯父さんのなし得る最良のアドバイスだ」と思ったという。このようにして、ユングは大人になる道を歩んだのである。

結局のところ、父方の一人の伯父が三千フランの金を貸してくれ、ユングは副手をしたり、伯母さんが骨董品を手離すのを手伝って、その売上げの歩合いをもらったりして、残りをかせぐことになった。彼がこのような骨董品の売りさばきのような仕事をしたことは、お金の有難さ、商売のかけ引きなど、極めて現実的な体験をもつことになり、これは後年になって、心理療法家の仕事をするとき随分役立った、と彼は言っている。実際、心理療法家は患者の内界を問題としつつ、極めて確実に、外的現実のことも知っていなくてはならないからである。

ユングはまた、収入を得るために、メンネドルフという村の医者であるハインリッヒ・ペスタロッチ博士の代診を引き受けることもしたらしい。ユングは村々を歩いたり、自転車に乗ったりして往診に出かけたりした。この間に、彼は百姓さんたちとも親しくなり、スイスの田舎に伝わっている迷信や、まじないなどの類についても多く知ることができたことと推察される。

大学では彼は優秀であった。その証拠に、彼はバーゼル大学で、当時有名だったフリードリッヒ・フォン・ミューラー博士に認められ、博士がミュンヘン大学の教授として招かれてゆく際に、ユングの卒業を待って彼の助手にすると申込まれている。これは真に光栄なことであり、ユングは殆どこれを受け容れるつもりになっていた。そのときは、彼はおそらく内科に専念することになるはずであったが、ふとしたことから、彼の希望が変り、精神医学を専門とすることになるのである。その動機は、ユングの語るところによると、次のようにして生じたのであった。

精神医学は当時は医学の中のまったくの支流であった。ユング自身も大学における精神科の講義は面白くなかった、と言っているし、興味をもつ学生も極めて少なかった。ところが、ユングは国家試験にそなえて精神医学の勉強をするために、クラフト＝エビングによる精神医学の教科書を読んでいるうちに、心を惹きつけられたのである。それは、クラフト＝エビングの教科書によって、彼が精神医学というものの本質を——あるいは、彼にとっての意味を——直覚的に認識したためである。クラフト＝エビングは、精神医学というものは、どうしても主観的なものがかかわらざるを得ないことを指摘している。ユングはそのような点を知ると共に、精神医学こそ彼の求めていたものであることを知ったのである。「ここにこそ、私があらゆるところで探し求め、どこにも見出しえなかった生物学的および精神的事実に共通な経験の場があったのである。自然と霊（スピリット）との衝突が一つの現実となる場所が、ついにここにみつかったのだった」と彼は述べている。

内科から精神科への変更は、当然のことながら、知人や親類からは馬鹿げたことと思われた。しかし、ユングはそんなことで自分の意志をまげるようなことは絶対にない人間であった。

ブルグヘルツリ

ユングが精神科医になると知って驚いた人々は、彼がバーゼルを離れてチューリッヒに行くと知り、二度驚いてしまった。その当時のバーゼルの人々にとって、バーゼルだけが文化的にひらけたところであり、チューリッヒなどは商業こそ盛んであるが、文化果つるところなのであった。しかし、ユングにとって、バーゼルをこの時に離れることは「必要」であった。父の死によって相当の自立を獲得した彼は、ここで「母からの自立」をやり遂げる必要があった。自立にはその年齢にふさわしい程度があり、それは人生に何度も繰り返して現われるテーマであるとさえ考えられる。ユングはチューリッヒに行くことによって、影響力の強かった母から離れ、また、母なるバーゼルからも離れる必要があったのである。実のところ、ユングはバーゼルでは牧師ポール・ユングの息子であり、教授カール・グスタフ・ユングの孫としてのレッテルを四六時中貼られており、身動きがとれなかったのである。彼はどうしても新天地へと出て行きたかったのだ。

それにしても、ユングの母は夫を失った後、頼りとしていた息子と別れるのは辛いことであったろう。ユングは経費を節約するために、大学病院のブルグヘルツリ内に住むことになり、彼女は娘(ユングの九歳下の妹)と共に、バーゼルに留まることになったからである。ユングは『自伝』の中に、「私がバーゼルを離れるのは、母にとっては辛いことであった。しかし私は、母にこの苦痛を忍んでもらわざるを得ず、母も勇敢にそれに耐えたのであった」と記している。バーゼルの人々は、ユングがそのうちに戻ってくるだろうと思っていたが、結局、ユングは結婚後、チューリッヒ郊外のキュスナハトに住居を建て、一生そこに住むことになった。彼は後に、母と妹を呼びよせて、自宅のすぐ近くに彼女たちを住まわせることにしたが、同居はしなかった。

一九〇〇年十二月十日に、ユングはチューリッヒ大学のブルグヘルツリ精神病院の助手となった。教授は有名なオイゲン・ブロイラーで、ユングは彼の最初の助手であった。ブルグヘルツリの病院は二、三年前に建ったばかりで、当時の精神病院としては最新のものであり、眺めもいいし、素晴らしいところに建っていた。もっとも現在は、チューリッヒ市が急激に発展したため、ブルグヘルツリも町の中に埋もれてしまっているが。なお、ブルグヘルツリ病院が建てられたときのエピソードとして、前のユング研究所所長のリックリン(ユングと連想検査の研究をしたリックリンの息子)の語るところによると、はじめ、その建物はチューリッヒ湖を眺望するように建てられるはずであったが、患者が湖を見て自殺する気を起こすといけない、というので、わざわざ、チューリッヒ湖が見えないような方向に建てられたという。当時の精神病者に対する考え方を反映しているエピソードである。

オイゲン・ブロイラー教授は、「精神分裂病」(Schizophrenie)という用語をはじめて用いた人で、精神医学史に名を残す有名な人である。彼は非常に心の広い人で、弟子たちにもできるかぎりの自由を許していた。ユングは特にお気に入りだったようで、最初の助手としてのユングをよく自慢にしていたという。ユングはこのように恵まれた教授の下で、新しい病院に勤めたのであったが、心が沈んでゆくのを感じた。それは、彼が患者のこと、あるいは精神医学のことを、「何も解っていない」と感じたからである。ユングはよく、「何かが理解できないということは、耐え難い苦痛である」と言ったという。どんなに辛いことでも、彼はそれが「理解できる」ときには、耐えることができた。しかし、精神病の患者を前にして、彼はまったく理解できないことを知り、憂うつになったのである。

ユングは患者を理解するだけの知識を自分がもっていないと考え、ブルグヘルツリの部屋にとじこもり、『精神医学総合雑誌』五十巻を全部読破した。これはこれで、ユングに多くの知識を与えただろうが、彼はおそらく満足できなかったのではなかろうか。というのは、当時の精神医学は患者の症状を記述したり、分類して診断名をつけたり、に専念し、ユングが欲しているような、患者の心を理解することとは、ほど遠かったからである。彼は、一九〇二―〇三年に、わざわざピエール・ジャネーのところへ勉強におもむいている。患者を「理解する」ための努力の現われのひとつである。ジャネーの心的エネルギー論には、ユングも相当心を惹きつけられたようである。彼の後年の著作には、ジャネーの概念である、心的水準の低下(abaissement de niveau mental)という語がよく出てくる。このような点では、ユングはジャネーに学ぶところがあったが、やはり十分には満足できず、ブルグヘルツリへと帰ってきたのである。

精神病者と共に

ブルグヘルツリにおいて、ユングは精神病者の治療に真剣に取り組んだ。ここにおける九年間を彼は、「私の徒弟時代」と呼んでいる。そして、徒弟である彼を鍛えてくれたのは、他ならぬ患者たちであったのである。当時の精神病院においては、既に述べたように、医者たちは患者の症状の相違によって、細かく分類することには関心があったが、患者の「心」に接近し、それを理解しようとする人は居なかったのである。

ユングはブルグヘルツリに就任して間もない頃、次のような興味深い例に会った。ある婦人が憂うつ状態がひどく入院してきた。診断は分裂病とされ、ユングが担当者となった。ユングはその頃熱心に取り組んでいた連想検査を彼女にこころみたり、彼女の夢を聞いたりしているうちに、彼女の無意識の世界に存在している秘密を知ることとなった。その婦人は結婚前に、ある実業家の息子に憧れるが、あきらめて他の男性と結婚する。ところが五年後に彼女を訪ねてきた友人の口から、例の男性も彼女と結婚したがっていたのに、彼女が他の男性と結婚したので残念がっていたことを知らされる。そのときから、彼女の抑うつ症がはじまるのである。

彼女は抑うつ状態のまま家庭にとどまっていたが、ある日、二人の子どもを風呂にいれてやっていた。その地方では飲料水はきれいであるが、風呂水は不衛生なものだった。彼女はそれを知りつつ——あるいは、なかば意識的に——子どもたちが風呂水につけたスポンジを吸っているのをとめなかった。子どもの一人は、腸チフスになって死亡し、彼女の症状は急性状態に達して入院したのであった。これは、言うなれば、無意識的に行われた殺人と、その罪責感による抑うつ状態と言えるもので、分裂病でないことは明らかだった。

ユングはこの処置について大いに迷ったが、ついに勇気をもって、患者に彼が真実と思うことを告げたのであった。患者にとってそれを受け容れることは大きい苦痛の伴うことであったが、ユングの態度に支えられて、彼女はそれをなし遂げた。二週間後に彼女は退院し、以後再び入院することはなかったという。

ユングはこの事例から、患者の症状にのみ注目して診断するだけでは駄目であり、綿密に患者の語るところに耳を傾け、時には本人さえ意識していない過去の出来事について知ることが重要であることを学んだ。彼は『自伝』の中で、この例について述べた後に、「治療においては問題はつねに全人的なものにかかわっており、決して症状だけが問題になるのではない。私たちは、全人格に返答を要求するような問いを発しなければならない」と記している。

一九〇五年には、ユングはチューリッヒ大学精神科の講師になり、精神科の医局長になった。彼はその頃未だ催眠を治療に用いていたが、非常に印象的な体験をしたのであった。あるとき、五十八歳の女性が左足麻痺の症状のため、松葉杖をついて来院した。ユングは二十名ほどの学生の前で催眠についての臨床講義をするところだったので、この女性の訴えを暫く聞いた後に、催眠をかけた。彼女はすぐに深い催眠状態になり、夢などについて語り続けた。覚醒するときに一寸苦労したが、目が覚めると、なんと患者は治っていて、大喜びで松葉杖なしで歩き始めた。この経験について、彼は次のように自分の考えを述べている。

「まさにそれが私に催眠をきっぱりと捨てさせることになった体験の一つであった。何がほんとうに起こっていたのか私には理解できなかったけれども、婦人は事実治り、上機嫌で帰っていったのである。」

これはユングの面目をよく伝えている事実である。「耐え難い苦痛とは、何かを理解できないことである」という彼にとって、何が起こっているか理解し難い治療法は受け容れることができなかったのである。もっとも、この患者は再発して再びユングのもとに現われたので、その治療の心理的構造を彼は理解することができた。彼女の再発は、ユングが新学期から講義を始めるという広告が出されたときに生じたので、彼はそのことが関係していないかを調べてみた。そこで明らかになったことは、彼女がユングとほぼ同年輩の知恵おくれの息子をもっているということだった。彼女は息子に期待して果たせなかった夢をユングに投影し、ユング(息子)の名医ぶりを示すために奇跡的回復をなしとげたのである。そして、ユングがまた大学で講義をすることを知って、同様のことを繰り返し、息子であるユングに再会するためもあって、症状がぶり返したのである。

もちろん、これらのことは無意識的に行われていたことであった。ユングは自分の見出したことを患者に告げ、それを彼女は受け容れた。ユングは当時を回想して、次のように述べている。「それが私の最初の真に治療的な体験だった。——言うならば私の最初の分析だったのである。私は老婦人との話し合いをはっきりと思い出す。彼女は聡明で、私が彼女に真剣に接し彼女とその息子の運命に関心を示したことに、ことのほか謝意を表わした。これが彼女を治すのに役立ったのである。」

以上の例は、分裂病の例ではないが、ユングの本領は分裂病に対する心理療法において発揮されていった。当時、分裂病の症状は「了解不能」ということで一括されていたが、ユングはそれを何とか「理解しよう」と、測り知れぬ努力を払ったのである。当時、誰もが相手をしようとしない患者の言葉に耳を傾け、何時間もつき合うことには、今日では推測できないエネルギーと勇気とを必要としたことであろう。近年になって、分裂病者に対する心理療法的接近が盛んになってきたが、ユングこそは、そのパイオニアであることを忘れてはならないであろう。

ユングがいかに分裂病者の世界に接近したのかを示す、次のようなエピソードがある。これは、彼の弟子の一人、フォン・フランツ女史から、ユングについての思い出の中で非常に印象的だったこととして直接に聞いたことである。フォン・フランツ女史が未だ学生時代に友人に連れられてはじめてユングのところへ遊びに行ったときのことである。(2) ユングは昔に会った分裂病で、月に住んでいたという妄想をもつ人のことについて話をした(この人のことは『自伝』にも述べている)。ユングは、「月の世界に行って、帰ってきた人があってね」と話しはじめた。フォン・フランツは知的な人だし、特に若い頃だから、ユングの話し方に反発を感じ、「人間が月などに行けるものですか」と強く抗弁した(人間が月旅行に成功する、もっと以前のことである)。ユングは彼女の目をじっと見て、静かに「ああ、その人は本当に月に行ってきたんだよ」と言った。そのときのことを思い出して、フォン・フランツ女史は、その瞬間に、自分は「内的現実」が存在するということが、すうっと心におさまるようにわかった、と語ってくれたのである。

ユングは別に、内的現実とも言わなかったし、フォン・フランツの極めて合理的な抗弁に対して何も説明もしなかった。「その人は本当に月にいた」という彼の一言が、フォン・フランツにすべてを伝えたのだ。実際、ユングにとって、患者のいうことは常に「本当」だったのだ。そのような態度によってこそ、彼は精神病の人々の世界を知り、理解することができたのであろう。「月世界へ行った」患者も、ユングの治療によって随分よくなり、退院してゆくのであるが、最後の面接のときに、彼に連発銃を見せ、「あなたが私を見捨てていたら、私はあなたを撃ち倒していたでしょう」と言ったという。治療者の仕事は、文字通り、命をかけた仕事なのである。

分裂病者への接近を通じて、ユングは当時の人が了解不能として顧みなかった、患者の妄想や幻覚にも「意味」のあることを明らかにし、それを理解することが治療へとつながってゆくことを見出したのである。

結婚

ユングは一九〇三年二月に、エンマ・ラウシェンバッハと結婚する。彼は二十七歳、エンマは二十歳の時のことであった。ユングと彼女との出会いは、まったく劇的なものであるが、それを述べる前に、彼の幼時の記憶を話さねばならない。

ユングが未だラウフェンにいた、四歳頃のことである。彼はその時に会った「金髪の若くてかわいらしくチャーミングな少女」が、大変印象的でなかなか忘れることが出来なかった。彼は八十歳を越えてから書いた『自伝』の中に、幼い頃の記憶像のひとつとして、それを描いている。「両親の別居の時期には私はまた別の記憶像をもっている。一人の青い目をした、金髪の若くてかわいらしくチャーミングな少女が、ある晴れた秋の日に私を連れて、ヴェルト城の近くの滝の下流の紅葉したもみじと栗の木の下をライン川にそって歩いている。太陽は木の葉ごしに照っており、紅葉した葉が地面に落ちている」というのが、そのイメージである。この少女はユングの父を深く尊敬しており、母とも友人であった。彼女は結婚し、シャウハウゼンに住んだ。

ところで、ユングは二十一歳のとき、シャウハウゼンの方に旅行したので、ユングの母は、自分の友人であるその女性を訪ねるようにすすめた。ユングはもちろん喜んでそれに従ったであろう。その家を訪ねたとき、一人の少女——それは彼女の娘であり、未だ十四歳だった——が階段の上に現われるのを見た。その瞬間、ユングは何の疑いもなく、「あれは自分の妻だ」と直覚したという。

ユングのこのような直観は、まったく測り知れぬものがある。しかし、その時、エンマ・ラウシェンバッハは僅か十四歳、彼女の家は相当豊かな工場主であり、ユングは既に父を喪い、貧しい学生である。ユングの「確信」は、ほとんど可能性のないこととして、周囲からひやかされたり、断念するように言われたりしたらしい。しかし、彼はそのようなことによって動揺することなく、二十七歳になって、経済的にも自立し、地位も安定してから、彼女に求婚し、希望を果たしたのである。

エンマ・ユングは、その後、ユングの良き伴侶として、彼の仕事を助けてゆく。彼らの間には一男四女が生まれ、立派に育つのであるが、エンマは後年には、ユングの分析を受け、自らも分析家としての仕事をするようになる。

一九〇九年には、彼らはチューリッヒの郊外のキュスナハトに土地を購入し、そこに家を建てた。その後も彼らはその地を離れず、一生、キュスナハトに住んだのである。ユングは幼児期をライン川のほとりで過ごしたので、水辺に住むのが好きで、何とかチューリッヒ湖畔に住みたいと適当な土地を探し、うまく、キュスナハトに売地を見つけたのであった。

当時は、大学に勤めながらも、個人で患者をとることができるシステムになっており、ユングは段々と個人的な関係の患者が増えてきて、キュスナハトの自宅で治療することが多くなったのである。このため、彼は一九〇九年にブルグヘルツリ病院の勤務をやめて、個人開業に専念することになった。

注

(1) M-L・フォン・フランツ、高橋巌訳『ユング——現代の神話』紀伊國屋書店、一九七八年。

(2) 一九三三年ユングはベルリンのユング派の心理学クラブに講演に行った。このとき、ドイツの青年たちの姿を見て、スイスの青年のことをもっと知るべきだと感じ、帰国後、ギムナジウムの学生数名をボーリンゲンに招いて話合った。これをアレンジしたのはトニー・ウォルフの甥だったが、その中に、フォン・フランツがはいっていたのである。当時、彼女は十八歳であった(バーバラ・ハナによる)。

第五章　フロイト

精神分析

ユングは当時の精神科医としては珍しく、患者の心理に注目し、治療的な効果をあげたことは既に述べた。特に、彼は言語連想の方法を用いて、患者の無意識を探ることに成功し、それを学会に発表して認められてきた。ブルグヘルツリの医局にはアメリカ人もいたので、言語連想による研究を、ユングはこれらの人と共著でアメリカの雑誌にも発表したので、ユングはアメリカで認められ、わざわざ、アメリカからユングを訪ねて患者が来るほどになった。一九〇九年にはアメリカに招かれて、フロイトと共に講演にゆくようになるのも、このためである。

ところで、ユングとは別個に、ウィーンにおいては、精神分析の創始者のフロイトが、無意識の世界に注目することによって、患者の治療をこころみていた。フロイトは、ヒステリー患者の治療体験に基づいて、その理論や技法を発展せしめていた。一九〇〇年には早くも『夢の解釈』が出版され、ユングは師のブロイラーのすすめで読んだが、「当時はまだよく理解できなかったため、中途で放棄していた(1)」。一九〇三年にこれを再読したときは、ユングは既に言語連想の方法によって、抑圧のメカニズムなどにはなじみになっていたため、よく理解できた。

ユングはフロイトの多くの考えに賛成し（後に明らかになるように留保条件をつけてのことだが）、それを取りあげ、学会でも発表するようになった。ところが、フロイトは当時の学会からは拒否されており、明らかに好ましくない人物として遇されていた。ユングはアカデミックな世界の中で活躍し、将来は大学教授に、と思っていたので、フロイトに親近性を示すことは望ましいことではなかった。彼はフロイトには言及せずに、自分の研究のみを公表しようという誘惑にさえかられるが、「もしお前が、まるでフロイトについて何も知らないかのようにして事に処していくのなら、それはおそらくペテンだ。お前には嘘の上に自分の生活を築くなんていうことはできないのだから」という良心の声を聞き、それに従おうと決意する。

ユングは一九〇六年に『ミュンヘン医学週報』に「フロイトのヒステリー学説」を発表し、フロイトを弁護する。ユングはドイツの二人の大学教授から、このために警告され、フロイトの味方になっていると大学人としての経歴を失うとさえ言われるが、それに屈することなく、フロイトを守り続けたのである。同じ年にユングは『診断的連想研究』を出版し、それをフロイトに贈り、ここから両者の手紙の交換が始まり、後に詳述するように、一九〇七年には両者が出会うことになる。

二人の協調は急激にすすみ、一九〇八年にはザルツブルクで、事実上の第一回国際精神分析学会を開催。一九一〇年にはニュールンベルクで、国際精神分析学会が創設され、ユングはその会長となる。ところが、早くも一九一三年には両者の訣別は決定的なものとなってしまうのである。

熱烈な協調の後に訪れた劇的な離別について、最近までは、もっぱらフロイトおよびフロイト派の人たちからの情報が多く伝えられ、単純に言って、フロイトの「弟子」のユングが反逆していったかのように受けとめる人が多かった。しかし、ユングがその死後に発行された『自伝』の中でフロイトとのいきさつを述べていることや、一九七四年になって、フロイト＝ユング往復書簡集[2]が公表されたことで、両者の関係は以前よりはるかに明らかとなったのである。ところで、最近公表された往復書簡集についてのいきさつ自体も、両者の関係を考える上で興味深いと思われるので、少し脱線気味になるが、まずその点について少し紹介しておこう。

フロイト＝ユング往復書簡集

書簡の最初はフロイトからユングに向けて、一九〇六年四月十一日に出された短いものである。ユングがフロイトに彼の著書『診断的連想研究』を贈ったのに対する礼状である。そのなかで、フロイトが本を早く読みたいあまり、ユングから送られる前に購入したことを述べていて興味深い。フロイトのユングに対する打ちこみ方をよく表わしている。少し期間をおいて、同年十月五日にユングがフロイト宛に出した手紙をきっかけとして、両者の間に文字どおり織りなすような手紙が交換されている。しかし、それも一九一四年五月二十日に、ユングが国際精神分析学会の会長を辞任したい旨を告げた手紙を最後として、糸が切れたように途絶えてしまう。（一九二三年にユングがフロイト宛に患者を紹介した手紙一通が例外としてある。）

フロイトもユングも受け取った手紙を保管していたが、その後両者ともそのことを他に言わなかったので、そのことは知られないままで時がたってしまった。アーネスト・ジョーンズが有名な『フロイトの生涯[3]』の第二部を執筆するにあたり、一九五二年にユング宛に手紙を送り、フロイトの手紙を資料として見せて貰えるかをたずねた。ユングは当時のユング研究所の秘書のアニエラ・ヤッフェにフロイトの手紙を読んでみるかとたずねた。彼女は喜び勇んで徹夜をして読みふける。しかし、彼女はそこにどれほどの素晴らしい真理が隠されているかと期待したのだったが、あまりにも政略的なこと（精神分析運動を展開してゆくための）や、個人的なことが多く失望してしまった。その点を率直にユングに伝えると、ユングはむしろそれに満足したようで、ジョーンズ宛に、フロイトの手紙は彼の伝記を書く上でそれほど重要と思われないという返事をする。そして、その手紙をすべて、ユング研究所に資料として寄付をした。

ほどなく、ニューヨークにあるフロイト・アルヒーフの所長アイスラーから、当時のユング研究所所長マイヤー宛に、フロイトの手紙の複写を欲しいと申込があった。マイヤーはフロイトがもっているはずのユングの手紙の複写と交換したい旨を返答した。ところが、アイスラーの返事はまったく絶望的で、フロイトが第二次大戦中、ウィーンからロンドンに亡命する際に他の記録類とともに焼却してしまったというのであった[4]。

ところで、一九五四年フロイトの娘アンナ・フロイトは、実のところユングの手紙類を焼却せずロンドンまで持ってきたことを思い出したのである。一九三八年にフロイト一家がロンドンに亡命したとき、アンナとマリー・ボナパルトの二人が書類を整理し、ナチスの手にわたると危険なものは焼却し、その他の手紙や記録の類はユングの手紙も含めて、船でロンドンに送ったのである。例のフリースの手紙が世に出るときに、マリー・ボナパルトが一役買ったことはよく知られているが、ここでも手紙公開の一件に彼女がからんでくるのも面白いことである。大戦中の戦火を逃れて手紙は残ったのだが、アンナ・フロイトはそのことを忘れてしまっており、一九五四年にやっとそれを思い出したのである。

詳しいいきさつは省略するが、両者の手紙を最初に読んだのはユング研究所所長のマイヤーであった。彼はその感想をフロイト・アルヒーフのアイスラーに書きおくり、「第一印象はまさに何という悲劇であるかということです。そして、それ故にこそ、すべてのことを公刊することに私はまったく賛成します」と述べている。彼はこのことによって多くの人がこの悲劇から学ぶところがあろうし、一般に流布されているユング・フロイト関係についてのノンセンスな話も消滅するだろうとも述べている。

マイヤーやアイスラーなどの努力が実を結んで、往復書簡は結局一九七四年に至って公刊されることになったが、その経過の中で、フロイトとユングの息子が会見するのが印象的である。一九七〇年二月二十五日、フランツ・ユングはロンドンへと飛び、エルンスト・フロイトに暖かく迎えられる。両者はそれぞれの父親が保管していた手紙を交換し合い、その出版に同意するのである。彼らの父親たちが訣別し、宿敵として行動するようになって以来、実に半世紀以上の年月を経た後のことである。

われわれがこの書簡集を読んで感じることは、ユング自身も認め、ヤッフェも述べているように、何か深い真理をそこに見出すということではない。しかし、それは二人の巨人の影も含めて生身の姿を伝えてくれる面白さを十分にそなえている。この書簡集から得られる情報も参考にしながら、フロイトとユングの人間関係をはじめから見直してみることにしよう。

一九〇七年三月三日

ユングが最初にフロイトに会ったのは、一九〇七年三月三日[5]、日曜日のことであった。ユング夫妻は招かれてフロイトを訪ねたのである。フロイトはユング夫妻をホテルに出迎え、ユング夫人に花束を贈り、彼らを自宅へと案内した。そこで、夫妻はフロイト夫人と子どもたち、それに同居していた秘書役の夫人の妹に会った。ユングはフロイトに話したいことや、質問したいことが山ほどあり、ユングの言葉によると、十三時間の長きにわたって話しつづけたとのことである。そのとき、ユングはフロイトに話しかけるのに夢中で、フロイト夫人や子どもたちに社交的な会話を一切しようとはしなかったと、フロイトの息子の一人は思い出の中に述べている。[6] ともかく、ユングの熱狂ぶりが見てとられるが、彼は後年に『自伝』の中で、そのときのフロイトの印象を、「フロイトは、私の出会った最初の真に重要な人物であった。私のその時までの経験では、他に誰一人として彼に匹敵する人物はいなかった。彼の態度にはつまらなそうなところは少しもなかった。私は彼がきわめて聡明で、鋭い洞察力をもっており、全く非凡であるのを見出した」と述べている。

フロイトもユングの人柄に大いに引きつけられたことは、ジョーンズの『フロイトの生涯』に述べられている。彼はユングの活力と活発さ、とどまるところのない想像力に魅力を感じた。彼はユングを「後継ぎの息子」と呼び、自分に従うもののうち、ユングとオットー・グロスだけが真に独創的な精神をもっていると言ったという。これらは、フロイトのユングに対する並々ならぬ打ちこみ方を如実に示している。

ここで横道にそれて、オットー・グロスについて両者の書簡に述べられている興味深いことを紹介しておこう。グロスはグラーツの天才的な精神科医で早くからフロイトの説を認めていた。また、アーネスト・ジョーンズに精神分析の手ほどきをした人物でもある。ところが、彼はひどいモルヒネ中毒で、一九〇八年四月十九日、フロイトよりユング宛の書簡にはグロスに医学的治療が必要であると述べ、ユングにその依頼をしている。グロスは入院し、ユングは精神分析を開始するが、五月二十五日ユングよりフロイトへの書簡には、ユングができるかぎりの時間をさき、夜を日についで治療に専念していると述べている。そして、ユングが分析にゆきづまると、逆にグロスがユングを分析したりして、モルヒネ中毒を相当なところまで治療する。フロイトはユングの努力に感謝しつつ、「グロスのような患者は自分は会ったことがない」と述べている。ところで、六月十九日のユングの手紙は絶望的な色彩を帯びる。彼は今まで心の中で必死になって否定してきたグロスに対する診断を認めざるを得ないと述べ、悲痛な調子で、それが早発性痴呆――精神分裂病は当時そのように呼ばれていた――であることを告げる。ユングは「このニュースをあなたはどんな気持で、受けとられるか私には解りません。私にとってはこの経験は私の人生でもっとも辛いもののひとつでした。というのも、グロスの中に私は自分自身の多くの性質を見出したので、彼はしばしば私の双子の兄弟――しかも早発性痴呆の――のようにさえ思われました」と述べている。これに答えて、フロイトはユングのグロスに対する治療に感謝の言葉をおくり、「その仕事は実は私の手によってなされるべきはずでした。しかし、私のエゴイズム――多分私の自己防衛のメカニズムというべきでしょう――がそれに反対をしたのです」と述べている。グロスの治療については、その後両者の書簡に時々述べられているが、このような痛い体験を繰り返しつつ、心理療法家にとって「永遠の問題」である逆転移についての知見を深めていくのが認められる。

グロスのことで少し横道にはいったが、これもフロイトとユングがいかに治療に精魂を傾け、かつ、率直に誠実に話合っていたかを示したいと思ったからである。

ところで、話をフロイトとユングが会った一九〇七年の頃に戻すことにしよう。彼らがお互いに好感を抱いたことは既に述べた。しかし、最初から両者の間にギャップが存在したことも事実である。ユングはその『自伝』の中に次のように記している。

「彼(フロイト)がその性理論について言ったことは、私に深い感銘を与えた。それにもかかわらず、彼の言は私のためらいや疑惑をぬぐい去ることはできなかった。幾度か私は、自身のこうした保留を押し拡げようと試みたが、そのたびごとに、彼はそれを私の経験不足に帰するのだった。……私には彼の性理論が彼にとって、個人的にも哲学的にも、非常に重要であると理解はできるのだが、どの程度この性の強調が彼の主観的偏見につながっているのか、どの程度それが立証可能な経験なのか決定することができなかった。」

フロイトの性理論に対するユングの懐疑は、当初から明らかである。フロイトの理論が一般に認められなかった一九〇二—〇五年頃、ユングは既にフロイトを引用しているが、その中に性の理論はいつも含まれていない。ユングは一九〇七年刊の『早発性痴呆症の心理』[7]の序文のなかで、「私の仕事を一見するだけでも、私がフロイトの輝かしい発見にどれほど多くのことを負っているかが解るであろう」と述べながら、その後で、フロイトの夢やヒステリーに関する理論を認めるとしても、それはフロイトの性理論をそのまま受け容れるものでないことを明言している。

しかしながら、性理論はフロイトにとって中心的なものである。ユングは一九一〇年にウィーンでフロイトと交した会話を想起して『自伝』の中に次のように述べている。

「今でも私は、フロイトが「親愛なるユング、決して性理論を棄てないと私に約束してください。それは一番本質的なことなのです。私たちはそれについての教義を、ゆるぎない砦を作らなければならないのです。ね、そうでしょう」と言ったあの時の有様を生き生きと思い出すことができる。このことを彼は感情をこめて、まるで父親が「私の愛する息子、日曜日には必ず教会へ行くと、ひとつ私に約束してください」というような調子で言ったのである。いささか驚いて、私は彼に聞き返した。「砦って、いったい何に対しての?」それに対して彼は答えた。「世間のつまらぬ風潮に対して」——ここで彼はしばらくためらい、そしてつけ加えた。——「オカルト主義のです。」」

ユングはこの会話の中の「砦」とか「教義」という言葉に驚いてしまう。性はフロイトにとって宗教的な重みをもっているではないか。しかも、その一点においてユングはフロイトと説を異にしていたのだ。

根本的な相違を内に秘めながらも、二人の交友は続いた。フロイトにすればユングが自分の陣営に参加したことは、まことに価値あることと感じられたのである。フロイトが彼の理論を発表したとき、一般の反対や無視は想像以上のものであった。ジョーンズはその様子を詳細に語っているが、たとえば、フロイトの重要な著作『夢の解釈』が発刊されたとき、書評によってほとんど取りあげられなかった。ある精神病院の助手はその本を読まずにフロイトを否定する本を書いたという。六百部印刷されたこの本が売りつくされるには、実に八年の歳月を必要としたのである。このような有様だったので、フロイト自身がそれを後に「素晴らしい孤立」と呼んだにしろ、当時の彼にとっては残念なことであったに違いない。そこにユングが参加してきたことは二重の意味で嬉しいことであった。まず第一にユングがチューリッヒ大学というアカデミックなところに籍をもつ人であったこと、第二にユングがユダヤ人ではなかったことである。

フロイトは既述したように学会には受け容れられず、その周囲に集ってくる人がすべて彼と同じくユダヤ人であったので、ユダヤ人たちのいかがわしい集りのように見られることを、精神分析の発展を害することとして気にしていた。ところが、ユングはチューリッヒ大学の新進気鋭の助手として将来を約束されている人間であり、それが大学教授のブロイラーをさえ説得して、精神分析学に好意的態度をとらせるまでになったのだから、フロイトの喜ぶのも無理からぬところがある。そこで、彼はユングを「後継ぎの息子」にしようとするが、これに対して面白からぬ感情をフロイトの以前からの弟子たちがもったとしても、むしろ当然のことと感じられる。こんなところにも、二人の間の不協和音を拡大させる要因が存在していた。

無意識の世界の探索という共通の大事を前にして、二人の巨人はできるかぎり協調してゆこうと努力した。しかし、エレンベルガーが的確に指摘しているように、[8] そこには「最初から基本的な誤解があった」というべきである。すなわち「フロイトは彼の教義を留保無しに受けいれる弟子を欲していた。ブロイラーとユングは彼等の関係をどちらも自由度をもったもの同士の協調関係と見なしていた」のである。そこで、ユングが「自由に」発言することは、フロイトにとって逸脱と感じられ、「父親のように」忠告を与えることが繰り返されたと思われる。

両者の関係は微妙なバランスを保ちつつ、協調して、国際精神分析学会の設立へと向かっていった。そして一九〇九年にフロイトとユングはフェレンツィと共にアメリカに招かれてゆくことになった。このときの旅行は両者の関係において重要と考えられる多くのエピソードを生み出すものとなった。それらはまた、フロイトとユングの分離を決定づけるものとさえ考えられる。

アメリカにゆくため、フロイト、ユング、フェレンツィはドイツのブレーメンで落ち合った。このときにフロイトが失神をおこして倒れたことは有名な事実である。まず、それをユングが『自伝』に述べるところから見てみよう。北ドイツでは先史時代の人間の死体がミイラのようになって泥炭地から見出されることがあった。ユングは以前からそれに興味をもっていたので話題にしたところ、フロイトはそれにいらいらして、ついには、ユングのそのような死体への関心は「フロイトの死を願っている証拠」であると非難した。そして食事中に発作をおこし失神したのであった。実はその後二度目の失神をフロイトはユングの前でおこしている。一九一二年のミュンヘンでの学会中のことである。これについては紙面の都合で省略せざるをえないが、ユングはこのふたつの場面に共通して「父親殺しの空想」が存在しているという。そして、ユングは彼にとってフロイトは父親ではなく、自分は無意識の世界の探究という仕事のかかわりの上で、彼と協調していたまでのことであって、「後継者」とか何とか言われたりするのは、むしろ厄介なことであったと述べている。

フロイト側の説明としては、やはりジョーンズの記述に従わねばならない。ブレーメンでフロイトとフェレンツィは禁酒家のユングを説得して酒を飲ませた。ミュンヘンの第二の失神の際も、フロイトはユングに対して「ちょっとした勝利を収め」、そのことはフロイトの幼児期における弟の死の体験と結びついていて、彼は失神したというのがジョーンズの説明である。これは少し納得し難い説明のように思えるし、禁酒の一件もジョーンズの記憶違いのようである。つまり、ユングは禁酒家ではなく、ただユングの属していたブルグヘルツリの病院が主任教授のブロイラーの信条によって、研究員に対しては禁酒の規則を課していたが、それも一九〇九年には、彼は病院を辞任していたという。(9)

アメリカに向かう途中、フロイト、ユング、フェレンツィの三人は相互に夢の分析をし合った。精神分析家になるためには自分自身が分析を受けることが必要であり、いわゆる教育分析を必要とすることは、現在は精神分析のどのような学派においても定められているところである。フロイトをはじめ初期の師たちは「教育分析」こそは受けなかったが、それぞれ相応の分析体験をもち、その中で鍛えられたことは今日周知のことである。ここで、三人が相互の夢分析を行なったことも、そのような努力の一環としてまことに興味深い。

ところが、ユングの『自伝』によれば、フロイトがある夢を見たとき、ユングがそれを解釈するにあたって、フロイトの私生活のことをもう少し詳細に述べてくれるならば、もっと細かいことが言えるだろうにと言った。フロイトは疑う目つきでユングを見ていたが、それを述べることを拒否し、「しかし私は、私の権威を危うくすることはできないんだ!」と言った。「その瞬間に、彼は彼の権威を失ったのだ。その言葉が私の記憶に灼きついた。その中に、私たちの関係の終りがすでに予示されていた。フロイトは個人的権威を真理の上位に位置づけていたのである」とユングは述べている[10]。

夢の相互分析の期間に、ユングは非常に印象的な夢を見た。その夢は要約すると次のようになる。夢の中でユングはある家の二階にいた。ロココ様式の美しい家具が備えてあった。彼が階下へゆくと、そこはもっと古く、十五、六世紀頃のものだった。彼はさらに地下室に通じる階段をみつけて降りてゆく。そこは随分昔風の丸天井の部屋で、壁はローマ時代のものだった。そこの床の石板をもちあげると、さらに石の梯子段があり、彼はそこも降りて洞穴へとはいって行った。そこには埃にまみれて原始文化の名残りのような骨やこわれた陶器類があり、古い二つの頭蓋骨をユングはみつけたのだった。

フロイトはこの夢に対して、夢の他の部分は打ちすてて、二つの頭蓋骨を重視した。そして、それはユングが何らかの死の願望をもっているのだと解釈した。ユングはその解釈に賛成できないと感じつつも、嘘をついて、「私の妻と義妹の死を願っている」と言ってしまう。

この「嘘」についてはユングも気がとがめたのであろう、大分弁解を書いている。フロイトに抗弁して喧嘩するには、フロイトは偉大すぎたし、フロイトの意見をもっと聞いてみたかった。「戦時には戦時のようにしなければならない！」と彼は弁解の言葉を書いている。確かにフロイトとユングの間の年齢やキャリアの差から考えて、これもやむを得なかったかも知れない。しかし、このように言い出すと、先程のフロイトの連想の拒否もあながち責められたものでないかも知れない。自分の権威を危うくすることはできない、と言って連想を拒否するなどは、まことに正直なやり方だとさえ言うことができる。

ここで、フロイトとユングのどちら側かについて片方のみを弁護するようなことは、私にはできないことである。ただ、つくづく思うことは無意識の世界をもこめて人とつき合うことは何と大変なことかということである。この辺の事実を詮索して彼らの離反について、どちらが悪かったのかなどと考えるよりは、それにはもう少し深い次元での考察が必要なように思われるのである。

合理と非合理

前述の夢について、ユングは彼なりに解釈をこころみようとした。明確には解らなかったが、古代へと段々に下降する夢の展開は彼の心をひきつけ、彼の興味は古代神話や原始人の心性へと向けられていった。そして、彼はアメリカ人のミス・ミラーの空想の世界を素材とし、それに類比するおびただしい神話の資料をつけ加えて考察し、『リビドーの変遷と象徴』を出版した。彼はこの中でリビドーの概念をフロイトのそれより広く拡大して把握しているので、これがフロイトとの離別につながることを予測していた。この間、ユングの妻エンマ・ユングはこの点を心配するあまり、フロイトにユングには内緒で手紙を書いている(彼女のフロイト宛書簡七通が、前述の往復書簡集に収録されている)。フロイトの彼女に対する返事が残っていないので明確には解らないが、彼女の手紙の文面から察して、フロイトは彼女の行為を余計なおせっかい程度に受けとったのではないかと思われる。家父長的な権威を重んじるユダヤ人の彼としては、むしろ当然のことであろう。

ユングの神話の世界への没入はますます深くなり、フロイトをいらだたせる。このようなことが生じるひとつの要因としては、ユングが主として精神分裂病の治療に重きをおいたのに対して、フロイトはヒステリーの治療が主であったという相違が存在している。彼らの往復書簡には、ヒステリー対早発性痴呆症の問題がしばしば取り上げられている。フロイトは自分は早発性痴呆症のことはあまり解らないが、と断りながらも、何とかそれをヒステリーの延長上におき、心的外傷や性の理論、つまりはエディプス・コンプレックスの概念で理解できないものかと言う。これに対して、ユングはそこには簡単には越え難い一線が存在することを、何とか主張しようとする。そして、彼が夢の中でしたように、地下の世界にもっと奥深く(彼が後年に普遍的無意識と呼んだ領域に)はいり込む必要を説くのである。これに対して、フロイトはそんなところに迷いこまず、彼の陣営へ「後継者」として帰ってくることを辛抱強く説得する。一九一一年五月十二日付の手紙の一節には、次のように記されている。

「あなたの最も深い心の中の傾向が、あなたを神秘学の研究に向かわせていることはよく解りますし、あなたが実り豊かな結果をたずさえて帰ってくることを、疑うものではありません。……ただ、われわれから離れて、そのような熱帯のコロニーにあまり長く留まらないように、本国を治めることが必要です。」

しかし、ユングは「本国」へとは戻らなかった。フロイトもユングも無意識という非合理の世界にひきつけられた。フロイトはその非合理の世界を可能なかぎり合理的に解釈しようとし、それの及ばぬことは認めようとしなかった。しかし、ユングは非合理のことは非合理のままで認めようとした。次のエピソードは両者の差を示す劇的な出来ごとである。

一九〇九年ユングがフロイトを訪問したとき、ユングは予知や超心理学などについてフロイトの意見をただした。合理主義者のフロイトはそれを無意味なこととして拒否した。以下、ユングの『自伝』から引用してみよう。

「フロイトがこんなふうにして喋っている間に、私は奇妙な感じを経験した。それはまるで私の横隔膜が鉄でできていて、赤熱状態――照り輝く丸天井――になって来つつあるかのようであった。その瞬間、我々のすぐ右隣りの本箱の中でとても大きな爆音がしたので、二人ともものが我々の上に転がってきはしないかと恐れながら驚いてあわてて立ち上った。私はフロイトに言った。「まさに、これがいわゆる、媒体による外在化現象の一例です。」「おお」と彼は叫んだ。「あれは全くの戯言（たわごと）だ。」「いや、ちがいます」と私は答えた。「先生、あなたはまちがっていらっしゃる。そして私の言うのが正しいことを証明するために、しばらくするともう一度あんな大きな音がすると予言しておきます。」果して、私がそう言うが早いか、全く同じ爆音が本箱の中で起こった。」

ユングの予言につづいて生じた爆発音を聞いて、フロイトはただ呆気にとられてユングをみつめるばかりだった。ユング自身は「今日に至るまで、私は何が私にこの確信を与えてくれたのか知らないでいる。しかし私は爆音がもう一度するだろうということを疑う余地もなく知っていたのである」と述べている。あるいは彼は「われわれふたりの間には亀裂があるのではないか」とふと思ったと言う[11]。彼はこの事象を真面目にとりあげねばならないと言ったが、フロイトは嘲笑するだけだった。

しかし、フロイトはこの件について、ユングに長い手紙を書いている。それは、フロイトがユングを公式に長男としてわが子に迎え、皇太子として塗油式をあげたその日の夜、ユングはフロイトの父親としての尊厳を剝奪しようとした、という印象的な書き出しで、例の爆音はエジプトの石碑が樫の木の本箱にのせてあったからだとか、何とか「合理的」に解釈しようとする姿勢を見せている。それに加えて、理解し難いように見えることも分析してゆけば合理的に解釈し得る例として、フロイトが六十一歳と六十二歳の間に死ぬだろうという確信にとりつかれたこと、それを自分はどのように分析、解釈したかを示している。

このエピソードは両者の考え方の相違を明白に示している。ふたりがとりつかれた世界、無意識の世界はヌミノースに満ちている。そこにわけいったフロイトはその中に、可能なかぎり合理的な理論体系を打ちたて、それに適合しないものは無視することにした。そのとき、彼にもっとも強力な武器として用いられたものが「性」であった。性を武器として、彼はヌミノースなものを科学的で非宗教的な理論によって把握し得たと思った。しかし、それはヌミノースから彼が解放されたことを意味していなかった。ユングが鋭く指摘するように、「性欲は彼にとって一種のヌミノースである」し、「性欲はフロイトに対しては、他の人々に対してよりも明らかに多くのことを意味していた。それは彼にとっては宗教的に観察されるべき何かであった」。

それではユングはどうであろうか。彼はヌミノースなものを否定しなかった。性に関して言うならば、彼は性の価値を否定したりはしない。否定するどころか、フロイトがそれを個人的意義や生物学的機能に還元して合理的に把握したことに加えて、そのヌミノースな意味、霊的な側面をも探究しようとするのである。霊的な側面の介入は、彼の考えの「理論化」を妨げる。彼の思想は理論体系として提示されるよりも、むしろ「物語る」ことによってのみその本質を提示される性質のものではないかと私は考える。

合理的に把握し得ることにのみ、対象をあえて限定してこそ科学は成立するとフロイトは考える。そこに存在するものは合理、非合理を問わず対象としてとりあげてこそ科学であるとユングは考える。そして、両者はそれぞれにその欠点をもっている。無意識の復讐はおそろしい。無意識は無意識であることにその特徴をもっている。それを敢て意識化しようとした二人の巨人はいやし難いギャップに悩まされることとなった。

悲劇の報酬

一九三六年にイギリスの精神科医ベンネットはフロイトを訪問し、その際に、フロイトから別れていった人々についてフロイト自身の意見を聞いた。彼は「アドラーの分離は損失ではなかった。アドラーが出ていったのは後悔しません。かれはもともと分析家ではないからです。シュテーケルは賢い男で、分析家であった。しかしかれとの分離はやむをえなかった。かれには個人的な性癖があって協同研究をできなくしたからです」と答えた。ベンネットはさらにユングについてたずねた。フロイトはしばらく間をおいて、「ユングは大きな損失だった」と言い、それ以上何も言わなかったという[12]。

両者の離別はフロイトにとってのみならず、後世のわれわれにとっても大きい損失であったと感じられる。この二人の巨人が協調し合って無意識の世界を探索したならば、われわれは現在、もっと多くのことを得ていたかも知れない。両者の亀裂をひろげるものとして、彼ら自身の、そして両者をとりまく人々の個人的なコンプレックスが大きく作用したことは、今では明らかに認められるところであり、マイヤーも言う如く悲劇には違いない。そこには、ユダヤと反ユダヤ、ひいてはナチスとの関係までからんでいた。しかし、それらの誤解は現在ではほとんど解消している(この点については第九章に述べる)。

しかしながら、既に述べてきたように、両者の差はユング自身も認めているが[13]、基本的な仮説にまでさかのぼる類のものである。この観点からみれば、両者の決裂は避け難いものであり、それを通じてこそ彼らはそれぞれ創造的な仕事をやりぬいていったと思われるのである。後世に残されたわれわれとしては、彼らの個人的コンプレックスから自由な態度をとることにより、フロイト、ユングの両派に分れて目くじらを立てる必要もないが、そこに存在する基本的なギャップにはあくまで目を閉じることなく対話をかわすことに建設的な方向を見出すことができるのではないだろうか。最初にフロイト＝ユング往復書簡の公刊に至るいきさつを紹介したが、その中で、フロイトとユングの息子たちが友好的に話合いをしたという事実は、今後のわれわれの進む方向について象徴的なことがらであるようにさえ感じられるのである。

注

(1) 『自伝』。

(2) The Freud/Jung Letters, Princeton University Press, 1974.

(3) Jones, E., The Life and Work of Sigmund Freud, Basic Books, 1961. 竹友安彦他訳『フロイトの生涯』紀伊國屋書店、一九六四年。以後、ジョーンズによればと述べてあるのはすべて同書によるものである。

(4) これはむしろ有りそうなことと思われた。フロイトは一九〇八年にいろいろな個人的記録を焼却し、将来の自分の伝記作者が困るだろうと空想して喜んだりしているのである(ジョーンズによる)。

(5) 『往復書簡集』の解説によると、三月三日となっているが、ジョーンズは二月二十七日とし、ユング自身も二月のこととしている。手紙の内容やビンスワンガーの記憶などを綜合して、三月三日の方が正しいと思う。

(6) Ellenberger, H., The Discovery of the Unconscious, Basic Books, 1970.

(7) Jung, C. G., Über die Psychologie der Dementia Praecox: Ein Versuch, Halle a. S., 1907.

(8) Ellenberger, *op. cit.*

(9) ベンネット、萩尾重樹訳『ユングの世界』川島書店、一九七三年。

(10) ユングにとってこれは大きいことであったのだろう。一九一二年十二月三日、ユングがフロイト宛、決定的な攻撃を書きつらねた手紙の中に、このことを持ち出しているのが見られる。

(11) ベンネット、前掲注(9)書。

(12) ベンネット、前掲注(9)書。

(13) Jung, C. G., Der Gegensatz Freud und Jung, Kölnische Zeitung, 1929. ここでユングはフロイトとユングの差は基本的仮説における本質的な相違にまでさかのぼるものがあることを強調している。

第六章　無意識との対決

「お前の神話は何か」

一九一二―一三年の頃、ユングとフロイトとの訣別は明らかとなった。彼はフロイトの陣営からの強烈な攻撃にさらされるとともに、今まで一緒に研究を続けてきた友人を多く失うことになった。彼は『自伝』の中に、「フロイトと道を共にしなくなってから、しばらくの間、私は内的な不確実感におそわれた。それは方向喪失の状態と呼んでも、誇張とはいえないものであった(1)」と述べている。

この「方向喪失感」は、実のところ、外的・内的の両面において生じていたのである。まず、ユングは自分の患者にどのように接してゆくべきかが解らなかった。既に述べたように、当時の精神医学は患者の症状の記述や「診断」には熱心であったが、ユングの考えるような「心の医者」として生きるためには、何ら教えてくれるもののもちもたなかった。しかも、彼は今まで共に協調してきたフロイトにも頼れなくなったのである。そこで、ユングは何らの理論的な前提をもたずに患者に虚心に接して、患者たちの言うことに耳を傾けようとした。

「外的」な問題と共に、「内的」な問題も存在した。というよりは、こちらの方が焦眉の急だったというべきであるかも知れない。一九一二年頃より、ユングの無意識は凄まじい動きを開始していた。彼は不可解で強烈な幻像(ヴィジョン)や夢に襲われ続け、「科学的な本はさっぱり読めなくなってしまう」[2]ような状態におちこんでしまう。ここで、彼はチューリッヒ大学の講師の座を投げ棄ててしまい、もっぱら、個人で彼自身の無意識の世界と、患者の語る夢や妄想などの世界に直面することを決意するのである。大学教授になることを夢み、しかも、ブロイラー教授の一の弟子として将来を約束されていた彼にとって、大学人としての経歴を棄てることには、相当の決心が必要だったことと思われる。

ところで、ユングはこのように精神病の患者の空想や夢などを聞いているうちに、その内容が神話や昔話などと極めて類似していることに気づき始めた。この事実から、ユングは神話の研究に情熱を燃やし、古今東西の神話の比較研究を行うことになる。そして、彼の得た結論は、人間というものは生きてゆくために、神話を必要とする、ということであった。人間は生きてゆくためには、外界に対する知識を必要とするが、それと同時に、いったい、自分はどこから来てどこへ行くのか、という根源的な問いに対して答えうる知恵ももたねばならない。後者のような知恵を供給し、人間存在を、世界の中にしっかりと定位することのために、神話は存在すると彼は答えた。

神話に対するこのような観点と、世界中の神話に関する豊富な知識をもって、ユングが精神病の患者に接するとき、彼らを悩ませている妄想や幻覚は、実のところ、彼らの神話なのではないかということに思い至ったのである。ただ、それはあまりにも断片化されていたり、外的事実と混同されたり、神話的内容を他人に伝える言語をもたぬため、奇妙な歪曲をほどこして表現されたりしているので、その本質が簡単には理解されないだけなのである。ユングはこのようにして、今までは了解不能として棄て去られていた精神分裂病者の内面に迫ると同時に、神話に対する研究も深めていった。

ところが、ある時、ユングは自らの心の中で、「ではお前の神話は何なのか」という問いかけに接して、たじろいでしまう。現代人は一体どのような神話によって生きているのだろうか。キリスト教なり仏教なりの神話の中に生きている人もあろう。しかし、ユング自身は、正直なところ、自分はキリスト教神話の中に生きていないことを自覚していた。自分は、その中に生きる神話をもっているか、という問いはユングを苦しめた。『自伝』の中に、彼は「ここまでくると、自分自身との対話は苦痛になってきた。そこで私は考えることをやめた。ゆきづまりにきてしまったのだ」とさえ記している。

イメージの世界

ユングは「ゆきづまり」を意識していたが、実は彼の無意識内においては、神話を求めての凄まじい動きが始まっていたのである。一九一二年頃から、ユングは不可解な恐ろしい夢をみることが多くなった。彼は夢の中で、メロヴィンガ王朝にまでさかのぼる大石棺が一列に並んでいるところを訪れる。そこに安置されているミイラのようになった古い死体を、ユングが見つめていると、それは急に動き出し、組んでいた指をほどいたりし始めるのであった。その夢は明らかに、ユングの無意識界にあって、まったく動きを失っていた内容が、彼の注視によって活性化されはじめたことを意味している。このような無意識の深層の活性化は、その内的な圧力を増大せしめるので、ユングは自分が精神病になったのではないかと疑いをもつほどであった。彼はそこで、自分が心理的障害をもつような原因が過去にあるのではないかと、全生涯の細部にわたって、二度も調べてみたくらいであった。

一九一三年になって、彼の無意識の活動はますます強くなった。彼は一人で旅行しているときに、恐るべき洪水が北海とアルプスの間の北の低地地方をすべておおってしまう幻覚におそわれた。また、彼は一九一四年の春と初夏の頃、同じ夢を三度も繰り返しみた。すなわち、真夏の最中に北極の寒波が下ってきて、土地を凍らせてしまうのである。それは、ロレーヌ地方とその運河がすべて凍結してしまって、どこにも人がいなくなるほどの凄まじいものであった。

このような内面的な戦いを経験していながらも、ユングは外的には平常に生活をきりまわしていた。一九一四年七月の終りに、彼は英国医学協会から招待され、「精神病理学における無意識の重要性について」講演旅行に出かける。自分自身が無意識の力に圧倒され、精神病ではないかと疑っているときに、このような講演を依頼され、何か運命的な感じをもちつつ、彼はスコットランドに行ったが、彼はそこで第一次世界大戦の勃発を知るのである。彼は上述のような内面的苦悩におびやかされているにもかかわらず、事態を的確に判断して、大戦勃発の混乱の中を、スコットランドからスイスまで巧妙に帰ってくる[3]。興味深いのは、彼は『自伝』の中で、このようなことには一切触れず、「ここに至って私の仕事は明らかとなった。つまり、いったい何事が生じたのか、私自身の経験がどの程度人類一般のそれと一致していたのかを理解しようと努めねばならないということである」と述べていることである。彼にとって、外的なことにはあまり興味がなく――といって、それをないがしろにしたのでは決してないが――ひたすら、内的なことに関心をおいていたのである。そして、彼が自分の内的な事象を、外界のそれと重ね合わして見ようとしているところにも興味を感じさせられるのである。

彼は夢と幻像の凄まじいイメージの世界に踏みこんでゆくが、時にはその緊張感のために耐え難い思いをすることもあった。彼はあまりにも昂奮がきついときは、自分の激情を牽制するために、ヨガを行なった。しかし、彼は、「私の目的は自分の中に何事が生じつつあるかを知ることにあったので、ヨガの行は、私が無意識についての仕事を再び続けるのに十分なだけ自分を静めることができる程度にとどめておいた。自分が再びもとにかえったと感じるや否や、私は自分の情動に対する制止を解き、イメージや内的な声が新たに語りかけるのを許した。これに反して、インド人たちはヨガの行を多くの心の内容やイメージを完全に抹消するために行うのである」と述べている。これは、彼のヨガに対する態度を示す言葉として、非常に興味深く感じられる。

彼はまた、「私が情動をイメージにと変換する――つまり、情動の中にかくされていたイメージを見出す――ことができた限りにおいて、私は内的に静められ、安心させられた」と述べている。無意識界に生じている情動の嵐を、イメージとして意識化し、その内容を把握することによって、静めようとすることは、その後、ユングが発展せしめていった治療法の中核をなすことである。ここに、彼自身の体験が、その技法の基盤となっていることを知ることができる。彼は、「私は自分自身が敢えて行いえないことを自分の患者にするように期待できない」とも述べている。

一九一三年十二月十八日に、ユングは次のような夢を見た。彼は見知らぬ未開人と岩山の風景の中にいた。彼らはそこに現われる英雄ジークフリードを殺すべく待ち受けていたのだ。ジークフリードが太陽の最初の光の中に、山上に姿を現わしたとき、彼らはライフルで撃ち殺した。このように偉大で美しいものを破壊した嫌悪感と悲しみに満たされながら、ユングは逃げ去ろうとする。そこで、どしゃぶりの雨がふり始め、死人のすべての痕跡をぬぐい去ってしまった。

ユングはその夢を次のように解釈した。ジークフリードは自分の意志によって道を切りひらいてゆく態度を表わしており、自分はそのような態度を否定することが必要である。つまり、それを殺してしまうことが必要であると考えた。自分の意志を英雄的に他に押しつけることは、当時のドイツ人が行おうとしていたことである。そして、ユング自身も意志の力によって生きようとする理想と意識的な態度をもっていたのである。しかし、「自我の意志よりも高いものが存在し、それに対して人は頭を下げねばならない」ことを、この夢は告げていた。と彼は『自伝』の中に記している。(もっとも、この夢については、ジークフリードと、フロイトの名であるジークムントとの類似性から、フロイトの死を願うものとする、フロムの解釈があり、興味ある論題ではあるが、ここでは触れずにおく。[4])

老賢者フィレモン

ユングが自分の意志の力に頼ることを放棄し、無意識の動きに身をまかせようと決心してから、彼の体験する夢や幻像は、ますます深い意味をもったものとなってきた。

彼は空想の中で急激な下降を行い、この世ならぬ世界へと旅をこころみた。彼は死者の国にいるのではないかと感じたが、そこで、白いひげを生やした老人と美しい少女とに出会った。彼は勇気をふるいおこして、二人に話しかけ、老人がエリヤであり、少女はサロメであると知って驚いてしまう。サロメは盲目であり、彼らの傍には一匹の黒蛇がいた。ユングはエリヤとサロメという奇妙なカップルにあきれてしまうが、ともかくエリヤの言葉に耳を傾け、理解しようと努めた。後になって、ユングは神話や昔話の比較研究から、この老人と少女の結びつきが、全く自然なものであることを了解するようになった。たとえば、ユングが大いに影響を受けたグノーシスの神話には、グノーシス主義の父といわれる魔術師シモンについての伝承があり、シモンは常に一人の少女を連れて歩いていたと言われている。シモンはこのヘレネーと呼ばれる少女を、彼女がフェニキアの町で娼婦をしていたときに買い戻し、それ以後、共に歩み続けることになったのである。この女性ヘレネーは、シモンの言葉によると、彼の心の最初の思いであり、万物の母なのであった。

エリヤとサロメは、言うなれば、ロゴスとエロスの人格化されたものであった。エリヤは賢く年老いた予言者であり、サロメは情愛を表わしている。しかし、このような言いかえは、あまりに知的にすぎるものであり、ユング自身も、「これらの像をそのときに私にとってそうであったように——つまり、現象や経験として——そのままにしておく方がより意味が深いであろう」と述べている。

エリヤの像から発展して、もう一つの像が出現してきた。それは次のような夢から生じたものである。『自伝』によると、

「青い空であった。それは海のようで、雲でおおわれているのではなく、平たい茶色の土くれでおおわれていた。それはまるで土くれが割れて、海の青い水がそれらの間から現われてきつつあるかのように見えた。しかし、その水は青い空であった。突然、右側から翼をもった生物が空を横切って滑走してきた。それは牡牛の角をつけたひとりの老人であるのを私は見た。彼は一束の四つの鍵をもっており、そのうちのひとつを、あたかも彼が今、錠をあけようとしているかのように握っていた。彼はかわせみのような、特徴的な色をした翼をもっていた。」

ユングはこの夢の像を理解できなかったので、記憶に印象づけるために、その話を描いた(二八七頁図1参照)。

彼は空想の中で、この像と対話し、老人にフィレモンという名をつけた。ユングはフィレモンと対話して、自分が意識的には思ってもみなかったことを、彼が述べることに気づいた。空想の会話の中で、話をするのは自分ではなく「彼」であることをユングは明確に知ったのである。『自伝』の中で、ユングは次のように述べている。

「私は考えを自分でつくりだしたように扱うけれど、彼の観点からすれば、考えは森の中の動物や、部屋の中にいる人々や、空中にいる鳥のようなものであると彼は言った。そして、彼は「あなたが部屋の中にいる人々を

みたとき、あなたがその人々をつくったとか、あなたが彼らに対して責任があるとか思わないだろう」とつけ加えた。心の存在の客観性、心の現実性について教えてくれたのは彼である。」

老賢者フィレモンの存在によって、ユングは自我より高いものが存在し、それに頭を下げるべきことを、体験したのである。

アニマ

このような空想を書きとめながら、ユングは自分のしていることが、いったい何なのか、科学であるとも言えないし、と自らに問いかけていた。すると、突然、彼の心の中から、「それは芸術です」という声がきこえてきた。ユングは驚くが、すぐに、それは彼の無意識がひとつの人格を形成しつつあると知る。彼はそれがひとりの女性であることにも気がついた。

すべての男性の心の中には、このような女性像が存在すると、ユングは考え、その元型をアニマと名づけた。アニマはいろいろな女性像として、その側面を示し、男性の意識に対して無意識界の情報をおくりこんでくる。それらのアニマ像は無意識界への仲介者であるのだ。

ユングはまた、このアニマ像と対話を重ねるが、彼は今度はむしろ、アニマの意見に反対して、彼の仕事は芸術ではないと言って論争する。彼は、「イメージに対する洞察は倫理的な責務へと転換させねばならない。これを行わないと、力の原理の餌食となってしまい、これは他人のみならず、その知識をもった当人にまで破壊的で危険な効果を及ぼすことになる」と言っている。彼がアニマの誘惑に抗して、自分の仕事を芸術ではないと言い張るのは、その仕事に伴う倫理的責務を強調したかったからであろうと思われる。

彼がアニマとの関連において倫理的責務を論じるとき、そこには、彼とトニー・ウォルフとの関係が想起されているのではないかと思われる。ユングがその夫人以外に、トニー・ウォルフという女性と深い関係があったことは、ユング派のサークルでは周知のことであった。ただ一般の誤解を避けるために、公的に話されることがなかったが、ユングの死後十年以上もたった最近では、出版物の中でも論じられるようになってきた[5]。これは、欧米における男女関係の倫理観が急激に変化してきたこととも対応していると思われるが、筆者の知る範囲では、ユングの弟子であるバーバラ・ハナの書いたユングの伝記や、ロレンス・ヴァン・デル・ポストによるユングの評論などに、トニー・ウォルフに対する深い敬愛の情をもって、彼女とユングの関係のことが述べられている。実は、ロレンス・ヴァン・デル・ポストの夫人が、トニー・ウォルフの分析を受け、そのようなことが機縁となって、彼は、ユングと親交をもつようになったのである。

トニー・ウォルフは最初は抑うつ症の患者として、母親に連れられて、ユングの治療を受けに来た。治療終了後、彼らは暫く会わなかったが、ユングが既述のような無意識との対決を経験し始めると、彼はそこに仲介者としての女性として、トニー・ウォルフを必要とすることを感じ始めた。バーバラ・ハナの記述によると、彼女は一般的な意味では美人ではなかったが、美しさを超えた存在として、女神のようにさえ見えたという。ユングは彼女の創造的な素質を見抜き、彼女が分析家になると、彼女の文才を生かす暇がなくなるという理由で、分析家になることをなかなか賛成しなかったという。ユング夫人が母性的な女性であったのに対してトニー・ウォルフはアニマ的な女性であったらしい。

無意識との対決の重荷を背負っているとき、ユングは自分の家族が、どれほど自分を支えてくれたかを、『自伝』の中で強調している。

「私が空想について仕事をしていたこのころ、私はとくに「この世」において支えとなる点を必要とした。そして、私の家族と職業上の仕事がそれであったということができる。私にとって、奇妙な内的世界の対極として、現実世界における普通の生活をすることは最も重要なことであった。私の家族と私の職業は、私が常に帰ってゆくことのできる根拠地であった。」

ユングはフロイトやアドラーなどに比較するとき、夫人との関係が緊密で、夫人も分析家として活躍したことは、よく知られている事実である。にもかかわらず、ユングは、トニー・ウォルフを内面への旅の伴侶として必要とする事実に直面しなくてはならなかった。

人間であるかぎり嫉妬の感情をもたぬことはないだろう。ユングと夫人、トニー・ウォルフの三者の人間関係は苦悩に満ちたものであったろう。その三人のみではなく、これを取りまくユングの弟子たち、ユングの家族もともに、あらゆる感情を経験し、お互いにそれらを共にしたことと思われる。しかし、ユングがよく言うように、「嫉妬の中核は愛の欠如である」という認識へと、各人の努力によって到達してゆくことによって、ここに安定がもたらされる。嫉妬は愛につきものである。しかし、愛を深化させることによって、嫉妬は克服される。もっとも、それは血みどろの努力を必要とするものではあるが。

ユングがバーバラ・ハナらに語ったところによると、トニー・ウォルフとの「共存」の方法を提案したのは、ユングの家族たちであったという。ユング夫人は晩年に、ユングとトニー・ウォルフとの関係について、「彼はトニーに与えるために私から何かを取ることは決してなかった。彼が彼女に多く与えれば与えるほど、彼は私により多くのものを与えてくれるようであった」と語っている。

ユングとトニー・ウォルフの関係を、このような短い紙面に語ることは難しく、その本質をうまく語れなかったのではないかと危惧している。しかし、ユングが凄まじい無意識との対決をなす上で、彼女の存在を必要としたことは事実であり、そのような内面的な仕事と同時に、トニー・ウォルフとユング夫人の関係という外的な苦悩にも直面し、それを解決してゆかねばならなかったことも、大きい意味をもっていると思うので、敢えて、ここに取りあげることにしたのである。

トニー・ウォルフはユング派の分析家として活躍し、著作も残している。ユングとの親交は彼女が一九五三年、六十五歳で死ぬまで続いた。彼女はユングより十三歳年下であった。なお、トニー・ウォルフの父は若い時に日本に長く滞在し、日本語も話せたし、風貌までどこか日本的な感じがあったという。

対決の収束

無意識との対決も、一九一六年頃には徐々に収束へと向かっていった。ユングは自分の体験を、彼が「黒の書」と呼ぶノートに書きこんでいたが、次に「赤の書」と呼ぶノートに書きかえ、それに絵を添えた(図1、2に示したフィレモン像や、次章に示す曼荼羅図などは、すべて「赤の書」に描かれていたものである)。

ユングの内面体験は、もっとも集約された形で、『死者への七つの語らい』という小冊子にまとめられた。一九一六年のある日、ユングは自分の家の中が死人の霊によって満たされているような感覚にとらわれた。死者たちは合唱して、「われわれはエルサレムより帰って来た。そこにわれわれは探し求めるものを見出せなかった」と叫び始めた。ユングは、すぐさまペンをもち、この言葉を最初の書き出しとして、三晩の間に『死者への七つの語らい』を書きあげた。これは最初、「東洋が西洋に接する町、アレキサンドリアのバシリデス著」という匿名で個人出版され、ユングは親しい人に配布しただけで、公刊しようとはしなかった。ユングの死後出版された

『自伝』の付録として公刊することを、ユングはしぶしぶながら同意したため、今日、われわれもその内容を知ることができる。ユングが匿名に用いたバシリデスというのは、二世紀初期に実在したグノーシス派の教父である。彼はこのような出版をしたことを、「若気のあやまち」であったと述べ、後悔していたという[6]。しかし、これは、彼の書いた内容に対してではなく、このようなあまりに主観的で「詩的」な表現形態をとったことに対してのことである。『死者への七つの語らい』は、エルサレムからむなしく戻ってきた死人たちに、賢者バシリデスが教えを説く形をとって述べられ、ニーチェのツァラツゥストラを想わせるところがある[7]。これにはユングが後年になって発展せしめていった研究の根源となるものが、すべて先取りして集約的に示されているといっても過言ではない。

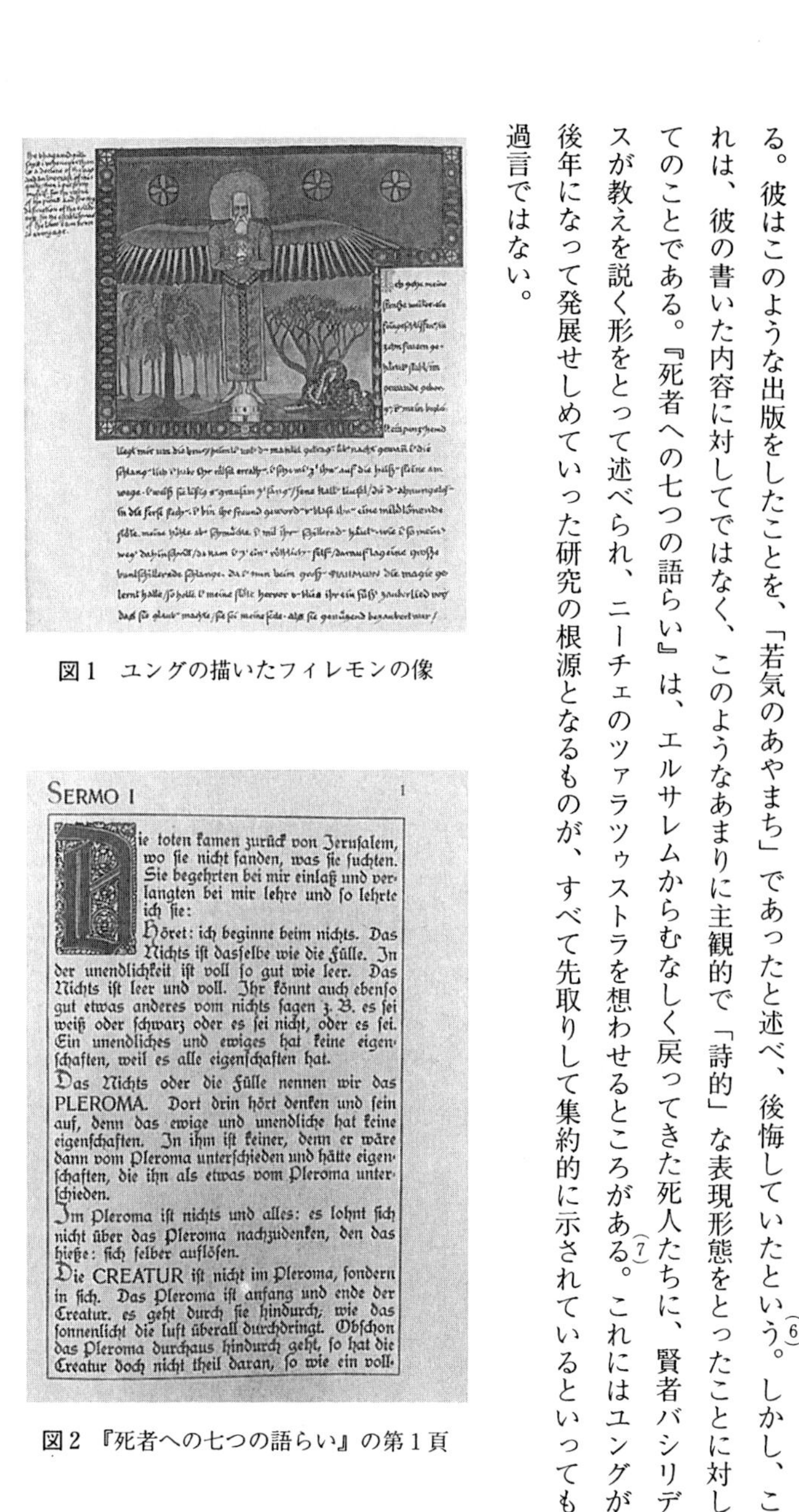

図1　ユングの描いたフィレモンの像

SERMO I　　1

Die toten kamen zurück von Jerusalem, wo sie nicht fanden, was sie suchten. Sie begehrten bei mir einlaß und verlangten bei mir lehre und so lehrte ich sie:

Höret: ich beginne beim nichts. Das Nichts ist dasselbe wie die Fülle. In der unendlichkeit ist voll so gut wie leer. Das Nichts ist leer und voll. Ihr könnt auch ebenso gut etwas anderes vom nichts sagen z. B. es sei weiß oder schwarz oder es sei nicht, oder es sei. Ein unendliches und ewiges hat keine eigenschaften, weil es alle eigenschaften hat.

Das Nichts oder die Fülle nennen wir das PLEROMA. Dort drin hört denken und sein auf, denn das ewige und unendliche hat keine eigenschaften. In ihm ist keiner, denn er wäre dann vom Pleroma unterschieden und hätte eigenschaften, die ihn als etwas vom Pleroma unterschieden.

Im Pleroma ist nichts und alles: es lohnt sich nicht über das Pleroma nachzudenken, den das hieße: sich selber auflösen.

Die CREATUR ist nicht im Pleroma, sondern in sich. Das Pleroma ist anfang und ende der Creatur. es geht durch sie hindurch, wie das sonnenlicht die luft überall durchdringt. Obschon das Pleroma durchaus hindurch geht, so hat die Creatur doch nicht theil daran, so wie ein voll-

図2『死者への七つの語らい』の第1頁

ユングが中年になって体験した、この数年に及ぶ無意識界への旅は、彼自身も認めているように精神病とも類比されるべき凄まじいものであった。しかし、この対決を生ききることによって、彼の心理学の基盤が完全にできあがったのである。彼は『自伝』の中で、「すべての私の仕事、創造的な活動は、ほとんど五十年前の一九一二年に始まったこれらの最初の空想や夢から生じてきている。後年になって私がなし遂げたことはすべて、それらの中にすでに含まれていた」と述べている。確かに、ユングがこの数年間に自ら体験したイメージを、何とか理解し、それをできるかぎり学問的に分類比較し、現実生活に生かしてゆこうと努力した結果が、彼の膨大な著作となったと言うことができる。

注

(1) 『自伝』。
(2) 『自伝』。
(3) バーバラ・ハナによる。
(4) エーリッヒ・フロム、鈴木重吉訳『悪について』紀伊國屋書店。
(5) バーバラ・ハナ、および、van der Post, L., Jung and The Story of Our Time, The Hogarth Press, 1976.
(6) 『自伝』による。フォン・フランツ女史にも直接確認した。
(7) この点については、Heisig, James W., "The VII Sermones: Play and Theory," Spring, 1972.

第七章　ユングと曼荼羅

曼荼羅とは何か

『死者への七つの語らい』によって、ユングは自分の内的体験を――詩的にではあるが――言語化し得たわけであるが、その後で、同じく一九一六年に、それを言語ではなく、ひとつの図形として描きだした。ユングの言葉によると、それを描きつつも、彼自身はそれが何か理解していなかったという。実は、これが後に紹介するように、彼の描いた最初の曼荼羅図形であった。

ここに言う曼荼羅とは、もともと東洋の宗教におけるものであるが、ユングはまったくそのようなことを知らず、それに類似の図形を描き、彼が分析した人たちも、時に似たような図形を描くことに、彼は注目したのである。ユングはそれを、いわば自分の心の表現として描き、一九一八―一九年の間に、実に多くの図を描いたようである。

それについて、彼は『自伝』の中で、「私の描いたマンダラは、日毎に新しく私に示された自己の状態についての暗号であった。それらの私は私の自己――すなわち、私の全存在――が実際に働いているのを見た。確かに最初はそれらをうっすらとしか理解できなかったが、それらは非常に意味深く思われ、私はそれらを貴重な真珠のように大切にした。私は、それらが何か中心的なものであるという明確な感情を抱いた」と述べている。

曼荼羅はサンスクリット語であり、ここで、ごく簡単に述べておくと、曼荼羅は、壇、輪円具足、聚集、などを意味するが、もともと仏教の本質である菩提、正覚を意味し、それは神聖な道場としての壇であり、そこに仏や菩薩が充満しているので、聚集、輪円具足などを意味することになる。これを図絵にしたものが形像曼荼羅であり、それを、もっぱら曼荼羅といっているのである。

ところで、ユングが東洋の曼荼羅のことを知ったのは、一九二八年、支那学の権威であったリヒャルト・ヴィルヘルムが道教の錬金術の論文を独訳し、彼のもとに送ってきたときであった。彼は西洋の現代人の無意識界から産出された図形が、東洋の古い宗教的な図と極めて類似性の高いことを見出して、驚き、感激したのであった。ユングのマンダラを次にあげる前に、ここに比較のため、ユングがヴィルヘルムを通じて知ったという、チベットの曼荼羅の図をあげておこう(二九二頁図3)。これは現在、フランクフルトの中国研究所に所蔵されているものである。

最初の曼荼羅

ヴィルヘルムを通じて東洋の曼荼羅のことを知り、喜んだユングは、ヴィルヘルムが道教の書(『太乙金華宗旨』)を独訳したものに、コメントを付し、『黄金の華の秘密』と題して、一九二九年に出版した。[1] そのなかに、彼はヨーロッパ人の曼荼羅の例として、十枚の図をあげている。ところで、その中の三枚はユング自身の描いたものであることが、現在では解っている。これについては後に触れるとして、ユングの描いた最初の曼荼羅は、彼の全集の九巻Iに口絵として掲載されている。もちろん、最初は、その説明として、ある現代人の曼荼羅としてあるだけであったが、今ではそれが、一九一六年に彼の最初に描いた曼荼羅であることが解っているし、これについてユング自身が他のところで説明したものも残されている。そこで、彼自身の説明によって、この曼荼羅を見てみることにしよう(2)(二九二頁図4参照)。

これは大宇宙(マクロコスモス)の中の小宇宙(ミクロコスモス)、その対応を示すものである。一番上にある、羽の生えた卵の中の少年は、エリカパイオス、または、パネースと名づけられ、これは、最下段の存在であるアプラクサスと対応している。

ここに描かれたパネースは、オルペウス教の神で、クロノス(時)によって創られた卵から生まれた神である。彼は両性で、黄金の翼と種々の動物の頭をもち、光り輝き、すべてのものの創造者である。ユングは一九一二年、フロイトとの分離を決定的ならしめた『リビドーの変遷と象徴』を出版しているが、その中に、人間の創造的な力を神話的な像として表現したもののひとつだとして、このパネースをあげ、卵の中のパネース像の写真版を掲載している。これは、リビドーをもっぱら性的エネルギーに限定して考えるフロイトに対して、リビドーの心的エネルギーとしてもつ創造性について論じる際に、示されている。リビドーと言えば、この曼荼羅の外輪は右側が黄色、左側は濃い緑色で、上下は、赤と茶の混合したような色であり、宇宙的な生命力、リビドーの流れを連想せしめる。

パネースの対極として存在しているアプラクサスは、ユングの既に述べた『死者への七つの語らい』の中で、善と悪とを超える神として描かれている。そこから少し引用してみよう。

「アプラクサスは知ることの難しい神である。その力は、人間がそれを認めることができないので、最大である。人は太陽から最高の善を、悪魔からは最低の悪を経験するが、アプラクサスからはあらゆる点で不確定な「いのち」、善と悪との母なるもの、を経験する。……アプラクサスは太陽であると同時に、虚空の永遠の吸い込み口であり、非難するもの切断するもの、悪魔である。……アプラクサスは同一の言葉、同一の行為の中に、真と偽、善と悪、光と闇を産み出す、従って、アプラクサスは恐るべきである。」

　アプラクサスは善と悪の両面性を包含する存在として、ここに述べられているが、曼荼羅の中では、むしろ、天界に存在するパネースの対極として描かれ、自然の物質界の神としての意味が強いと思われる。アプラクサスのところからは「生命の木」が生じてくるのが描かれ、それはvita(生命)と名づけられている。この地界の生命の木に対応するのが天界の七つの炎をもった火である。この天界の火には、ignis(火)という語と、eros(愛)という語がそえられている。

　上部の精神界の炎は、精神的な数として三を基調として、左右に三つずつの小さい炎があり、その中央に大き

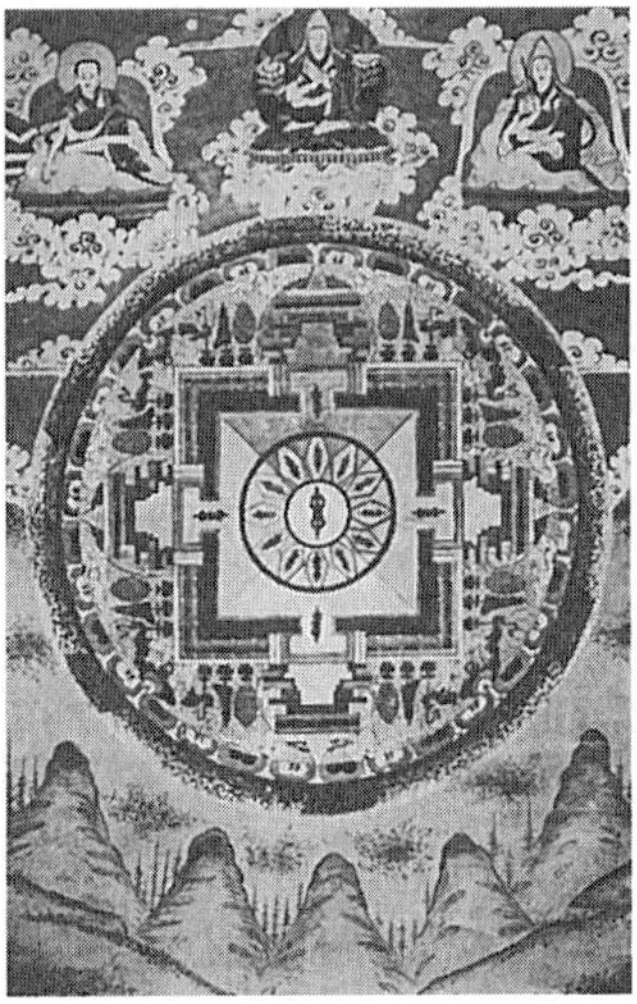

図3　チベットの曼荼羅

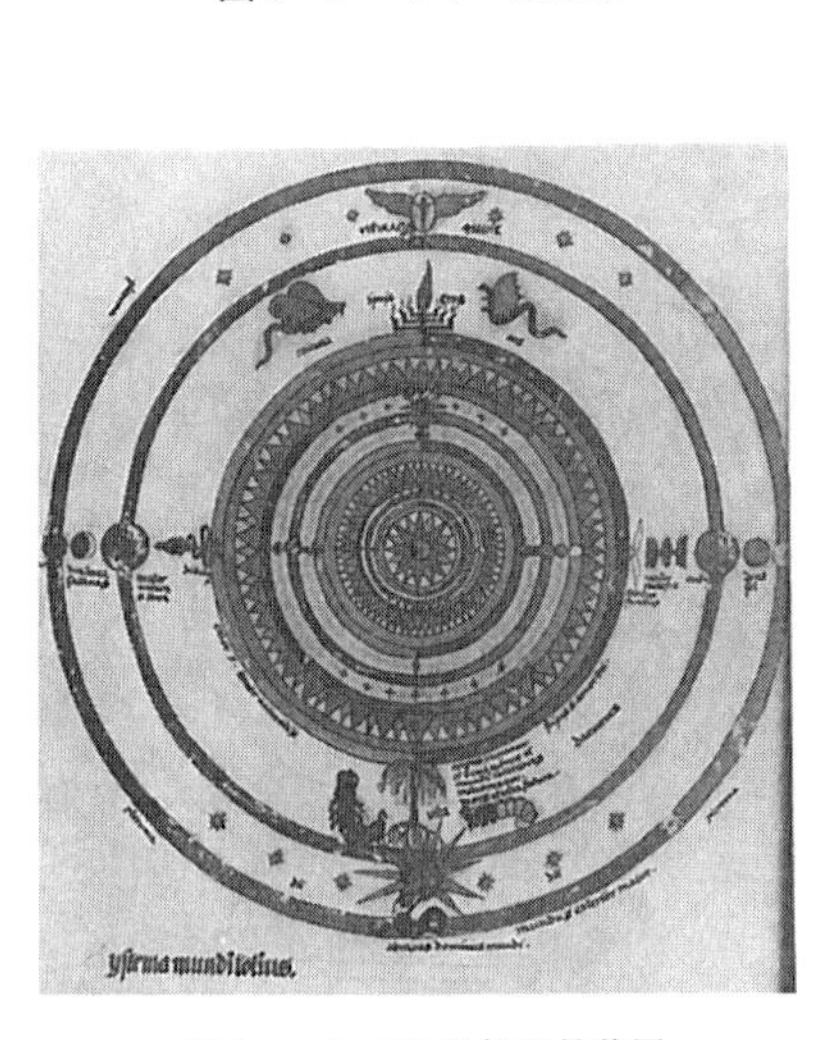

図4　ユングの最初の曼荼羅

い炎が燃えている。これに対して下方のアプラクサスの世界は、自然人の数として五が基調となって、アプラクサスの頭の星は、十個の尖形をもっている。また、精神界に属するものとして、芸術と科学が、それぞれ羽をもった鼠と蛇で表わされている。これに対する自然界では、生命の木の横に恐ろしげな怪獣と、こがね虫の幼虫が存在している。これは死と再生について知っているものだとユングは述べている。

左右の対極は、左が空の世界、右が充満の世界を示しているようである。ここにも逆説的表現が見られ、左側は孕ませる原理としてのファルロスを巻く蛇が描かれ、右側は女性的な原理として、左右に注ぐことのできる重ねられた盃が描かれている。左側は、地、月、空、の世界でサタンの世界とされ、右側は天で、聖霊の鳩が飛び立とうとしている。そして、二重の盃からは叡智が左右に注がれている。上下、左右の対極は一応前述したように説明されるが、互いにダイナミックな相互関係をもち、単純な対比を許さないものがある。

内部のギザギザに囲まれた中の円は、内的な太陽を示し、その内部では、外円の上下の逆転したマクロの世界が再現されている。このような逆転は次々と繰り返されて、最後にミクロの世界そのものである内部の中心にいたるという。

これがユングの最初に描いた曼荼羅であり、彼が長い無意識との対決を経て確立した、世界観を反映しているものである。ユングはこの他にも曼荼羅を描いているが、それらについて述べる前に(この曼荼羅を見て感じられた読者も多いと思うが)、最初の曼荼羅の世界を通じて見られる、ユングとヘルマン・ヘッセの関係に触れてみよう。

先に示した曼荼羅に出てくるアプラクサスの名前から、ヘッセの『デミアン』を思いつかれた人は多いであろう。『デミアン』の中の有名な次の言葉を記憶している人は多いことであろう(訳は実吉捷郎訳『デミアン』岩波書店による)。

「鳥は卵からむりに出ようとする。卵は世界だ。生まれようとする者は、ひとつの世界を破かいせねばならぬ。鳥は神のもとへとんでゆく。その神は、名をアプラクサスという。」

ここで、アプラクサスの名のみでなく、「卵」から、先の曼荼羅にあった卵の中の少年の神パネースを関連づけて考えることもできる。実際、オルペウス教の神話の中には、パネースが宇宙存在としての卵を割り、それが二つに分かれて天と地を形成したという物語も存在しているのである。まさに、「卵は世界だ」ということができる。

ヘッセが『デミアン』を発表したのは一九一九年、彼が四十二歳のときで、彼はこれを「エミイル・ジンクレエル」という匿名で出版したのである。ところで、『デミアン』はユングのところにも贈られてきたが、読みすすんでいるうちに、彼はエミイル・ジンクレエルがヘルマン・ヘッセに他ならぬことに、すぐに気がついた。一九一九年十二月三日、ユングからヘッセへの手紙は、次のように書き出されている。(3)

「あなたの素晴らしく、真実に満ちた本、『デミアン』に対して心からお礼申し上げます。私がここにあなたの匿名をあばくことは、まことに無礼で出しゃばりのことですが、この本を読んだときに、私はこれはルーツェルンあたりから来たのに違いないと感じたのです。」

ここに「ルーツェルンあたりから」とユングが表現していることは説明を要する。ヘッセは一九一六年にひどい神経症のため、ユングの弟子であったラングに分析を受けたが、そのラングが当時ルーツェルンに住んでいたのである。ラングはヘッセを分析したときは三十五歳、ユングの弟子であった。ヘッセとラングは親友となり、『デミアン』の中の音楽家ピストリウスは、ラングをモデルとしたのである。なお、ラングは後にユングから別れていった。ところで、ユングの手紙は、その後の部分で、『デミアン』は、「自分に嵐の夜の灯台の灯のようなはたらきをもった」と賛めたたえている。そして『デミアン』の背後に、ある秘密が存在し、それをユングが知っていることをほのめかすような文が書かれている。このあたりのところは、ユングの手紙から、直接に何を意味しているかをはっきりと知ることができないが、ユングがヘッセに贈ったと思われる『死者への七つの語らい』と関係していることが推察できる。ヘッセがユングの既述のマンダラを知っていたかどうかは不明である。

ユングは手紙の最後の部分に、「私の出しゃばりを悪くとらないで下さい、このことは誰も知っていません」と書いている。確かに、ユングもラングもこれらのことについて沈黙を守ったので、ヘッセの周囲の人は、おそらく、アプラクサスの秘密を知らなかったのではないだろうか。もちろん、ユングの親しい人で、『死者への七つの語らい』を贈られたような人は推測していたことだろうが。

一九五〇年、アメリカのマイアミ大学の独文学の教授、エマヌエル・マイヤーは、彼のヘッセの研究に関連して、ユングに質問状を送り、同年三月二十四日、ユングが彼に出した返事が、現在では公開されている。それによると、ユングは自分の考えがヘッセの作品に影響を及ぼしていることを認め、特に『デミアン』、『シッダルタ』、『荒野の狼』の三つの作品をあげている。彼は、ラングのことにも触れ、ラングは相当な学者で、ヘブライ語、アラビア語、シリヤ語を学び、ユングを通じて、グノーシスの知識を深くもっていたこと、を明らかにしている。職業上の守秘義務があるので詳しいことは言えないが、一九一六年頃、ユングはヘッセと会っているし、ヘッセはラングを通じてグノーシスのことも知ったであろうし、これらのことがヘッセの作品に影響を及ぼしているだろう、というのがユングの返事である。

マイヤー教授は、この手紙をヘッセに送り、ヘッセの意見を聞いた。ヘッセのマイヤーへの返事は、なかなか興味深い。彼はまず、自分は「秘密厳守の徒」だから、ユングの手紙を開封しなかったと言う。次に一九一六年にユングの弟子から分析を受けたこと、ユングの『リビドーの変遷と象徴』を読み、感銘を受けたが、一九二二年頃以後のユングの本は、自分は分析にあまり興味をもたなくなったので、読んでいないと述べている。また、一九二一年頃、ユング自身に少し分析を受けたこと、その時から、結局「分析家は、芸術との真の関係は得がたいこと」が解ってきたこと、を述べている。また、自分はユングに対して常に尊敬の気持をもっているが、ユングの著作からは、フロイトのものから受けた影響ほど強い影響を受けていない、とも言っている。

このようなヘッセの言は非常に興味深い。ユングの『死者への七つの語らい』に示されているグノーシス的世界観、そのひとつの象徴としてのアプラクサス、などがヘッセの作品に影響を与えたことは、諸般の事情からして明らかなようだが、ヘッセの言はむしろ、これに対して否定的に聞こえる。これは、おそらく文学作品における「影響」ということの根本問題に関係しているのであろう。ここに言う「影響」を単純に受けとめて、ユングの考えによってヘッセが作品を書いたとか、何か直接的に関連を求めようとすることは誤りであろう。それは、もっと無意識で複雑な過程であると思われる。

ともかく『デミアン』その他は、ヘッセが生み出したものである。このあたりのことを弁えず、単純に「影響」を論じられることの不愉快さのため、ヘッセは少し否定的な言葉を用いたのではないだろうか。彼がユングの手紙を開封しなかったのも、この種の浅薄な影響論争に巻きこまれたくなかったからではないだろうか。

ユングとヘッセの両者の互いに対する尊敬の念は死ぬときまで続いた。ユングの八十歳の誕生日には、ヘッセは祝いの言葉をおくっている。ユングとヘッセのことは、これ位で切りあげて、もとの曼荼羅の話にもどることにしよう。

ユングの孤独と曼荼羅

ユングがヴィルヘルムとの共著『黄金の華の秘密』の中に、自分の曼荼羅を匿名で発表していたことは先に述べた。一九五〇年に彼が発表した「曼荼羅象徴について」の論文には、五十四枚の図鑑が付されているが、その中に(前記の曼荼羅を含めて)四枚のユングの曼荼羅が、これも、ある中年男性の描いたものとして示され、この場合は相当詳しい説明がなされている。そして、彼の『自伝』の中で、これらのうちの二つが、はっきりと彼自身の曼荼羅として明言され、説明が加えられた。ここでは、これら二つの図について述べることにしよう。

図5は、ユングが一九二七年に描いた「永遠への窓」と名づけている曼荼羅である。これは、彼の次のような夢に基づいている。少し長くなるが『自伝』から引用してみよう。

「私は汚い、すすけた町にいた。冬の夜で、暗く、雨が降っていた。私はリバプールにいた。私は何人かのスイス人——まず六人ぐらい——と暗い通りを歩いていた。私たちは港からやって来つつあり、本当の町は実際は崖の上にあるのだと感じていた。私たちはそこを上っていった。それは私にバーゼルの町を思い起こさせた。バーゼルでは市場が下の方にあり、トーテンゲッシェン(死者の道)を通って上り、それは上方の広場、そして、ペーテル広場やペーテル教会へと通じている。私たちが広場についたとき、私たちは広い四角い場所が街灯にうっすらと照らされているのを見た。その場所へは多くの街路が集ってきていた。町のいろいろな部分はこの方形の広場の周りに放射状に配置されていた。中央には円形の池があり、その中央に小さい島があった。その周囲のすべてのものは雨や霧や煙、そしてうす明りに照らされた闇などでぼんやりとしていたが、小さい島は陽の光で輝いていた。島の上には一本の木、赤い花ざかりの木蓮が立っていた。それはあたかも、木蓮が日光のもとに立っているし、同時に光の源でもあるかのようであった。私の連れは忌わしい天候について語り、明らかに木蓮をみていなかった。彼らはリバプールに住んでいるもう一人のスイス人について話し合い、彼がここに住みつくようになったのは驚きだと言っていた。私は花ざかりの木と日光に輝く島の美しさに心を奪われてしまって、「彼がどうしてここに住みつくことになったかはよく解る」と思っていた。そして目が覚めた。」

　この夢は当時のユングの状態をよく表現していると彼は言っている。夢の最初の部分は、その頃の彼の状態、不快で、黒くくすんでいるような気分を表わしている。しかし、夢の最後のところで、彼は「この世ならぬ美しさ」を見るのである。リバプールは「命の池」であるし、リバー（肝臓）は古代の考え方によると、命の座である。彼はこの夢によって、中心というものの重要さ、従って心全体の中心として自己の重要さを認識するのである。

　ユングはこの夢を絵にしようとするうちに、その表現はだんだんと変化してきて、木蓮の木の代りに、中心は明るい紅玉（ルビー）色のガラスでできた一種のバラになってきた。バラは放射状に四つの光線を放って星のように輝いている。バラの周囲の正方形は公園のまわりをとり巻く壁であり、そのまわりを走る道路をも表わしている。そこから八本の主要道路が走り、それらをつなぐ横町は、結局は赤く輝く中心点へと集っている。この曼荼羅について、ユングは「全体は永遠に向って開かれた窓のように、私には感じられる」と述べ、これに「永遠への窓」と名づけている。彼にとって、自己の存在を体験せしめ、しっかりと彼の全存在に基礎づけを与える、重要な曼荼羅であったと思われる。

この曼荼羅を描いて一年後に、彼はもう一つの曼荼羅を描いた。それを図6に示す。これは中世時代の都市のようで、城壁と堀によって囲まれている。中央部はその中でこれも壁と堀によって囲まれ、黄金の屋根をした、ひとつの城になっている。これを描き終って、ユングはこれがいかにも中国風にできていると感じた。それから間もなく、リヒャルト・ヴィルヘルムから、先に述べたように、中国の錬金術の論文の独訳が送られてきたのである。これはまさに、奇妙な偶然の一致であった。彼はヴィルヘルムの原稿をむさぼり読んだ。

ユングがこれを読んで非常に嬉しく思ったことは、彼が西洋において経験し、孤独の中で考え続けていたことが、既に千年も以前に東洋において書物に記されていたということであった。彼の心理学の基礎をなす普遍的無意識という考えが、このことによっても確証されると感じられたのである。彼は大いに感激し、この曼荼羅の下

図5　ユングの曼荼羅

図6　ユングの曼荼羅

に「一九二八年、この黄金色の固く守られた城の絵を描いていたとき、フランクフルトのリヒャルト・ヴィルヘルムが、黄色い城、不死の体の根源についての、一千年前の中国の本を送ってくれた」と書きこんだのである。ユングが自分の内的体験を書きこんできた「赤の書」も一九二八年で終りになっている。おそらく、ユングはここである段階にまで達したと感じたのであろう。

ユングが最初の曼荼羅を描いたのが一九一六年である。その後、彼は自分の臨床経験の中で、曼荼羅の重要性についての考えを深めてゆき、また、「自己」という概念についても、相当の確信をもっていたことと思われる。しかし、当時、そのようなことを考えていたのは、西洋において彼ただ一人であった。彼はおそらく孤独に苦しみ、自分の考えに対して自ら懐疑し、それを発表することの意味についても思い悩んだに違いない。そして、結局は、このヴィルヘルムから送られてきた、中国の本を見て、彼の考えを世に問う決心をしたのである。

ヴィルヘルムの送ってきた本は、『太乙金華宗旨』と言われ、八世紀唐代の道士、呂嵒の教えということになっている。これがはじめて印刷されたのは十八世紀になってからである。ヴィルヘルムは、ユングとともに、一九二九年に『黄金の華の秘密』を出版するが、翌年の一九三〇年に死亡する。彼の死は東洋と西洋との統合の難しさを如実に示すものと思われるが、この点については第十章に述べることにする。

塔

曼荼羅について語った後に、ユングの「塔」について述べるのは、極めて妥当なことと思われる。彼がボーリンゲンに建てた塔(家屋)は、いわば、立体的な曼荼羅と呼ぶことのできるようなものだからである。この点について、彼は「学問的研究をつづけているうちに、私はしだいに自分の空想とか無意識の内容を、確実な基礎の上に立てることができるようになった。しかし、言葉や論文では本当に十分ではないと思われ、なにかもっと他のものを必要とした。私は自分の内奥の想いとか、私のえた知識を、石に何らかの表現をしなければならない、いいかえれば、石に信仰告白をしなければならなくなっていた」と述べている。

ユングはチューリッヒ湖の北部のボーリンゲンに、一九二二年にいくばくかの土地を購入した。彼は最初、そこにまったく原始的なアフリカの小屋のようなのを建てるつもりだったが、変更して、二階だての円形の塔のような家屋を建てた。彼はこれを自らの手で煉瓦を積んで建てたのだが、スイスでは、そのような仕事をするときは、その職人の組合（ギルド）にはいらねばならない。彼は職人の組合（ギルド）にはいり、それを誇りにしていたし、石工のマイスターは、ユングが石の扱いをよく知っていると称賛していたという。

ユングの母は一九二三年に死んだ。彼が塔をつくりはじめたのは、母の死後二か月のときだから、これらのことは内的に関連していることだろう。ボーリンゲンで、ユングは電気を一切使わず、まったく自然に密着した生活をした。「もし十六世紀の人間がこの塔に入ってくるとしたら、彼にとって新しいのは石油ランプとマッチだけであろう」というのだから、その有様がしのばれる。彼はボーリンゲンにおいては、「母の太古の息子」であった、とも言っている。母の死を契機として、彼はそこに母なる無意識の館をつくり、そこにおいて創造的退行を経験しようとしたのであろう。

ユングはボーリンゲンでは、まったく自然の生活を楽しんだ。薪をつくり、水も井戸からくみあげ、料理も自分でつくった。「このような単純な仕事は人間を単純化するものだが、それにしても単純になるということはなんと困難なことであろう」と彼は述べている。ユングは親しい人か、何か特別のことがある場合にしか、他人をボーリンゲンへは招かなかった。ボーリンゲンでユングに会った人たちは、「野生の人」としてのユングの姿に強い印象をうけている。箱庭療法による治療家として名高く、しばしば来日したこともあるカルフ女史に、ユングとの接触でもっとも印象に残っていることは何かと尋ねたとき、彼女は、ボーリンゲンで見たユングの姿をあげている。彼女がボーリンゲンの塔へ足を踏みいれたとき、ユングは兎の料理をしていたという。燃えあがった薪の火に照らされユングの目は輝き、兎の肉をまな板の上に並べて、満悦の微笑を浮かべているさまは、まさに自然人という感じで、彼女は深く感動したという。

塔は立体的な曼荼羅であるといったが、実のところ、それは長年月をかけ、ユングの心の動きに従って完成されたものである。最初の塔ができて四年後の一九二七年には別棟をつけ加えた。そして、またもや四年後に、彼は不全感に襲われ、一九三一年には塔に似た別棟がつけ加えられた。このとき、彼は黙想のための隔離された部屋が欲しいと思い、彼だけがその部屋の鍵をもっている隔離された部屋をつくった。その部屋について彼は『自伝』の中で、次のように述べている。「数年の間に、私は周りの壁に絵を描き、そうすることによって、私を時間から隔絶し、現在から無時間のなかに運び去ってくれたすべてのものを表現した。このようにして第二の塔は、私の霊的集中の場になったのである。」

それからまた四年後、一九三五年には、中庭と湖に面した開廊がつけられ、最初から十二年の歳月を経て一応の完成を見たのである(写真A参照)。

しかしながら、一九五五年にユングの妻が死んだとき、ユングは「自分自身にならねばならないという、ある内的な義務を感じた」という。それは、ボーリンゲンの家屋の造形によって表現すると、「二つの塔の間にうずくまっている、非常に低い中央部分は、私自身なのだということに、突然気付いたということである。私は、今ではもう「母性的」で「霊的」な塔のかげに、自分を隠すことはできなかった。そういうわけで、その年にこの中央部分に二階を増築した。この二階建が私自身を、もしくは私の自我を表現したのである」ということになった(写真B参照)。

このようにして、長年月を経て塔は完成された。ユングは最初から完成像を心に描いていたのではなく、その時々の心の動きに従って増築を重ねていったのであるが、後になってみて、それが「精神的全体性の象徴という意味深い形態」になっているかに気づいたのである。その塔はまさに「個性化の過程を具現するもの、記念すべき不朽の場所」となったのである。

ユングの曼荼羅体験について述べているうちに、随分と晩年のことにまで話がすすんでしまったが、これはユングの生涯を貫くテーマであるだけに、仕方のないことであった。ここで、年代をもとに戻し、一九二〇年代のあたり、つまり、彼がフロイトとの離別の問題を克服し、自分自身の方向性をもって新しい心理学を築き始めた

A

B

頃のことについて述べることにしよう。

注

(1) Das Geheimnis der goldenen Blüte, Aus dem Chinesischen übersetzt von R. Wilhelm, Europäischer Kommentar von C. G. Jung, Dorn Verlag, 1929.

(2) Jaffé A., C. G. Jung Bild und Wort, Walter-Verlag, 1977.

(3) Jung, C. G., Briefe I, 1906-1945, Walter-Verlag, 1972.

第八章　分析心理学の確立

人間のタイプ

ユングの内面について述べているうちに、話が随分と先にすすんでしまったが、ここで話をもとに戻して、彼が無意識との対決をやり抜いた上で、その体験を基礎としつつ、彼独自の分析心理学を築きあげてゆく過程を見てみることにしよう。それは、おおよそ一九一六―三〇年にわたる間に、なし遂げられたと考えられる。

ユングが『リビドーの変遷と象徴』を一九一二年に出版し、フロイトと別れてから、その次に発表した著作は、一九二一年に出版された、『心理学的タイプ』である。もちろん、その間に書かれた小論文があり、内容的には注目すべきものもあるが、ユングがフロイトと別れて、自分自身の心理学を世に問うための最初の出版物として『心理学的タイプ』は大きい意味をもっていた。そして、彼が最初に世に問うた書物が、人間の「意識」に関するものであることも、非常に興味深い。彼はその後はもっぱら無意識の心理学についての研究を発表し続けるわけだから、その最初に、人間の意識の在り方について述べておく必要を感じたものと思われる。

ユングが内向―外向という有名な考えを抱くようになった基礎には、フロイトとアドラーの対立をどのように理解するかという問題が存在している。彼は自分の固有の心理学を確立してゆく上において、まず、フロイトとアドラーという二人の巨人の考えを問題にしなくてはならなかった。彼は同一の現象を説明するのに、フロイトとアドラーとの異なる理論が存在し、しかも、それはそれなりに正しいと考えられる事実から、そこに、人間のタイプの相違ということを考え出すのである。

人間はその興味とか関心とかが、自分の内界へと向けられるときと、外界へと向けられるときがあるが、もっぱら前者のような態度が優位な人を内向型、後者の場合を外向型と考えるのである。ところで、神経症の人の治療をする場合に、その人の内面に存在する「権力への意志」に注目しようとするアドラーの説は、内向型の理論であり、患者の家族関係などの人間関係の在り方に注目するフロイトの説(これを彼は「性」との関連において論じるわけであるが)は、外向型の理論であると考えるのである(これは彼らの「理論」がそれぞれ、内向、外向型であるとするので、彼らの「人格」がそうであるというのではない)。

このように、人間のタイプを分けることによって、ユングはひとつのオリエンテーションを見出し、それによって先輩のフロイトやアドラーの位置づけをこころみたわけである。これに加えて、彼は四つの心理機能の存在を見出したが、それは、思考、感情、直観、感覚と名づけられている。これらについて、ここに説明する余裕はないので、興味ある読者は、ユングの本やその他の入門書を見ていただきたい。ここで一言だけつけ加えておきたいことは、これらの「型」をユングはきまりきったものとして、そこに人間を「分類」することを意図したものではないということである。四つの機能と、内向—外向、を組み合せて、一応、八つのタイプができるのであるが、これは一種の座標軸のようなものであり、それを通じて個々の人間の生き方を理解しようとするものである。

特に、ユングはこのような意識的態度を補償する無意識の存在を常に考慮するので、臨床的な場でタイプの問題を考えるとき、それは極めて柔軟で、実際に沿ったものとなってくる。たとえば、外向的な人でも、無意識的にはそれを補償する内向的傾向をもっていると考え、両者の統合ということを個性化の狙いのひとつとして考えるので、結局は、その人が自分のタイプを認識しつつも、いかにそれを超えてゆくか、ということになるのである。これは、四つの心理機能の場合も同様であり、直観と感覚、感情と思考は、それぞれ対立すると考える。直観が主機能の人は感覚が劣等機能となり、感覚が主機能の人は逆に、直観が劣等となる。感情と思考においても同様である。このときも、劣等機能の開発ということが分析の目標にされるので、人間は型にはまった存在としてでなく、より高次の統合された在り方へと発展してゆくと考えられるのである。

ユング自身は、自分を内向的思考型で、直観を補助機能としてもつと思っていたようである。[1] 従って、外向性、および、感情機能は自分の劣等な部分として十分に認識し、それの開発に心がけていた。これについて、ヴァン・デル・ポストが興味深いことを述べている。彼がユングと知合ったのは、ユングが七十歳を越えてからのことであるが、その当時ではユングは自分の諸機能を十分に分化、発達せしめていたので、ちょっとのつき合いでは、どのような型に属するのか判断することが難しかったという。ただ、ユングは自分を思考型であるとし、感情機能の劣等性ということについては随分と気をつかっていたらしく、ヴァン・デル・ポストがユングと会って帰った後に、彼から手紙が来て、話合いのときに、このような点で感情的な応答に欠けたところがあったが申訳なかった、などと書いてある。ところが、ヴァン・デル・ポストの方は、むしろそこまで感じていなかった、というようなこともあったらしい。もちろん、ユングのことを「感情的に率直な」人という人が多く、これは、彼が喜怒哀楽を包み隠さずストレートに出す人であることを意味しており、そのために対人関係で随分損をしたらしい。「率直な」ことは確かにいいことだが、ひょっとすると、劣等機能として、それは洗練されていなかったのかも知れない。

ヴァン・デル・ポストは、ユングを思考よりも直観を優位とする人でなかったか、と述べているのは興味深い。彼の著作からはそのような印象を受けることが多い。つまり、彼の文は、時に思考の論理的な流れと関係のないようなことが、思いがけない所に思いがけない形で挿入されていたりして、われわれ読者を混乱させるように思われるからである。しかし、これは彼がある程度、意図的になしていることではある。つまり、彼は本を書くときに、意識的な思考過程と共に、自分の無意識をも十分に働かせるようにしているので、その考えの流れの中で出てきたことは、一見無関係のようなことでも、そのまま構わずに、そこに書き下ろすようなところがあった。いわば、それは自由連想的な面をもっており、読者は彼の文に、自由連想を読みとるような態度で接するとよいわけである。このため、彼は一見つじつまの合わないようなことでも、その時にその全体の流れに生じてきたものとして、そのまま残しておいたということである。(2) 確かに、このように考えて、彼の著作を読むと面白いが、彼の著作の翻訳が非常に困難なのも、このためであると思われる。ちなみに、最近に行われた研究では、ユング派の分析家は、内向的直観型の人が多いという結果がでている。(3)

心理学クラブ

ユングが自分の内的な激動期を乗り越えた頃、一九一六年に、ユングの弟子やユング心理学に関心をもつものの集りである、「心理学クラブ」がチューリッヒ市に設立された。これは、ユングに分析を受けたアメリカの富豪マッコーミック夫人の寄付によるところが大である。マッコーミック氏も富豪であったが、マッコーミック夫人は、ジョン・ロックフェラーの娘であった。マッコーミック夫妻はユングに大きい影響を受け、ユング心理学に関心をもつものクラブをつくることをユングにすすめたわけである。はじめは、マッコーミック夫妻の好みを反映して、贅沢すぎるクラブであったが、すぐに会員たちの意向によって適度なものに変更された。場所は現在も同じ所にあり、クラブの二階がユング研究所になっている。

クラブの最初の会長は、トニー・ウォルフが受けもつことになった。相当な内向型の彼女は、はじめのうちは運営にとまどったが、その役割をうまく果たし、クラブはユング心理学が確立されていくための根拠地のようになった。つまり、ここでユングは自分の考えを講義し、弟子たちとの議論を参考にして、論文にしたり、書物にしたりした。あるいは、いろいろな講師を招いて、ユングも共にクラブ員は講義を聞き、分析心理学の発展に必要な知識を獲得したのである。第七章に述べた、リヒャルト・ヴィルヘルムも、心理学クラブにおいて講演しているのである。一九三二年には、チュービンゲン大学教授の印度学の権威、ハウアーが「ヨガ」についてのセミナーを行なっている。ヴィルヘルムなどを通じて東洋の考えには相当なじみのあったクラブ員たちも、インドの思想には理解に困難を感じる。そこで、ユングはハウアーの提示したクンダリーニ・ヨガについて、彼自身の考えを述べた講義をしている。この講義は英語でなされているが、講義録はユング研究所に保存されている。ついでのことだが、ユングは英語が非常に好きであり、ドイツなまりは消えなかったが、話すことも、書くこともほとんど完全にできたという。ユングが英語で行なったセミナー（English seminar と通称されている）には興味深いものが多く、これは、マリー・フートという女性によって記録されて、謄写印刷されたものが大分残っている。前記のヨガに関するもの、ツァラツゥストラに対するコメント、および、ある女性の幻像（ヴィジョン）についてユングがコメントしたものなどがある。(4)

心理学クラブはこのようにユング心理学にとっての意味深い生産の場となったのであるが、初期の頃は多くの問題も発生したようである。これはむしろ当然のことだと言えるし、ユングはこれを予期しつつもクラブを開いたのだと思われる。というのは、ユングの弟子たちは、それまでユングと一対一の分析関係によってのみつながっているのであり、そこには強い感情的結びつきも存在している。それが急にグループとして集るのだから、問題が生じても当然と思われるからである。このときに、いつも混乱のもとになるのは、「無意識的な嫉妬」である。そのようなときに、ユングは常にその問題を必要に応じて、個人的に分析の時に話合ったり、あるいは、クラブ全体で討議したりして解決していったという。時には、ユングが怒ってクラブを離れていたことさえあったようだが、そのような感情の正面からのぶっつけ合いを通じて、クラブのメンバーも成長していったようである。

ユングは心理学クラブにおいては、講義や討論などだけではなく、社交的な場ともなるようにしたようである。あるいは、討論などの間にゲームをいれこんで、メンバーの心をほぐしたり、そして、遊びの中にこそ人間の本心が現われるので、そこから思いがけない洞察が生じたり、というような工夫もこころみたらしい。ゲームのときのユングのトリックスターぶりは、なかなか見事なもので、人々の無意識の領域に思いがけぬ一撃を与えることがあったという。

時にはダンス・パーティも催された。ユングは一九五四年に書いた「トリックスター像の心理」[5]の中で、キリスト教内にあったトリックスター的な要素が教会からだんだんと排除され、それがイタリア風の喜劇の舞台へと押しやられてゆく様相を描いている。カーニバル的な馬鹿騒ぎは、実のところ影によって相当色づけられているにしろ、人間のNo.2の人格の存在を露わにするものとしての意義をもっているのだ。ユング派のダンス・パーティは相当なカーニバル的要素をもっていたらしい。特に、一九三〇年に行われた、心理学クラブ主催のカーニバル・ダンス・パーティはメンバーにとって忘れ難いものであった。ユングはパーティの間に何度も衣装や仮面をとりかえ、ワインを痛飲し、帰宅したのは翌朝の六時であった。カーニバル的雰囲気は大いに盛りあがり、時には良識を越える手前にまで至るときがあったが、ユングは無意識からの警告を敏感に察知し、適切な冗談や機智によって、その場を救っていったという。

ヘッセとユングの関係については、既に第七章に述べたが、ヘッセは一九二六年の心理学クラブ主催のパーティに、「ある女性」と共に現われたとのことである。(6) ヘッセが『荒野の狼』を出版したのは一九二七年なので、その中に描かれる印象的なダンス・パーティの光景は、あるいは、心理学クラブ主催のパーティのカーニバル的——というよりは、No.2人格の跳梁する世界の——感じを反映しているものとも思われる。

ユングは、一九一六—三〇年の間に、彼の分析心理学の基本的な構造を確立していったが、この間に、多くの重要な論文を発表している。書き下ろしの大作は既述の『心理学的タイプ』以後、一九四四年の『心理学と錬金術』まで書かれていないが、論文をまとめたものは、この間に相当出版されている。その中でも特に重要なものは、一九二八年に、バインス夫妻によって英訳され、ロンドンで出版された『分析心理学に関する二論文』であろう。この第一の論文は一九一二年に書かれた「心理学における新しい道」、第二の論文は一九一六年にフランス語で書かれた「無意識の構造」という小論文を踏まえ、英文にするときにユングがそれを大幅に改訂したものである。これはその後も改訂が繰り返され、現在は、ユング全集の第七巻に収まっているが、ユングの考えを、もっとも体系的にまとまった形態で示してくれるものである。これには、ユング心理学の基本的な概念がほとんど述べられていると言うことができる。

訳者となったバインスはイギリス人で、最初にユングの弟子となった人である。バインスはユング派には珍しく外向的で、嫉妬とか劣等感などとは無縁な人で、多くの人に好まれ、ユングの秘書として大きい助けとなった。

ユングの多くの著作は彼によって英訳されている。

ユングとジョイス

心理学クラブの創設に力をつくした、マッコーミック夫人のことを述べたので、それに関連して、ユングとジェームズ・ジョイスとの関係について少しだけ触れることにしよう。[7] マッコーミック夫人はユングに分析を受けていた頃、ジェームズ・ジョイスを後援していた。当時、ジョイスは未だ認められていず、大酒飲みで、放蕩生活をしていた。ユングはマッコーミック夫人から、彼女が資金を与えているジョイスの生活ぶりを聞き、後援を打ち切るように忠告したという。これは一九一九年頃のことで、ユングはこの他にも、ある音楽家がパトロンによりかかって怠惰な生活をしているとき、その後援を急に打ち切ることによって、音楽家を立ち上らせた例などもあったので、ジョイスのことを考えて、そのようにマッコーミック夫人に忠告したことは、ありうることと思われる。

ところで、これより前に、マッコーミック夫人はジョイスの生活のみだれを心配して、ユングに分析を受けるように、そして、その費用は自分が負担するからとジョイスに申入れたが、彼は怒って拒絶したという、いきさつがあった。ジョイスはこのことは随分と腹にすえかねたらしく、「自分は気狂いになりそうだからといって、ユングとかいう医者のいるサナトリウムに入院せよなどと言う奴がいる」と友人に手紙を書き、「ウィーンにいるフロイトと似たりよったりの奴だが、フロイトと一緒くたにしてはいけないが……」といった調子で、皮肉っぽい言い方で怒りの感情をぶちまけている。

こんなこともあったので、ユングはジョイスが分析を拒絶したので、仕返しにマッコーミック夫人に支援を打ち切るように言ったのだという説もあるが、おそらく、先にあげた理由の方が正しいように思われる。もっとも、マッコーミック夫人も随分と移り気で、パトロンになったり、やめたりを気ままにするところがあった人らしく、そのことが大きい原因かも知れない。どちらにしろ、ジョイスは当時は無名の作家だったので、ユングにとっては、それほど心に残ることでもなかったであろう。

一九三〇年、ライン社のブロッディが、ユングに対して、ジョイスの『ユリシーズ』について評論を書くように依頼した。ユングの最初の読後感は凄まじいものであった。ユングは『ユリシーズ』を読みすすむうちに、いらいらし、また退屈して、二度までも寝入ってしまった。「何も無しで始まって、何も無しで終るだけではなく、まさに何も無しでできあがっている」のが『ユリシーズ』だ、というわけである。このような腹立たしさを隠すことなく、ユングはそのまま評論として書いた。ブロッディは驚いて、これをジョイスにおくり意見を尋ねた。ジョイスはすぐに電報で返事をしてきたが、「そのまま公表することによって、ユングに馬鹿を見させる」のがよかろうということであった。しかし、ジョイスの友人たちはブロッディに、ユングの原稿を没にするように頼んだ。

ユングはおそらくブロッディの願いによってであろう、『ユリシーズ』を再読し、今度は、そこに深い意義を見出し、評論を書き直した。これは現在ユング全集に収められているものだが、初稿は公表されずじまいであった。しかし、全集中にある評論を見ても、初稿の様子が想像できる。というのは、このはじめの方はユングの苛立ちと退屈さを率直に述べており、そこで彼が考え直す経過が書いてあるからである。結局、ユングは『ユリシーズ』は、彼自身、普遍的無意識と呼んでいる、心の深い層に存在する内容を、文学作品として、ジョイスが描いたものであることに気づいたのである。ユングは書き直した評論と共に、ジョイスに手紙を、一九三二年九月二十七日に送っている。ユングはその中でジョイスが女性の心理に対して鋭敏な感覚をもっていることを賞めているのでジョイスは喜んで、この手紙を友人に見せて自慢にしていたが、ジョイスの夫人ノラはジョイスについて、「彼は女性のことなど何も知らないのよ」と言ったという。

ジョイスとユングが実際に出会ったのは、一九三四年であるが、これは思いがけないことから生じたのである。ジョイスの娘ルシアが一九二九年頃より精神に異常をきたし始めた。ジョイスは時に精神科医に相談しながらも、父親の愛情から「大したことではない」と思い続けてきた。しかし、ルシアは精神分裂病と診断され、どのような治療もうまくゆかなかった。ジョイスは抵抗を感じながらも、一九三四年に娘を連れてユングのところにおもむいた。ルシアはその頃、医者とは絶対に口をきかなかったのに、ユングとは自由に話し、ジョイスはすっかり喜んでしまう。しかし、二回目の面接のとき、ユングはジョイスに、もしジョイスが希望するなら、分析的な治療をこころみるが、それは決定的な悪化をもたらすかも知れぬことを覚悟してほしいと、伝える。ジョイスは息子のジョージへの手紙に、「ユングはなかなかいい感じの人間で、他のケースでも多く成功していることと思う」と述べているが、ユングの言う所もよく解るし、暫く迷いが続く。結局、ジョイスはユングにルシアをまかせることを決意し、そのためには自分はルシアから離れる方がいいと判断し、ルシアのもとを離れることを彼女に告げる。父親のみを信頼していた彼女はこのことによって、再び閉じこもってしまい、ユングと会うのを拒絶する。

ユングとジョイスはルシアのことを話合う。ユングはルシアに何かできるのはジョイスしかいないし、彼女に分析治療を行うと、回復不能な破局がくるだけであろうと伝える。ユングは、ジョイスとルシアは一種の神秘的な同一性をもち、ルシアは彼女の父親の霊感のアニマ (anima inspiratrix) であると述べ、二人は川底へと沈んでゆく二人の人のようである、一人は落ちこみ、一人はダイヴィングをして、と言った。ジョイスはあくまで、ルシアは精神病者ではなく、「未だ理解されていない、新しい文学の開拓者」であると主張した。ユングはジョイスの新語や造語は、ジョイスの意識的な創造的努力の結果であり、ルシアのそれは、無意識的な過程であることを説明したが、娘を愛する父親を説得することはできなかった。

その後、二人は会うことはなかった。両者ともに普遍的な無意識との対決によって、分裂病とも思われる体験をしつつも、「境界を越えることなく」[8]、それらの素材をもとにして、一方は心理学において、一方は文学において不朽の業績を残したのであったが、両者の軌跡は微妙な接触をもちつつ、結局は切り結ぶことはなかったように感じられる。二人の偉大な人物の関係は、このようになることが多いのではなかろうか。

旅——異文化との接触

一九二〇年のはじめに、商用で北アフリカにゆく友人にすすめられ、ユングは同行した。この旅行は、ユングに大きい衝撃を与えるものとなった。ユングは自分が非ヨーロッパ文明の国々に旅した経験を『自伝』に記しているが、その中に、「もし祖国を外側から眺める機会に恵まれなければ、どうして自国民の特殊性に気付くことができるであろう」と述べている。この旅行は——他の旅も含めて——ユングがヨーロッパを、あるいは、キリスト教を「外側から眺める」重要な機会を彼に与えたのである。

ユングはサハラへと旅して、アラブの文化に触れる。彼はアラブ人たちの時間を超越したような生き方に接して、ヨーロッパ人の「時計」に縛られた生き方へと想いをめぐらせる。「時計がヨーロッパ人に告げていることは、いわゆる中世以来、時間とその同義語である進歩がヨーロッパ人に忍びよって、ヨーロッパ人から取返すことのできないものを奪い去ったということである。軽くした荷物をもって、ヨーロッパ人はますます加速度を早めながらはっきりしない目標へ向かって彷徨の旅を続けている。重心の喪失と、それに相応して生じた不完全感をヨーロッパ人は、たとえば蒸気船、鉄道、飛行機、ロケットのような、彼らの勝利の幻想によって補なった」と彼は『自伝』に述べている。

今日なら、多くの人がこの考えに同意するかも知れないが、一九二〇年において、ヨーロッパ人であるユングが、このような省察を得たことは驚嘆すべきことと思われる。

ユングはアラブ文化から強い衝撃を受け、ヨーロッパに向けて船で帰ろうとする前日に印象的な夢をみる。夢の中で、四方を城壁で囲まれた砦の中からアラブの族長である若者が現われ、突然にユングに襲いかかる。取っ組み合って濠に落ちこみ、水に相手を沈めようとする。ユングはこの戦いに勝ったらしく、この若者に自分の書いた本を読ませようとし、若者がユングのすすめに従うところで目が覚める。この夢は、ユングがアラブ文化と出会って、いかに圧倒されそうになったかを如実に示している。彼は夢に現われたアラブの若い族長について、「いわば一種の自己の影とみなされる」という興味深い解釈をほどこしている。正方形の砦は、明らかに曼荼羅を示している。そこから出現してきた族長の若者は、ユングのいう「自己」の象徴そのものである。それまで、ユングは曼荼羅や自己について、肯定的な面のみを体験してきた。しかし、ここでは、自己のはたらきはむしろ破壊的で、ユングを水中に沈めて殺そうとしたのである。彼が「自己の影」という興味深い表現をしたのは、このためである。このような、自我にとって破壊的であることも、全体性の中には存在し、また意味のあることなのであろう。しかし、ユングにとって、それは未だ完全には理解し難いことであった。彼は機会があればもう一度アフリカを訪ねたいと思い、実際、その願いは五年後にかなえられる。

ユングは一九二四―二五年、アメリカに二度目の旅行をしたときに、既述のマッコーミック夫妻たちと、プエブロ‐インディアンを訪ね、意義深い体験をするが、紙数の都合でこれは省略し、一九二五年秋に、彼が再びアフリカを訪ねたときのことについて述べることにしよう。

一九二五―二六年に、ユングはバインス(前出三二一頁)ともう一人のアメリカ人と三人でアフリカに行く。ケニヤやウガンダを訪ねる旅は、当時としてはなかなか困難なもので、「心理学探険隊」という名称も、あながち的はずれの感じを抱かせるものではなかった。ユングは準備のために奔走するうちに、いろいろと困難に会い、最初もう一人参加するはずだったアメリカ人も急に取り止めとなるし、この旅行に出るにあたって、易をたてている。(9) ユングと易については、第十章に詳述するが、この頃は、彼は易に随分親しんでいたようである。彼の得た卦は五三の「漸」であった。「すすむ」卦を得て彼は旅に出ることの意義を感じるが、彼の得た卦は、漸の九三であり、そこには、「夫征(ゆ)きて復(かえ)らず」の辞がある。彼はこの旅が、自分の命をかけたほどの重みをもつものであることを意識する。実際、この旅行はユングにとって、極めて意義深い体験となったのである。彼らの一行には、その後、ウガンダの総督からの依頼で、スーダン経由でエジプトへ帰るイギリス婦人が加わることになる。この女性はルース・ベイリーと言い、彼女はその後、ユングの家政婦となり、ユングの死を見守る人となるのである。このいきさつもなかなか興味深いが、省略することにして、彼がアフリカで経験したことのうち、意義深いと思われるものについて述べることにしよう。

エルゴン山に住む人たちと、ユングは親しくつき合いを始める(ユングはアフリカに至る船の中で、スワヒリ語を熱心に学んだ)。ある老人が、「朝になって、太陽が昇るとき、われわれは小屋からとび出して、手に唾をはき、その両手を太陽に向かってさし上げるのだ」と教えてくれる。ユングはこれを聞き、唾は個人の生命力を意味するものであり、それを御来光の瞬間に神である太陽に捧げるのだと理解する。ユングはエルゴン山の住人と対話することによって、彼らにとって、太陽が神なのではなく、太陽が東の空に昇ってくるときの、全体験が神的なものであることを確認する。これについて、『自伝』の中に、彼は次のように述べている。

「私は、人間の魂には始源のときから光への憧憬があり、原初の暗闇から脱出しようという抑え難い衝動があったのだということを、理解した。……したがって朝の太陽の生誕は、圧倒的な意味深い体験として、黒人たちの心を打つ。光の来る瞬間が神である。その瞬間が救いを、解放をもたらす。それは瞬間の原体験であって、太陽は神だといってしまうと、その原体験は失われ、忘れられてしまう。」

光が来る瞬間が神である、というユングの認識は素晴らしい。彼はこれに続いて、太陽は神であると言ってしまうと、瞬間の原体験が失われると言っている。このような基本的態度をもって、ユングはヨーロッパ文化とは異なる人々の宗教性を把握することができたし、それは、とりもなおさず、ヨーロッパ人をも含めた、人類に普遍的な宗教性の認識へとつながるものであった。

エルゴン山の住人たちと親しくなるにつれて、ユングは時に家に招かれたりもするようになった。彼はここの女性たちが、威厳と自明性をそなえて見事に生きていることに印象づけられた。彼は欧米における男女同権論を唱える女性たちの生き方と、それとを比較して考えた。そして、エルゴン山の住人の女性たちは、農作物の耕作に従事し、子どもを育て、家畜を養い、そこに根づいて生活をしていることに気づいた。『自伝』の中に、彼は次のように述べている。

「彼女らにそなわった威厳と自明性は、彼女らの経済機能に由来しており、彼女らは積極的な仕事上の伴侶である。女性に対する同権という概念は、このような協力が意味を失ってしまった時代の産物なのだ。原始社会は無意識的な利己主義と利他主義によって調節されていて、利己と利他という二つの態度が十分に、予想どおりになっている。」

つづいて彼はヨーロッパの現状についても考えてみる。「白人女性の男性化が自然の全体性(耕作地、子どもたち、小さな家畜、自分の家屋と暖炉の火)の喪失と関連していないか、その男性化は女性の貧困化に対する補償ではないか、そして白人男性の女性化がその結果招来したのではないかと、自問してみた。」

ユングが一九二五年に、白人の男性と女性の問題として考えたことは、今日の日本の問題となっているように思われる。ユングもよく強調するように、さりとて、われわれはエルゴン山の住人と同じ生き方をすることはできない。それどころか、現在ではアフリカの方が「近代化」されつつあるのである。「近代化」の中に、全体性を保つこと、これがわれわれにとっての課題なのである。

エルゴン山からの帰途、アルバート湖からスーダンのレジャフへ行く途中のある村で、ユングは村の踊りに招待される。はじめのうちは不安な気持で見ていた、ユングとバインスは、とうとう踊りの中にはいりこんでしまう。火の明りと妖しげな月光を浴びて、足を踏みならし、歌い、叫び、ユングは熱狂していった。ところが、興奮が高まるにつれ、踊っていた住民たちが狂乱の集団へと移行してゆくのにユングは気づいた。そこで、彼は皆に煙草をくばったり、脅かしたりしながら、踊りを終らせることにした。

ユングは後になって、自分もアフリカの住民たちと共に、もう少しで、「あっちへ行ってしまって」帰れなくなるところだったと語ったという。彼の心の深層の動きに感応する能力と、いつもぎりぎりのところで、「境界を越えない」強さとを、よく表わしているエピソードであると思われる。

注

(1) van der Post, L., Jung and The Story of Our Time, The Hogarth Press, 1976.

(2) Fordham, M., "Memories and thoughts about C. G. Jung," J. of Analytical Psychology, vol. 20, No. 2, 1975.

(3) Plaut, A., "Analytical Psychologists and Psychological Types," J. of Analytical Psychology, vol. 17, No. 2, 1972.

(4) これは最近になって出版された。Jung, C. G., The Visions Seminars, Spring Publications, 1976.

(5) Jung, C. G., "On the Psychology of the Trickster-Figure."(河合隼雄訳「トリックスター像の心理」、ラディン／ケレーニィ／ユング『トリックスター』晶文社、一九七四年所収)。

(6) Quispel, Hesse and Jung in Gnosis. 一九七六年チューリッヒのユング研究所における講義による。

(7) ジョイスとの関係については、次の評論によった。Walcott, W., "Carl Jung and James Joyce," Psychological Perspectives, vol. 1, No. 1, Jung Institute of Los Angeles, Inc., 1970.

(8) ユングがジョイスを評したときに用いた言葉。しかし、そのままユングにもあてはまると思われる。

(9) バーバラ・ハナによる。

第九章　発展と深化

エラノスの集い

一九三〇年頃になると、ユングはその分析心理学の基本的な体系を確立し、世界からも偉大な心理療法家として認められるようになる。これにつづいて、彼はますますその考えを発展、深化せしめてゆくが、彼のあげた多くの業績のなかで、「エラノスの集い」の主導者としてなしたことは、見過すことのできないものである。[1] 毎年一回開催される、その集いに彼は一九三三年より参加し、一九五二年を最後として、後は老齢のため行かなくなるが、十四回の重要な講義を行なっている。

エラノスの集いは、もともと、オルガ・フレーベ＝カプティン夫人という富豪が、風光明媚なスイスのマジョレ湖畔のアスコーナ郊外にひとつのホールを建て、そこで年に一回、東洋と西洋の宗教学の研究家たちが出会い、自由に語り合う場を提供しようとして、一九二八年より開催しているものであった。エラノスという名は、宗教学者のルドルフ・オットーの提案によるもので、古代ギリシャ語で、宴会の際に主人に対して客人が歌や詩や即興のスピーチなどを一種の精神的な贈物としてする、そのことを意味するという。フレーベ夫人はカイザーリンク伯の主催する「叡知の学徒」の集りで、一九三〇年にユングに会い、彼に「エラノス」に参加するように依頼する。

一九三三年にユングはエラノスに参加し、「個性化過程の経験について」を発表した。なお、このときに有名な印度学者ハインリッヒ・ツィンマーも出席し、ユングはその後も彼と親しく交際するようになった。ところで、ユングの出席によって、エラノスの集いはその様相を相当に変えることになった。というのは、フレーベ夫人がユングを信頼し、それ以後の集りのテーマや参加の選択について、彼とよく相談するようになったためである。このため、今までの集りが宗教学に限定されていたのに対して、その内容はひろく、今日の言葉で言えば「人間学」ともいえる領域へと拡大され、その中には、東洋と西洋のみならず、自然学と人文科学、合理と非合理、心理学と宗教、などの対立を含みつつ、自由な討議のなかから調和を見出してゆこうとする画期的なこころみとなっていった。今日のはやりの学際研究のはしりとも言えるであろう。

最初のうち、フレーベ夫人とユングの間では見解が対立し、「争い」もあったらしい。一九三五年の集りの後で、ユングは夫人に翌年は、ハーバード大学で講義をしなくてはならないので、エラノスの方は欠席すると告げる(一九三六年、ユングはハーバード大学で講義、名誉博士号を贈られる)。暫く後に、フレーベ夫人は決心を固めて、ユングの自宅を訪問し、ユングが講義をできるかできないかはともかく、それ以後のエラノスの集いに力を注いでくれるか否かを尋ねた。このとき、彼女はユングの協力が得られぬと解ったときは、直ちにエラノスの集いを廃止する覚悟をしていたという。フレーベ夫人の決意を感じとったユングは、それ以後エラノスのために力を尽くすことを告げる。夫人は喜んで、それにしても、翌年にユングが講義をどうしてもできないものか、と言うと、彼は「もちろん、できますよ」と答えた。それにしても、ユングは、フレーベ夫人のエラノスの集いに対する熱意が、まったく私的なものを超えていることを感じとっていた。それは、いうなれば、古代ギリシャ——あるいはそれ以前――から存在しているエラノスの元型によって動かされているのであった。ユングは背後に作用する元型的なものを感じたとき、容易にその決心を変えたという。このようにして、ユングとフレーベ夫人は協力し合って、エラノスの集いを続けてゆくが、フレーベ夫人は後に、エラノスの集いは一九三三年より始まった、と言っていたという。ユングの参加によって、本来のものになったという意味であろう。

エラノスの集いによって、ユングは多くの分野を異にする一流の学者と意見をかわし、親しくなることができた。ツィンマーを先にあげたが、鈴木大拙、ミルチャ・エリアーデ、ハーバート・リード、ゲルショム・ショーレムなども参加しているし、一九四一年には神話学者のカール・ケレーニィが参加している。ケレーニィはユングと随分親しくなり、共著で『神話学入門』を一九四一年に出版している。ケレーニィは、その後ユング研究所でもたびたび講義し、筆者も留学中に彼の講義を聴講することができた。

ユングの弟子たちにとっては、ユングが会合のあいまに、テラスに坐って他の講師たちと会話をするのを聞くのが大変な楽しみであったらしい。確かに、そのような自由な対話こそ、エラノスにふさわしいものであったろう。ユングの弟子のなかでも傑出している、エーリッヒ・ノイマンがこれに参加し始めてからは、二人の間の対話は特に、弟子たちにとって興味深いものであったという。

エラノスの集いは、第二次大戦中や、戦後にも何とか継続することができた。これは、ユングがエラノスを純粋に「知」の祝祭として堅持し、政治的な意味を一切入りこませないようにしたことも、大きい原因となっている。第二次世界大戦中、ナチスがヨーロッパを支配しているときに、このような集いをもったことは、逆の意味で「政治的」効果をもったことであろう。事実、ユングはエラノスの後援を、プロ・ヘルヴェチア財団に依頼した手紙の中で、このような集いをもつことは精神的な国防の意味をもつと述べている。戦後になって、ヨーロッパ文化の復興に役立てる意図をもって、フレーベ夫人がジョン・フォスター・ダレスを演者として招こうとした際、ユングは「エラノスの聴衆は政治の話を聞きに来るのではない」、「もしそのようなことをしたいのだったら、エラノス以外でやればよい」と述べ、はっきりと反対している。

フレーベ夫人はユングに一年おくれて、一九六二年に死亡したが、エラノスは、スイスの有名な動物学者、アドルフ・ポルトマンによって、その後も主催され、今日まで継続して行われている。

ナチスとユダヤ人問題

ユングはナチスに加担したとか、従って、反ユダヤ主義であるとかいう非難は、以後に明らかにするように不当なものと思われるが、案外根強く残っているものである。[2] ナチスに追われたエーリッヒ・フロムも、はじめのうちはユングをそのように誤解していたのであろう、彼のユングに対する論調には感情的な反発が感じられたが、おそらく誤解であることを知ったのであろう、最近のものでは、ユングに対する批判が少なくなっている。

ユングがナチスに加担したとされる根拠は次のような事実によっている。一九三三年ナチスが権力を奪ったとき、「国際精神療法学会」の会長クレッチマーは、ヒットラーに反対して辞任した。ユングは名誉副会長をしていたが、この危急の事態に対処すべく、一同の要請に従って会長を引き受けた。この事実によって、特に悪く言う人は、ユングは自分の名誉のためにナチスに協力したかの如く主張するのだが、これは事実とまったく異なっている。当時のユングは既に欧米において高く評価され、年齢も六十歳に近く、いまさら、名誉欲によって会長になるような存在ではなかった。彼が会長を引き受けたのは、ナチスの暴威に対して、——そこに楽観がありすぎたともいえるが——何とか、精神療法という若い学問領域を守ることと、ナチスに迫害されている、ユダヤ人の医師たちを救うこと、をなしとげたいと思ったからである。

彼は精神療法の学会をあくまで、国際学会として、会長である自分のいるチューリッヒに本部を移し、できるかぎりナチスの力に抗しようと努めた。まず第一に彼のした仕事は、ドイツの学会を締め出されたドイツ系ユダヤ人の医師を、国際学会の会員として受け入れ、その身分を保証できるようにすることであった。そして、機関誌である『精神療法の中央誌』にユダヤ人の学者の論文をのせられるようにした。ところが、ドイツの学会の会長ゲーリング(ナチスの元帥ゲーリングの従兄)は、国際学会の分会としてのドイツの学会誌にのせるはずの、ナチスに対して忠誠を誓う内容をもったマニフェストを(おそらく故意にであろう)、ユングの知らぬ間に、国際学会の中央誌に掲載してしまったのである。このため、スイスの精神科医バーリーは新聞紙上で、ユングを烈しく非難した。ユングはすぐに反論を書き、自分は親ナチではなく、前述の二つの目的のために「全人格と名前を賭する」危険すらいとわなかったのだと述べている。

ユングは「バーリー博士に応える」文書の中で、「戦時下にあって敵陣の負傷者に援助を与える医師は、味方にとって裏切者とは決して見なされないだろう」と述べているが、実際に、彼は多くのドイツ系ユダヤ人の医師を助けたのである。

ユングが初期に連想検査に取り組んでいた頃の同僚で、ユングと共にフロイトから別れたフランツ・リックリンの息子フランツ・リックリン(父親と同名、筆者がユング研究所留学中の所長であった人)は当時三十歳、既に医者になっていたが、既にナチスに占拠されたオーストリア在住のユダヤ人を救出する目的で、多額の金をもって潜入した。[3] そのとき、父親のリックリンは、何と言ってもフロイトを救うようにと息子に指示を与えた。リックリンは誰が見ても解るチュートン系の顔つきで(彼はよくスイスの百姓さんと間違われると自らも言っていたが)、ユダヤ人と関係があるとは見えないだろうというので選ばれたという。彼は多くのユダヤ人を救うことができた。しかし、フロイトの場合は成功しなかった。

リックリンは子どもの頃、自分の親を訪ねてきたことのあるフロイトを覚えていた。彼は説得を試みたが、フロイトの答えは、「私は敵の恩義にあずかることはできない」というのであった。リックリンは、彼の父もユングもフロイトを敵視などしていない、ただ彼の安全をのみ願っている、それに、フロイトはスイスに逃れてきても、そこに留まる必要なく、どこへでも好きなところへ行ってくれるといい、と伝えた。フロイトはリックリンには親しみをこめて接し、彼がウィーンを去る前に夕食に招待さえしたが、援助を断る決意は変らなかった。リックリンの報告を受けて息子の成功を期待していた父親は残念がった。ユングも残念がったが、驚きはしなかった。彼は「フロイトは、どんなことがあっても私の援助を受けることはしないだろう」と言っていたという。ユングはフロイトの気性をよく知っていたのであろう。

一九三九年には、国際精神療法学会を乗っとろうとするドイツ人の動きがあまりにも強く、ユングはそれを阻止しようとしたが、ドイツにはイタリア、ハンガリー、日本などが加担して、ユングは抗し切れず、会長を辞任した。以上、簡単に述べてきたところから見ても、たとえ、一九三三—三四年のユングの行為を、ナチスに対して楽観的に過ぎた点などを批判するとしても、親ナチとか反ユダヤの刻印を押すことは不当であると言わねばならない。

戦後一九四六年にチャーチルがチューリッヒを公式訪問をしたが、そのレセプションにおいて、ユングはチャーチルの隣席に坐ることになった。これは、ユングに関する親ナチなどのデマに、チャーチルが全然まどわされていなかったことを示している。

親ナチでファシストでさえあった、哲学者のハイデッガーに対する非難が比較的早く消えたのに対して、ユングに対するデマの方が執拗に繰り返される事実の背後には、フロイトとユングの間のダイナミズムが存在しているという、ヤッフェの指摘は当を得たものと思われる。ユダヤ人にとっての「父」フロイトに対して裏切りをなしたと感じられるユングには、どうしても否定的な感情を向けたくなるのであろう。もっとも、現在では余程ためにする意図でもないかぎり、ユングを親ナチとか反ユダヤと考える人は無いと思われる。

宗教性

一九三六年にユングがハーバード大学より名誉博士号を受けたことは、既に述べたが、一九三三―四〇年頃は、彼は諸外国において講演を行なったり、あちこちの大学から博士号をおくられたりしている。それらの講演の中でも、内容が充実しており、今日その記録が残っているものとしては、一九三五年、ロンドンのタヴィストック・クリニックで行なったもの、および、一九三七年にエール大学の「テリー講座」で行なったものがある。タヴィストック・クリニックでは「分析心理学」について講義したが、必ずしも彼の学説に好意的とは限らぬ医者たちを、魅力ある語り口で、ぐいぐいと惹きつけていったという。彼の話に触発されて質問が相つぎ、ディスカッションの時間を、「もうあと一時間だけ」と制限しなくてはならぬほどであった。

エール大学の講義「心理学と宗教」も記念すべきものであった(これは一九四〇年仏訳が出版されたが、ナチスはすぐそれを発禁にし、ユングはゲシュタポのブラックリストにのせられることになった)。ユングが幼少時より宗教に関心を抱いていたことは、今までに述べてきたが、このエール大学での講義において、彼は自分が「宗教」ということをいかに考えるか、キリスト教およびその教義に対してどう考えるかなどについて、明確に語っている。三回にわたった講義は、回を追うにつれて聴衆が増加し、三千人を収容するホールで入場整理におおわらわとならねばならぬほどだったという。講義のあとで、ユングはある教授の家にお茶に呼ばれたとき、教授夫人が涙を流しているのに気づいた。驚いてわけを聞くと、夫人は、ユングの講義は難しく理解できなかったけれども、その語られる中に真実を感じとって泣いたのだと答えた。ユングはそのような「直接的理解」を喜んだ[4]。

ユングはテリー講義の冒頭に、宗教という言葉を彼がどのような意味で用いているかを述べている。彼は宗教のラテン語 religio が、慎重な顧慮ならびに観察という意味をもつことから、宗教とはルドルフ・オットーがその著書『聖なるもの』[5]において、「ヌミノース」と呼んだものを「慎重かつ良心的に観察すること」であると述べている。ルドルフ・オットーは宗教体験の本質を明らかにしようとし、その中核に合理的には説明し切れぬ直接体験が存在することを認め、それを神の意志ないし力を意味するヌーメン (numen) という語を用いて、ヌミノース (numinous) と呼んだ。これは自我の力を超えた圧倒感、抗し難い魅力、畏敬の感情を生ぜしめるものである。

ユングの言葉から解るように、ユングの言う宗教は何か特定の宗派を意味するものではない。いわば、すべての宗派に通ずる原体験とも言えるものを重視するのであるが、それを基にしてできて来た古今東西の宗教についても、彼は詳細な知識をもっていた。

既に述べたように、彼は伝統的なキリスト教の在り方に疑問を抱いていた。彼がまず惹きつけられたのはグノーシス主義であり、『自伝』によると、一九一八―二六年の間に、それを大いに研究したという。ここで、グノーシスについて少し述べておくと、これは近年に至るまでは、紀元一世紀より三世紀頃にわたって存在したキリスト教内の異端と見なされていた。しかし、近年の研究によって、グノーシスはキリスト教とは異なる他の宗教であり、キリスト教に対して大きい影響を与えたものであることが解ってきたものである。ユングがグノーシスに惹かれた大きい要因は、彼が正統的なキリスト教神話の中に適切な位置づけを見出せなかった、悪や肉の存在について、おさまりをつける神話を提供してくれる点にあった。

ユングはこのようにグノーシスに興味をもったが、当時は未だ資料が十分ではなく(実は一九四五年にエジプトでグノーシスに関する文献が大量に発見されるのだが)、彼の関心は錬金術へと移ってゆくのである。精神療法、宗教、それに錬金術などと話がすすんでゆくのを読者は非常に奇異に感じられるかも知れない。そこで、ユングが錬金術をどのように理解しているかについて、少し述べておこう。錬金術は、もちろん、卑金属から金を得る術として、多くのいかさまを混じえながら、昔から存在していた術である。ところが、ユングは古い錬金術の本を読んでいるうちに、卑金属を金に変える過程と、自己実現における人格変化の過程に、象徴的な類似性があることに気づいたのである。そして、そのような観点から錬金術書を読んでゆくと、それらの著者の中には、明らかに、それを化学の本としてではなく、人間の精神の変容を化学的な変化過程として、意図的に書いているのではないか、つまり、それを一種の宗教体験や、哲学の書として書いている、と思われるのさえあったのである。

彼は『自伝』の中で、「私は、まもなく、分析心理学がはなはだ珍しい方法で錬金術に符合することを見出した。錬金術師の経験は、ある意味では、私の経験であり、彼らの世界は私の世界であった。……錬金術との対比の可能性と、グノーシスにまでさかのぼる不断の知識の鎖は、私の心理学に骨子を与えた」と述べている。キリスト教はその「正統性」を確立する際に、それと相容れぬ思想は排除してしまった。しかし、錬金術のような

「隠れた」術の中に、それらは保存されていたのである。つまり、全体性の回復を目ざすユングにとって、キリスト教の影の部分をも棄てることなく、それを統合しようとする錬金術の変容の過程の中にこそ、彼の言う意味での「宗教性」を見出すことができたのである。

ユングの錬金術研究を助けたのは、彼の愛弟子のマリー＝ルイゼ・フォン・フランツであるが、それは次のような経過によるものであった。ユングは彼の見たいくつかの夢から、錬金術が彼にとって大きい意味をもつことを予感して、錬金術の本を買い集めていたが、最初の頃、どれを見ても馬鹿げたものに思え、長い間読まずにおいていた。フォン・フランツは十八歳のとき一度ユングに会い(そのときのエピソードは二五五頁に述べた)強烈な印象を受けていた。フォン・フランツはその後、ユングに分析を受けたいと希望していたが、経済的に不可能なので断念していた。一九三四年、彼女は大学に入学したばかりだったが、錬金術に関係する非常に印象的な夢を見たので、ユングに無理を言って会って貰い、その夢を告げた。ユングは自分はどうしても錬金術を研究しなくてはと思いつつ、ギリシャ語があまり読めないので困っていたのだ、と彼女に告げ、ユングのもっている錬金術の本(ラテン語やギリシャ語で書かれている)を彼女が読んで、象徴的な観点から見て興味のあることを要約してユングに報告するように、その代りに、彼女の分析を引き受けることにしようと言った。彼女は当時、古典を勉強していたが、ラテン語やギリシャ語のできることは、高校時代から有名であった。フォン・フランツは喜んでこの取引きに応じるが、その後、彼女は分析家となって後も、ユングの錬金術研究をずっと助けたのである。

ユングはテリー講義の中で、一人の男性の夢について、その宗教的な側面に注目して解釈している。これは、その後、この人の見た多くの夢と共にシリーズとして解釈され、一九四四年に出版された『心理学と錬金術』に収められている。この本によって、ユングは既に述べてきたような、彼の考える宗教性、および個性化の過程を象徴的に記するものとしての錬金術、について明らかにし、彼の仕事の本質を提示したのである。

病いと幻像(ヴィジョン)

一九四三年、ユングはバーゼル大学の教授となることを引き受けた。当時、彼は既に六十八歳であったが、それ相当の覚悟があったのであろう、かつて我が道を行くために棄てた大学人としての地位に再び戻ることになった。しかし、思いがけない病気によって、彼は結局のところ、バーゼル大学では講義をすることが無かった(6)。

一九四四年、彼は心筋梗塞につづいて、足の骨折という災難にあった。当時、ユングはよく散歩をしたのだが、雪に足をとられて骨折したのである。すぐに入院したが血栓症をおこし、危篤に陥った。彼はそのときに見た印象的な幻像(ヴィジョン)について、『自伝』の中に語っている。

彼は幻像の中で、宇宙の高みに登っていた。はるか下に地球が見え、「地球の球形はくっきりと浮かび、その輪郭はすばらしい青光に照らしだされて、銀色の光に輝いていた」。暫く宇宙空間にただよっていたユングは、自分の家ほどの石塊がただよっているのを見た。それは中がくり抜かれて礼拝堂のようになっており、彼はそこにはいっていった。彼はそのとき、すべてのもの、彼の目標としたもの、希望したもの、思考したものが自分から脱落してゆくのを感じた。そこに残されたものは、彼が経験し、行為し、彼のまわりで起こったことのすべてであった。「私は私自身の歴史の上になり立っているということを強く感じた。これこそが私なのだ。「私は存在したもの、成就したものの束である」と彼は感じた。

彼がまさに礼拝堂にはいろうとしたとき、彼は主治医のヘンメルリ＝シンドラー博士が下界の方からやってくるのを認めた。博士は地球から派遣されてきて、彼がこの世から立去ることに異議があるというメッセージを伝えた(これは無言のうちに以心伝心に行われた)。その途端に、幻像(ヴィジョン)は消え失せた。

ユングは礼拝堂の中の仲間に加わることができなかったのを残念に思ったが、もう一度生きようと決心する。彼は主治医シンドラーがあのようにまでして立ち現われたということで、逆に主治医の命が危いのではないかと気づかったが、それはもちろん主治医に通じるはずはなかった。しかし、一九四四年四月四日、ユングが入院以来はじめてベッドの端に腰掛けられた日、シンドラーは病床に臥し、敗血症のため不帰の人となった。

ユングはその後一九六一年まで生きながらえ、多くの仕事を成就する。彼の弟子で、ユングの死について筆者に語ってくれた人たちは、一九六一年のユングの死は彼らも静かに受け容れることができたが、一九四四年の大病のときは、どんなことがあっても生き抜いて欲しいと皆が心から願った、と述べた。ユングは弟子たちの願いに従って、この世に戻ってきたが、弟子たちは彼が何か到達し難い地点にまで達したという強い印象を受けたという。ユングはこの病気の体験によって明らかになったこととして、『自伝』に次のように記している。それは「公式的に表現すると、事物を在るがままに肯定するといえよう。つまり、主観によってさからうことなく、在るものを無条件に「その通り(イエス)」といえることである」。このような肯定の境地に達した彼は、七十歳を越えてから、老境にはいった人とも思えない、多くの意義深い著作を発表することになるのである。

注

(1) エラノスの集いに関しては、今まであげてきた伝記にも述べられている他、下記を参考にした。Jaffé, A., "C. G. Jung and the Eranos eonferences," Spring, 1977, Spring Publications.

(2) ユングとナチスとの関係においては、今までに詳細にわたる検討と論議がされている。ユングの秘書ヤッフェはユダヤ人なので、彼女の書いた評論がユダヤ人としても言うべきことを言っている感じがして、公正に思われる。Jaffé, A., From the Life and Works of C. G. Jung, Hodder and Stoughton, 1931, の第三章に、ユングとナチスのことが論じられているが、平田武靖氏によって、それがほとんどそのまま紹介されているので、興味のある方は下記を参照されたい。平田武靖「ユング心理学の系譜―ユング・ナチス・ユダヤ人―」、『is No. 1』ポーラ文化研究所、一九七八年。

(3) リックリンのオーストリア潜入の話はバーバラ・ハナによる。

(4) ベンネット、萩尾重樹訳『ユングの世界』川島書店、一九七三年。

(5) ルドルフ・オットー、山谷省吾訳『聖なるもの』岩波書店、一九六八年、参照。

(6) バーバラ・ハナによると、ユングは一度も講義はしなかったが、バーゼル大学教授の地位は死ぬまで続いていたという。

第十章　ユングにおける東洋と西洋

本章ではユングにおける東洋と西洋の問題について述べることにしよう。ユングにとって東洋の宗教や思想は大きい意味をもったし、それ故にこそユングの思想がわれわれ東洋人にとっても親しみ深いものと感じられるのである。

父性と母性

ユングの父は牧師であったが、キリスト教に対する疑問は、ユングの心の中に幼いときから生じていた。後にも述べるように、彼はキリスト教を否定するものではない。しかし、その当時に教えられていた教義にはどうしても疑問をもたざるを得なかったのである。このことはいろいろな角度から論じることができるであろうが、ここでは、父性と母性という観点から述べてみることにしよう。

ユダヤ＝キリスト教の神は父性的な神であると言われる。父性と母性の対立と相補性とは、人間にとって大きい問題であるが、われわれはこの両者を常に必要としつつも、生き方や考え方の上で、どちらか一方に重点をかけていることが多い。世界に存在する宗教も、大まかに言って、父性的な宗教と母性的な宗教に分けることができるであろう。父性的な機能と母性的な機能の特性は、「切断する」ことと「包含する」こととして示される。

父性による切断は、ものごとを分離し、区別する。天と地、善と悪、強と弱、などの分類が行われ、神との契約を守る「選ばれた民」が神に救われるのである。従って、人々は神に救われるためには、選民としての努力を払わねばならない。ここに父性的な宗教の厳しさがある。これに対して、母性的な宗教は、すべてを母の胸の中に包みこんでしまう。それは何ものをも包みこんでしまう暖かさをもつが、子どもが母なる世界から出てゆくことを許さぬ力をもっている。父性的な厳しさから生じてくる「個」というものを、母性的なものは許さない。

父性的な区別する力は、霊と肉とを分離する。霊の永遠性を信じるキリスト教においては、人間存在の霊的側面が高揚されるに従って、肉としての存在はおとしめられる。ユダヤ＝キリスト教文化の中で長年にわたっておとしめられていた「性」に対して注目したのはフロイトであった。西洋人の無意識の世界に関心をもつものとして、ユングがフロイトへと接近し、共に「性」の問題を探求しようとしたことは当然である。しかしながら、ユングはフロイトとの相違を痛感し、離別しなくてはならなくなる。両者の相違をここに問題点となっていることに関連して表現するならば、両者は共に西洋文化の深層に存在する性の重要性に気づきつつも、フロイトはそれをあくまで父性原理に基づいて解釈しようとしたのに対して、ユングはそこに母性原理を導入する必要性を主張したのである。フロイトは性の存在と重要性を認めつつも、父なる神ヤハウェを背後にもつ超自我の概念の導入によって、そこに厳しい苦悩をもたらす。ユングは母性原理によって、性を「受け容れ」ようとする。しかし、それは単なる受容ではなく、父性原理と母性原理との統合によって、そこに新しい変容が生じることが期待されるのである。

ユングが父性原理と母性原理の統合に苦しんだことの背景には、第六章に述べたトニー・ウォルフとの体験が存在していると推察される。ユングは一九一二年頃から一九一六年頃にわたって体験した凄まじい無意識との対決の時期に、同伴者あるいは先導者として、トニー・ウォルフという女性を必要としたのであった。厳格なプロテスタントの教育を受けてきたユングにとって、自分が夫人以外の女性を愛していること――霊肉両方のレベルにおいて――を認めるのは、耐え難い苦しみであったことだろう。これは必然的に悪の問題へとつながってくる。もし神が最高善であるならば、その神の創造された世界にどうして悪が存在するのか。このこともユングにとって簡単に解決し得ない問題であった。キリスト教の教父たちは、古くからこの問題に対して、悪は「善の欠如」であるという考えによって切り抜けようとした。しかし、ユングはそのような論理的な説明には満足できず、自分の心の中に存在する悪の実感をいかに説明するかに苦悩したのである。

ユングは結局のところ、トニー・ウォルフに対する自分の愛を認めてゆくことになるが、それは母性原理の強い東洋の国において一人の男性が二人(またはそれ以上)の女性と関係をもつのとは根本的に異なっている。ユングは西洋の父性原理を否定することなく、そこに母性原理との統合をこころみようとしたのである。そして、その統合の完成のためには、ユングは新しい神話を必要としたのである。

自己

キリスト教の神話に満足できなかったユングは、まずグノーシスに心を惹かれたようである。この点については前章に述べたが、彼がグノーシスに注目した、もう一つの要因として、グノーシスにおける、人間の本来的自己と至高者の同質性の認識という点があげられる。つまり、人間存在の根底に本来的自己とも呼ぶべき本性があり、それが霊的な至高者と通ずるという考えである。これはここに述べるユングの「自己」の概念に極めて近接してくると思われる。

無意識との対決を経験し、それが収束されてゆくときに、ユングの無意識界から曼荼羅図形が生じてきて、それによって彼は心の統合性を回復するが、このことについても既に第七章に述べたところである。曼荼羅はもともと東洋のものである。これを知ることによって、ユングの心理学は一段と飛躍するのであるが、東洋の知恵がいかにして彼のものとなったかを次に述べることにしよう。ユングは既に述べたように、曼荼羅という言葉も図形も知ることなく、そのような図形を、ただ無意識のはたらくままに描いていたのであった。いろいろの曼荼羅図形を描いているうちに、中心に黄金の城のある、何となく中国風な感じのする曼荼羅を描いた。すると間もなく、支那学の権威であるリヒャルト・ヴィルヘルムから、中国の道教の本である『太乙金華宗旨』の独訳本が届けられたのであった。ユングはその原稿を貪り読んだ。そこには、曼荼羅と、心の全体の中心としての自己という考えについて確証を与えてくれるような事実が述べられていたのである。それは一九二八年のことであった。

ユングが最初に自ら曼荼羅図形を描いたのは一九一六年である。また、心の全体性という考えは彼の著作に早くから認められる考えである。人間の意識と無意識の相補性ということに彼は注目していたが、その全体としての心の中心である自己の存在という点に関しては、はっきりと明言することはなかった。このような考えをもち、彼の患者に接して得られる臨床体験からもそれに対する裏づけを得ながらも、彼はそれを公表することに逡巡していた。自分の考えているようなことを、誰も述べていないし、述べようとしないことに危惧の念を抱いていたのである。彼は全く孤独の中で十年間をすごしたのであった。そのようなとき、彼がヴィルヘルムから届けられた中国の本を見て驚喜したのは当然のことである。「これは私の孤独を破った最初のことがらであった。私は類似性に気づき始めた。私は何ものかと、そして誰かと関係を打ち立てることができるはずだ」と、彼は『自伝』に記している。

ユングは一九二八年にヴィルヘルムよりこの本を送られる以前から東洋には強い関心をもっていた。彼は一九二〇年頃より「易」に興味を持ち、それを実際に試みていた。彼はある夏に、ボーリンゲンにある彼の別荘で、百年の樹齢を数える梨の木の下に坐り込み、筮竹の代りにチューリッヒ湖に生える葦を切りとったものを用いて、何時間もあれこれと易をおいてみたという。易の結果はユングを驚かした。彼はそこに意味深い結果を見出したのである。易は意味深いものであったが、それは説明のつかない事実であった。ユングはそこに西洋の知性では説明不能な動かし難い事実が存在することを認めざるを得なかった。

われわれ人間の意識の中心には自我が存在する。自我は――特に西洋人のそれは――先に述べた父性原理によって武装されている。自我は物事を分類し、因果的な連関をそれらの間に見出し、論理的に整合性をもった知識体系をつくりあげる。ユングはそのような自我存在の重要性を認めつつ、なお、それを超えた心の全体の中心として自己をその上位に据えようとしたのである。自己のはたらきは自我によって簡単には把握し難い。東洋に存在する易学は、むしろ自我のはたらきよりも、自己のはたらきを捉えるために発達したものと考えられるのではないか、とユングは思ったのである。東洋の目は自我よりも自己の方に向けられている。

リヒャルト・ヴィルヘルム

ユングの東洋に向かっての関心の窓口のようにもなったリヒャルト・ヴィルヘルムについて述べることは、東洋と西洋の問題を考える上において示唆深いものがあると思われる。ヴィルヘルムは青年期にキリスト教伝道のために中国に渡る。彼は中国の思想や宗教に対して偏見なく耳を傾けた。ユングは彼について「中国の知的財宝をヨーロッパに近づきやすくさせることを可能にした感情移入という奇跡を成し遂げる天賦の才をもっていた」

と述べている。彼はユングに「私は、ただ一人の中国人も洗礼しなかったということを、大いに満足に思っているのです」と語ったという。ヴィルヘルムは中国の文化の影響を受けたなどというよりも、まったくそれに同化されてしまったというべきであろう。

ユングがヴィルヘルムにはじめて会ったのは一九二〇年の初期であった。ユングはカイザーリンク伯が主催している「叡知の学徒」の会合がダルムシュタットで行われたときに出席し、そこでヴィルヘルムに会ったのである。ヴィルヘルムは書き方や喋り方から、外面的な態度もまったく中国人のように見えたという。ユングはすぐに彼に惹きつけられ、一九二二年(一九二三年という説もある)には、ユング派の人たちの集りであるチューリッヒの心理学クラブにおいて、彼に「易」に関する講演をするように依頼している。

ヴィルヘルムはそのうち、フランクフルト・アム・マインの中国研究所の所員となった。ユングは、ヴィルヘルムがヨーロッパに再住するようになってから、今まで背後に沈んでいたヨーロッパ的な見方や考え方が、着実に前面へと押し出されてくるのを感じとった。つまり、彼が中国にまったく同化されても、キリスト教的なものは消滅せずに留保されており、それが再現してきたのである。これについて、ユングは次のように述べている。

「この、過去への逆戻りは幾らか無反省であり、従って危険なように私には思えた。それを私は西洋への再同化と見た。そして、その結果として、ヴィルヘルムが自分自身と相いれないようになるに違いないと思った。……私の推察どおり、キリスト教的態度が最初中国の影響力に屈していたとするならば、今その逆が起こりうるのではないか、すなわち、西洋的要素が再び東洋的要素の上に支配権を獲得するだろう。もし、このような経過が、それに対処しようとする強い意識的な意向なしに行われるならば、無意識的な葛藤は身体の健康状態に重大な影響を及ぼすことがありうる。」

ユングはヴィルヘルムにとっての危険を感じとったので率直な忠告を与える。これに対してヴィルヘルムは「あなたのおっしゃるとおりだと思います。ここでは何かが私を圧倒するのです。しかし、いったいどうしたらいいのでしょう」と答える。彼はなすすべを知らなかった。一九二九年には両者は『黄金の華の秘密』という共著を出版する。前述の『太乙金華宗旨』のヴィルヘルムの独訳に、ユングがコメントを付したもので、この書において彼は初めて、彼の心理学の中心概念である自己について述べ、彼自身のものも含む曼荼羅図形を発表したのであった。

ユングはさらに国際精神療法学会で、一九三〇年に、ヴィルヘルムに講演をして貰うように取りはからう。中国の深遠な思想に対して頑固に窓を開こうとしない神学者や哲学者に比して心理療法家の方が柔軟な心をもって対するのではないかと彼は期待したのである。しかしながら、ヴィルヘルムは中国で罹病したアメーバ赤痢が再発し、若くして世を去ってしまうのである。

ヴィルヘルムの死の二、三週間前に、ユングは寝入ろうとするときに幻像（ヴィジョン）によって目を覚まされる。彼のベッドのそばに中国人が立ち、深くおじぎをし、何かをユングに伝えたいようであった。その幻像（ヴィジョン）は異常なまでに鮮かで、その男の顔のしわの一本一本までが見えたという。ユングはその中国の男が何を伝えに来たかが解った。それはヴィルヘルムの死の報せであったのだ。

ヴィルヘルムは結局のところ、東洋と西洋との対決を凄まじいばかりに体験し、その中で命を失っていったとみることができる。ユングの忠告も結局は受け容れられず悲劇に至ったのであるが、これについてユングは次のように言っている。「ゲーテが、ファウストの中で言っているように、〝踏まれていない、踏み込むことのできない〟世界がある。その領域は力ずくで入り込むことはできないし、また、入り込むべきではない。運命、それは人の介入を許さないであろう。」

この言葉を、たとえばユングの影の部分にのみ目を向けたような伝記を書いたシュテルン[1]は「冷たい」として非難している。しかし、わが国にも、『カラハリの失われた世界』の著者としてなじみの深いロレンス・ヴァン・デル・ポストは、彼がはじめてユングに会って、自分が東洋の影響を強く受けていると言った途端に、ユングは「ヴィルヘルムの著作を読んだことがあるか」と問い、ヴィルヘルムのことを語ったが、その言葉の調子に何とも言えぬ優しさがこもっているのに印象づけられたと述べている。ヴィルヘルムの死について語るとき、そこには冷たいとか暖かいなどという次元を超えた「踏み込むことのできない」世界の存在を感じさせられる。

東洋と西洋

ヴィルヘルムのことを少し長く書きすぎたようであるが、このことは東洋と西洋の問題、ユングと東洋とのかかわりを考える上において、欠くことのできない事象であると思われる。ヴィルヘルムの例が示しているように、異文化による単なる同化作用がどれほど恐ろしいかを、ユングはよくよく知っていた。ユングは後にも示すように、東洋の思想や文化に対して比類のない理解を示すが、それもあくまで西洋人としてのアイデンティティを失わず、西洋人として東洋との葛藤をいかに意識的に生きるかを本領としたのである。単なる同化は、葛藤を無意識の領域に追いやり、それは命を奪うほどのものにさえなる。

ユングは先に述べたように一九二九年に、『黄金の華の秘密』を出版するが、一九三九年には、鈴木大拙の『禅仏教入門』に序文をのせ、禅に対する理解と関心を示している。彼は西洋人として、禅の「悟り」とは何かを本当に知ることはできないが、それはユングの用語を用いるならば、自我意識の自己に対する突然の開けの体験と言えるのではないかという、注目すべき意見を述べている。ユングは鈴木大拙との親交によって禅への関心をもち続けた。晩年になって死も近くなったとき、愛弟子のフォン・フランツ女史から借り受けた中国の禅の本を読み、ユングは自分もこれと同じようなことを書いたかも知れないと言ったという。

ヴィルヘルムが独訳した『易経』の英訳本が一九五〇年に出版されるが、これの序文としてユングの書いたものも非常に興味深い。そもそも中国の古い書物を今頃になって西洋に紹介することは意味があるのかどうかということについて、ユングが自ら易を立て、それを解釈しているのである。その点については原著にゆずるとして、ユングはこの序文の中で、中国人のように知的な、文化的にも高い国民がどうして「科学」を発達させなかったのかという疑問を提出している。そして、これに答えて、西洋人は分類したり選択したり個別化したりするのが得意であったのに対して、中国人はどのようなことも、無意味とさえ見える些細なことも逃さず、全体として事象を捉えようとしたのであると述べている。後者のような態度は、偶然を偶然として棄て去ることなく、それはそれとして意味あるものとして受け容れる態度につながり、そこに、ユングの強調する、非因果的連関の原理としての共時性ということが浮かびあがってくる。

西洋の科学では理解し難い「易」が意味をもつのも、共時性の原理によるからである。それは因果的には説明不能であるが、意味のある偶然の一致が生じるのである。最初に述べた父性原理と母性原理の対立を想起していただきたい。母性原理に基づく思考は、すべてのものを取捨選択することなく、全体として受け容れるのである。そこでは、非因果的な連関が注目されはするが、分類を基礎とする自然科学は発達して来ないのである。一九五一年、ユングはエラノスの集いにおける彼の最後の講義として、共時性の問題を論じている。それは翌年、論文として発表されたが、その中で彼は、共時性の概念をもった先駆者として老子の名をあげると共に、易経についても言及している。このように東洋の思想からユングの受けた影響は測り知れぬものがあると言うことができる。

このように東洋に対する開かれた態度をとりつつも、ユングがあくまで西洋人として、その立場を失わないように留意したことは、彼自身も何度も著書の中で強調しているが、われわれも忘れないようにしたい。彼は西洋人が自分の立場も忘れて、猿真似で禅やヨガに夢中になることに対しては苦い批判を常に加えている。

ユングは一九三八年にイギリス政府からの招きを受けて、カルカッタ大学の記念祭に出席するために、インドに旅をする。この旅行はまた多くのことをユングにもたらしたが、特に悪の問題について彼は次のように述べている。「インド人の精神性には善も悪も等しく含まれていると私には思えた。キリスト教徒は善を求めて努力し、悪に捉われてしまう。これに反してインド人は自分自身が善悪の彼岸にいると感じており、黙想とかヨガによってこの状態に到達しようと試みるのである。この点に私は異議があった。つまり、このような態度では善も悪も本来の明らかな輪郭をもたず、ある停頓状態をひき起こすのではないかということである。」このことは、東洋と西洋の間に存在する永遠の問題であるようにも思われる。ユングは西洋人の立場からこのように述べているのであるが、日本人としてはこれをどう受けとめるべきであろうか。ユングが西洋人の東洋に対する猿真似を批判しているのを読むと、日本人の西洋文化の取り入れ方を非難されているようにさえ感じさせられるのである。東洋と西洋の問題は現代人にとって真に大きく、避けることのできぬものであると言わねばならない。

注

(1) Stern, P., C. G. Jung Prophet des Unbewussten, Piper & Co. Verlag, 1977. これはユングの影の側面を拡大して見せてくれるような特異な本である。

第十一章　晩　年

ユング研究所

一九四四年の大患からユングは回復し、一九四五年には世界大戦も終結した。この年に彼は七十歳の誕生日を迎えたのであるが、その後の彼の生活は、悠々自適などというイメージとははるかに異なるものであった。第九章の終りに示したように、彼は「偉大なる肯定」に達していた。しかし、それは彼にとって新たな創造へと向かわせるものでもあった。「病後、私にとって仕事上で実りの豊かな時期がはじまった」と彼は『自伝』に記している。「私の主要な著作の多くは、この時期にはじめて書かれた。私のもちえた洞察、あるいは万物の終末についての直観が、新しい公式を採用する勇気を与えてくれた。もはや私は、自分自身の意見を貫きとおそうとしなくなり、思考の流れにまかせた。このようにして問題の方が私の前に現われてきては、形をなしていった。」彼の晩年の仕事については、次節に述べることにするが、その主要な著作のほとんどが七十歳以後に書かれたとは、驚嘆に値することと思われる。

一九四五年のユングの七十歳の誕生日の贈物として、ユング研究所を設立しようとする動きがあった。(1) 主唱者は弟子のヨランド・ヤコビーで、ユングに知らさずに準備をして、誕生日に彼を驚かそうというのである。これは、いかにも彼女らしい思いつきである。というのも、ユングの弟子のなかで、彼女がもっとも外向型の人間だからである。当時、心理学クラブの会長をしていたトニー・ウォルフと、ユング夫人は、ユングの気持をよく知るものとして、ヤコビーを説得し、彼女の企画を思いとどまらせた。後でこのことを知ったユングは、トニー・ウォルフとユング夫人に感謝したという。彼はユング研究所をつくることに反対だったのである。ユングは、「個性化」ということを強調するように、個々人は自らの個性化の道を歩むべきであると考えていたので、研究所ができたりして、ユングの心理学が画一化されたり、マス・プロ化されることを極端に嫌っていたのである。

ところが、一方ではユング心理学を学ぶために、チューリッヒに集ってくる人の数は段々と増加してきたので、心理学クラブのセミナーなどでは、まかない切れなくなった。それに、ユングは老齢のため、以前ほど講義しなくなったこともあって、何らかの打開策を必要とした。心理学クラブの会長は、トニー・ウォルフからC・A・マイヤーへと代っていたが、マイヤーとウォルフは相談して、いろいろな講義をアレンジするための事務局を設けようとした。しかし、なかなか相談がまとまらず、委員会をもう一度開くことになった。二度目の委員会で、皆がまったく驚いたことには、ユング自身がユング研究所設立の案を提出したのである。ユングの突然の「変心」について、彼は当時の状勢から判断して、早晩似たようなものをつくらねばならぬことは明らかで、自分が死んだら葬式を出すまでに、ユング研究所の設立が準備されることになろう、それだったら、自分の存命中に自分の意見もいれて設立したい、と言ったという。

かくて、一九四八年にユング研究所は設立された。初代の所長はユングがなり、委員会のメンバーは彼が名前を推せんし、それについての可否を心理学クラブのメンバーに投票させた。彼らが先ず驚いたことに、委員会のメンバーに、トニー・ウォルフがあげられていなかった。ユングは彼女が超内向型の人間として、委員会の雑事などに追われることなく、もっと創造的な活動をして欲しいと願っていたのである。ユングは彼女が分析家になることさえ、同様の理由で反対していたことは既に述べた。彼女の講義は素晴らしいものであったらしいが、残念ながら、本格的な著作を残すことなく、彼女はユングに先立って、一九五三年に死亡した。ところで、委員のメンバーに、ヨランド・ヤコビーの名があがっていることにも、人々は驚いた。あまりにも外向型の彼女は評判がよくなかった。投票の結果、彼女は可とされなかった。ユングはわざわざ彼女を委員とする理由を説明し、再度の投票を乞い、やっとのことで、ヤコビーは委員となった。筆者の聞いた風聞によれば、ユングは、すべての委員会はその影をもつべきで、ヤコビーは委員会の影としての役割を果たすであろう、と言い、マイヤーは、われわれは各自がそれぞれの影を十分にもっているので、その上に特別の影を背負いこむ必要はない、と抗弁したそうである。

ユングはすぐに会長をマイヤーに譲り、自分はあまり研究所の運営に立ちいらなかった。彼が意見を述べたのは二度だけだったという。つまり、研究所において訓練を受ける人たちが、事例研究に比して、神話や昔話などに関する講義が多すぎること、試験が多すぎること、について抗議したとき、そのどちらも分析家になるためには必要なことであることを強調したという。

ユング研究所は、心理学クラブの二階を借りて設立された。これは、ユング派の分析家になるものの訓練の場として、また、深層心理学の研究の場としての機能を果たし、現在も活動を続けている。全世界から集ってくる人の数が急増したため、今のところでは狭すぎるので、近く広い所に移転するとのことである。

既に述べたように、ユングの主要な著作のほとんどが、七十歳以後に出版された。すなわち、一九四六年『転移の心理学』、一九五一年『アイオーン』、一九五二年、物理学者パウリとの共著『自然の解明と心』(邦訳名『自然現象と心の構造』)、一九五五年、『結合の神秘』第一巻、一九五六年、『結合の神秘』第二巻、一九五八年、『現代の神話――空飛ぶ円盤』、それに彼の死後出版された『自伝』と、『人間と象徴』である。この他、それまでに書かれた論文をまとめたものも出版されている。ユングは七十歳以後、著述に専念するために、新しい患者をとらず、患者との面接回数を極端に少なくした。といっても、大体一日に四人会っていたというのだから、そのエネルギーには驚く外はない。晩年と言っても、壮年にまがう仕事を成し遂げているのである。

ユングが晩年になって、ロレンス・ヴァン・デル・ポストと知合ったことは、両者にとって大きい意義をもつものと思われる。(2) ヴァン・デル・ポスト夫人は彼女の母親がユングの秘書をしていたバインス(三一一頁参照)の友人であったこともあって、早くからユングの考えに親しんでおり、トニー・ウォルフとマイヤーに分析を受けた。彼女はヴァン・デル・ポストをユングに会わせようとしたが、彼はフロイトを読んでその説に好感がもてず、フロイトもユングもそれほどの差がないことと思っていたので、あまり会いたがらなかった。一九四九年の頃、ヴァン・デル・ポストは、あるパーティでユングの隣席に坐ることになった。彼はすぐにユングに惹きつけられた。ユングの笑い方が彼の心を打った。彼はそれを「笑いの衝動と笑いそのものの間に何らの抑止のない」ものであったと記している。これほどの自然の笑いは、彼のこよなく愛したブッシュマンのみが発しうるものであった。ユングも彼に心を惹かれたのだろう。パーティから立去るとき、彼を自宅に誘い、五時間にもわたって話しこんだ。

話題はアフリカであった。「アフリカの心」に深く魅せられた二人の人間は、あたかもアフリカにいるような気持になって長時間の間話合ったのである。両者共に、他人にはなかなか解って貰うことのできぬ「アフリカの心」を、相手が把握していることを知り、喜んだのである。ユングは自分の世界を他人が理解してくれぬ孤独と苦しみを、いやというほど味わった人である。しかし、彼の弟子というのではなく、他の領域において偉大な業績をあげている、ヴィルヘルムや、ケレーニィ、それに、このヴァン・デル・ポストなどの知己を得たことは、大きい幸福であったことだろう。ユングとヴァン・デル・ポストとの交友はユングの死ぬまで続けられた。

ユングが七十歳以後に出版した著作の中で、『結合の神秘』こそは、彼の仕事の集大成といってよいものであった。彼は『自伝』の中で、『結合の神秘』において、私の心理学は遂に現実の中にその場を得、その歴史的基礎を確立した。かくて、私の務めは完了し、仕事はなされた。……私は科学的な理解の限界に到達したのだ」と述べている。彼がこの研究に着手したのは、一九四一年であり、それ以後、フォン・フランツの援助を受けて、仕事を継続してきたのである。これは、三巻に分けて出版され、第三巻は、フォン・フランツの著となっている。一九四四年のユングの大患の時には、第一巻はほとんどできあがっていたとのことであるが、病いが癒えるときに、ユングは深い「結合」の体験をもった。前章に述べたように、ユングは主治医の「助け」によって、この世へ戻ってくるが、その後の数週間は、眠っている間に不思議な恍惚状態になるのであった。彼はユダヤのカバラの神秘的な結婚式が行われるのを見た。「見た」というよりは、彼はその結婚式で自分がどんな役割を果たしているのか、はっきりしなかった。そして、「結局、結婚式が私自身であった。私が結婚式であった。私の至福は歓喜に満ちた婚姻の至福であった」と結論する。

ユングは続いて、エルサレムにおける「小羊の結婚式」をも経験する。それは「筆舌に尽くしがたい、歓喜の状態であった」。このような「結合の神秘」の体験について、彼は次のようにも語っている。「われわれは「永遠」という言葉を使うのにためらいを感じるが、私にとってこの経験は、現在、過去、未来が一つであるような、無時間状態の恍惚(エクスタシー)としかいいようがない。時間のなかで生起したものがすべて、その状態では具体的な全体性へと集中して一つに統合される。」

このような体験を踏まえて、彼の『結合の神秘』が完成されたのであるが、彼自身「かくて、私の務めは完了した」とまで述べている。「結合」とは、彼にとってどのような意味をもっているのだろうか。それは、一九四四年に出版された、『心理学と錬金術』に始まり、『転移の心理学』、『アイオーン』、『ヨブへの答え』を経て、ここに至る流れの中の共通のテーマなのである。それは簡単に言ってしまえば、西欧におけるプロテスタンティズムの徹底によって近代社会が出来あがってくるときに、切り棄てられてしまったものと、いかにして再び「結合」をはかるかというテーマである。そのために苦闘するなかで、その「切り棄てられたもの」が錬金術の中に生かされ、錬金術師たちこそ、その結合の道を求めての求道者たちであったことに、ユングは気づいたのである。それでは、そこに結合を求められているものは何か。それは善に対する悪、霊に対する肉、ロゴスに対するエロス、男に対する女である。ユングは、正統的なキリスト教の三位一体説、父と子と聖霊の三位に対して、「第四のもの」(つまり、悪、肉、女によって表わされるもの)をつけ加えることによってこそ、全体性へと至ることができると主張する。もちろん、この全体性は危険と逆説に満ちている。それは決して明確なものでもない。不確実さと危険性と逆説の中に、「結合の神秘」すなわち、個性化の頂点が存在しているのである。

個性化の道は、このようにして一種の秘教的な性質をもつ。それは求められたものにのみ示すべきことであって、一般に説かれるべきものではないと考えられる。しかし、ここにも不思議な逆説が存在するのだ。ユングは自分の考えが一般化され、通俗化されることを好まなかった。同様の趣旨で、ユング研究所設立に対しても、相当な葛藤があったことは既に述べた。

ところで、ユングは一九五九年に、これも相当な説得を受けた後に、テレビに出たのである。これは大成功を収めたのであるが、それを見ていたアルダス出版社のフォジスは、何とかユングの考えを一般大衆にも解りやすい形で示すようにしたいと思い、そのような本を出版するようにユングを説得しようとした。ユングの答えは「ノー」であった。ところで、その後、ユングは次のような夢を見た。「彼は自分の書斎に坐って世界から訪れてくる偉い医者や心理学者に話しかけるかわりに、公共の場所に立って多くの人たちに演説をしていた。そして、彼らはユングのいうことを熱中して聞き、それを理解するのだった。」事実、彼はテレビに出たためもあって、一般の人々から手紙で質問を受けたり、感想を貰ったりしたが、それらの専門家でない人々が、彼の心理学を真の意味で「理解している」ことが多いのに、ユングは気づいたのである。そこで、彼は翻意して、フォジスの申出を受け、彼としては唯一の一般向の本である『人間と象徴』を、弟子たちと共に書くことにした。彼はこの本の最初の一章である「無意識の接近」を自ら書き下ろすが、完成したのは、彼が臨終の床につくわずか十日前であった。

常に自分の考えの大衆化を嫌ったユングが、最後になした仕事が、このようなものであったことは、個性化の過程に存在する逆説性を、つくづく感じさせる事実である。

死

ユングは『自伝』の終りの方に「死後の生命」という章を設けている。その中で、彼は「人は死後の生命の考えを形づくる上において、あるいは、それについての何らかのイメージを創り出す上において、……最善をつくしたということができるべきである。そのようなことをしたことがないのはたいへんな損失である。……(それは)われわれ個人の生活に、それを加えることによって全体性を与えようとする、豊かな秘密の生命なのである」と述べている。

彼はその章の中で、彼の母の死を知って夜行列車で帰途についたときの不思議な体験を述べている。彼は列車の中で深い悲しみに沈んでいたが、心の底の底の方では、悲しむことができなかった。それは、不思議なことに、汽車に乗っている間じゅう、まるで結婚式でも行われているようなダンス音楽や、笑いや、陽気な話声を聞きつづけていたからである。深い悲しみと、心の底にかなでられる陽気な音楽とに、彼は心をゆさぶり続けられた。これはつまり、死というもののもつパラドックスのせいであると彼は考えた。

「死とは実際、残忍性のおそろしい魂である。そうでないように見せかけようとしても無意味である。それは身体的に残忍なことであるのみならず、心にとっても、より残忍なできごとである。一人の人間がわれわれから引きさかれてゆき、残されたものは死の冷たい静寂である。そこには、もはや関係への何らの希望も存在しない。すべての橋は一撃のもとに砕かれてしまったのだから」と彼は言う。これに続いて、「しかしながら、他の観点からすれば、死は喜ばしいこととして見なされる。永遠性の光のもとにおいては、死は結婚であり、結合の神秘である。魂は失われた半分を得、全体性を達成するかのように思われる」と述べ、彼は死の逆説性を明らかにしているのである。

一九五五年、ユングの妻、エンマが死亡した。これは彼にとって最大の悲しみであった。彼は親しい人に、自分は死を相当に受け容れているつもりだったが、最愛の妻に死なれて、死の残酷さというものをつくづく思い知らされた感じがすると語ったという。既に述べたルース・ベイリー(三一七頁参照)とユングの家族とは、その後ずっと親しく交際していたが、彼女はユング夫妻に、どちらかが一人になられたら、私があとを見てあげましょう、と約束していた。彼女は約束に従ってかけつけ、死の床のユング夫人に対して、ユングの世話をすることを告げ、安心させたという。実際、ユングの身辺の世話は彼女がすることになり、ユングの死を見守ることになる。

妻の死の悲しみにも耐え、既に述べたように、ユングはその後も相当な仕事をした。死の寸前に、『人間と象徴』の原稿を完成したことは既に述べた。一九六〇年、彼は八十五歳の誕生日を祝い、彼の住んでいる町キュスナハトの名誉市民となった。しかし、既にこの年には、彼の健康がすぐれず、彼は、フォン・フランツと、バーバラ・ハナに次のような夢を見たと告げた。

「彼は「もう一つのボーリンゲン」が光を浴びて輝いているのを見た。そして、ある声が、それは完成され、住む準備がなされたことを告げた。そして、遠く下の方にクズリ(いたちの一種)の母親が子どもに小川にとびこんで泳ぐことを教えていた。」

これは明らかに死の夢であった。「あちら」のボーリンゲンは新しい住人への準備を完了したのである。ユングも、もちろん死の覚悟をきめているようであったが、その後また、少し健康は回復した。翌年になると、さしも頑健であった彼の身体も、めっきりと弱っていった。しかし、死の一週間前までは、少し書きものもしていた。そして、「私が死んでゆくのを皆は知っているか」と気にしていたという。これは、一九四四年の大患の時に、スイス人というのは家族の病気を他人に知らさない習慣が強く、ユングの家族が弟子たちにユングの病気について何も知らさなかったので、デマがとんだりして迷惑をかけていたことを覚えていて、今度は弟子たちに知らしてあるかを気にしたのである。

一九六一年六月六日、彼は静かに息をひきとった。ちょうどその頃、アフリカよりの船の旅をしていたロレンス・ヴァン・デル・ポストは、船室で半睡の状態の中で、思いがけない幻像(ヴィジョン)をみた。彼は雪をいただいてそびえ立つ山々に囲まれた谷間にいた。突然、マッターホルンのような山の頂きに、太陽の光に照らされ、ユングが現われた。彼はちょっとそこに立ち止まり、ヴァン・デル・ポストの方に手を振って、「そのうちにお目にかかりましょう」と言い、山陰に消え去っていった。ヴァン・デル・ポストはこの幻像(ヴィジョン)を見た後に眠りにおち、翌朝目覚めたとき、ボーイの運んできたニュースによって、前日にユングの死んだことを知ったという。

注

(1) 以後、研究所に関すること、ほとんど、バーバラ・ハナによる。
(2) ヴァン・デル・ポスト、との出会いのこと。van der Post, L., Jung and The Story of Our Time, The Hogarth Press, 1976.

第十二章　エピローグ
——ユングの死をめぐって

ユングの死とフロイトの死

今まで述べてきた点から了解されるように、ユングの心理学を学ぶ人たちが、ユングその人に強い関心をもち、果てはユングの生き方を自己実現のモデルとして受け取り、ユングをわれわれに生き方を示してくれる偉大なる賢者と感じ始めたとしても、あながち無理ないことと感じられる。私がユング心理学に魅せられたのは、一九五九年にアメリカに留学したときのことで、それは私の師事したクロッパー博士がユング派の分析家であったということからであり、私自身はもちろんユングその人には会っていなかった。クロッパー博士の紹介によって私はユング心理学を知るようになり、また、彼の弟子でユング派の分析家であるシュピーゲルマン博士の分析を受けるようになった。そして、結局は彼らの推せんによってユング研究所に留学できることになり、一九六一年二月に一時帰国し、一年間の準備期間をおいて一九六二年の春にスイスに留学することになった。ところが、一九六一年六月にユングは亡くなったのである。

シュピーゲルマン博士からは、すぐにユングの死を伝える手紙をいただいたが、それは偉大な人を失った深い悲しみを伝えながらも、ユングの死が多くの人にとっていかに感動的であったかをも語っていた。ユングは死の二、三週間前より自分の死を予期しており、極めて静かに死んでいった。彼の死後、一、二時間後に凄まじい雷鳴が轟き、彼がその下によく坐していた高いポプラの木に落雷し、それを引き裂いたという。このようなユングの死の様相は、彼の弟子たちの期待にかなうものであったということができるであろう。私はこのような話を知って、すぐにフロイトの死を想起した。彼の死もまた極めて感動的である。彼の死については、アーネスト・ジョーンズによる『フロイトの生涯』[1]に詳しく述べられている。フロイトは癌で死んだのであるが、彼はもちろん自分の病名を知っていたし、その苦痛に耐え、苦情や苛立ちをまったく示さなかった。しかも彼は鎮痛剤をとることを嫌い、人力のおよぶぎりぎりまで、この恐ろしい病いと闘った。最後になって彼は医者に対して、自分が耐えられなくなったときは助けてくれるという以前からの約束を実行してくれるようにと言った。医者が鎮痛剤を与えることを約束すると、フロイトはこのことを娘のアンナに伝えるようにと言った。フロイトのように衰弱がはげしく、しかも彼のように阿片剤に無縁の人にとって、僅かな薬でも十分の効果があった。彼は安らかな眠りに入り、次の日に死んだ。これらのことについて、アーネスト・ジョーンズは「感傷も自己への憐みもなく、ただ、事実のみがあった」と述べ、「フロイトは、生きるにも、死ぬにも同じ態度——現実主義者であった」と結んでいる。

フロイトの死の事実を知ったとき、私は強い感銘を受けたことを覚えている。それは、まさに西洋の科学者の死にふさわしいものであった。

これに対して、ユングの死もまた感銘深いものである。そして、両者の死に方の対比は、まるで二人の学説の対比をそのまま反映しているようにさえ感じられる。フロイトのそれを西洋の科学者の死にふさわしいと言ったが、ユングのそれは東洋の哲人の死とでも言いたくなるようなニュアンスをもっている。癌というおそろしい病いの苦痛に対して、自分の意志のおよぶかぎり耐え、それが不可能と知り、自ら鎮痛剤の投与を医者に命じてこの世を去ったフロイトに対して、ユングの死は自然のままに平静に生じ、自己実現の完結というイメージにぴったりとあてはまる感じを与える。

ある個人の生涯を問題とする場合、その人が「いかに生きたか」が大切であり、「いかに死んだか」はあまり重要でないかも知れない。その人の生き方によって、その人がどんな死に方をするか――たとえば病気の種類とか事故で死ぬとか――が決定されると思うほど、われわれは因果応報の理を簡単には信じ難い。しかし、なんといっても死はある個人にとっての重大な事柄であることに変りはない。それにユングは死について述べることがよくあり、たとえば、『自伝』のなかで、死についてどのように述べているかは、前章に既に記したとおりである。従って、ユングの心理学を学ぶものが、ユングの死を「結合の神秘」として受けとめたいと願うのも当然であろうし、私もどうしても、ユングが「いかに死んだか」に固執したくなるのである。

ところが、一九七五年に発行された『分析心理学雑誌』(Journal of Analytical Psychology) 二〇巻二号の記事を読んで驚いてしまった。これはユング生誕百年の記念号として出版され、ユングについての思い出などが多く記載されている。その中で、ロンドンにおける有名な分析家のミカエル・フォーダム博士がユングの最期について思いがけないことを書いているのである。

フォーダムはユングの死ぬ少し前にユングから彼の知人宛に来た手紙を見せて貰った。それは、自分の仕事は誰にも理解して貰えず、自分のしたことは誤りに満ちていたというようなことがふるえた筆蹟で書いてあった。フォーダムはこれはまったくユングらしくないことだと驚いて、ユングの見舞にかけつける。ユングの言うことは混乱していて、苦悩に満ちた感じであった。彼は早々に引きあげるが数日後にユングは死んだのであった。

「どうしてかくも偉大な人間がこのようにして終りを迎え得るのか。彼が自分の死をさえ決定し得るような一種のマハトマ(大聖人)であったというどのような幻想に対しても、これは決定的な一撃を与えるものだ。まったく逆に、彼は普通の人間が動脈硬化症で死ぬように死んでいったのだ……。」

これを読んで私は驚いたが、いろいろな想いが交錯するのを感じた。ユングの死について今まで私が聞いたことは、ユングの信奉者のつくりあげた「伝説」なのであろうか。フォーダムの言うことが事実であるならば、私自身としてもユングについて、ユング心理学についての自分の考えを少し再検討する必要があるのではないだろうか。それにしても、フォーダムの文章全体を通じて、――この箇所のみでなく――何か針を含んだような感じがすることも気になることであった。ひょっとすると、これは真実を伝えていないのかも知れない。

ユング研究所再訪

一九七六年四月末より一か月の間、私はヨーロッパに行く機会を与えられたので、十一年ぶりに懐かしいチューリッヒを再訪することになった。この再訪の目的は私がもう一度分析を受けることにあり、この間にユング研究所も訪ねたりして、いろいろ貴重な体験をすることができた。

チューリッヒに一か月滞在した間に、ユングの直接の弟子の人たちに会うことができて、その間にユングについてのいろいろな話を聞いたが、誰に対してもフォーダムの記事についてどう思うのかを尋ねてみた。私はどうしてもユングの死についての真相が知りたかったのである。多くの人の一致した意見は、フォーダムはユングに分析を受けた直接の弟子というのではないし、それほどユングを理解していない。それに彼の個人的感情としては少し敵意を含んだ書き方をするのも了解されるので、真相を知りたいのなら、ユングの最期をみとった人に聞くべきであろうということであった。この「個人的感情」については、フォーダム個人のことであるので、ここに書くことは止めておくが、それは確かに了解できることであった。

あるいはまた、ユングという人はあまりにも多面的な人で、誰しもユングについては自分の見える面しか見えなかった。それどころか、まったく真実でない投影さえ容易に生じるのだということを述べる人もあった。その一例として、ユングは禁酒主義者であると信じている人や、ユングはアル中であって講義のときにはいつも酒に酔って壇上にあがったという話を信じている人もあることなども教えてくれた。実際には、ユングは酒は飲んだが酔っぱらうなどということはなく、実に愉快に酒を飲む人であったらしい。

私はこれらの話を聞きながら、だんだんとフォーダムの記事が気にならなくなってきたのだが、それにしても本当のことを知りたいとは思っていた。そのうち、ユング研究所の講義に出席していると、十一年前にも聴講していた老婦人と一緒になった。彼女の方も私をよく覚えていてくれて、アパートに遊びに来ないかと誘ってくれた。この人はトマスさんと言って既に九十一歳であるが、未だ元気で、ユング研究所の講義を聞きにきたりしているのであった。ずっと昔にユングの分析を受け、それ以来ユング心理学に大きい関心をもち続けてきた人である。彼女が私をよんでくれたのは、彼女の宝ともいうべきユングに関するスクラップ・ブックを見せたいためのようであった。それはユングに関する新聞の記事や写真、時に彼女にあてられたユングの手紙などで、なかなか興味深いものであった。それらを見ているうちに、ユングの身の回りの世話をし、彼の死を見とったベイリー夫人からトマスさん宛にユングの死を報じた手紙があった。私は思いがけぬことに、喰い入るようにその文面を見た。そこには、ユングの去った悲しみを述べた後に、「彼の仕事は終り、全体性が完成され、彼があまりにも平和に死んでいったことを私は嬉しく思います……」という文があった。私はトマスさんにユングの死についての私の抱いていた疑問を述べ、ここで計らずも答がみつかって嬉しいと言った。彼女は自分はベイリーさんとは親しいので、この手紙の文面がまったく正しいことを保証できますよ、と言ってくれた。

完全性と全体性

ユングの死についての「真相」が解って、私もほっとしたのであるが、その間いろいろな人に会って話を聞いているうちに、ふたつのことに気がついた。そのひとつは、フォーダムの言っていることを誰一人正面から否定しようとはしなかったことであり、第二には、フォーダムの言っているような意味での「偉大なる大聖人」という感じをユングの直接の弟子たちは彼に対してもっていないらしいということであった。彼らはユングについて、その類比し難いほどの偉大さを語ってくれたが、彼の欠点についても自由に語ってくれた。それは「聖人」という感じではなく、頑固おやじのそれに近いような響さえあった。彼らがフォーダムの記事にそれほどこだわらないのは、ユングにそのような面があっても別に構わないと思っているからのようであった。第一、ユング派の有数の雑誌のユング生誕百年記念号に、このようなことが堂々と掲載されるということも、考えてみると面白いことだ。

これらのことを考えているうちに、私はユングのよく言う「人格の全体性」という点に思い至った。ユングは人間の心の光の部分のみではなく、影の部分をも含む全体としてこそ、その存在の意味があることを強調する。前章に引用した死についての彼の言葉にしても、死に対する明暗の両面について言及し、どちらか一方のみを強調することはしていない。しかし、われわれがそれを読むとき、ともすれば彼の言葉の光の面のみを見て、そのうちに光のみで影のないイメージがこの世に存在し得るものと考え始める。それは容易にユングに投影され、ユングが死についても何らの恐れを抱かない人のように思いこむのである。ユングの述べている全体性ということは、このようなことではなく、死に対する明るい面を知りつつもなおかつ死に対する恐れもなくならない、あくまでも両者は共存しつつそこにより高い統合性が生じてくるようなことなのではないだろうか。われわれはともすると影の部分を取り去ってしまったものを完全なものと思い、その完全性をひとつの理想とするのではないだろうか。

われわれが完全性を求めてそれをひとつの理想とするとき、それが実現不可能なものながらわれわれの行為を照らすひとつの灯の役割をしていることを知っている場合は、あまり問題でないかも知れない。しかし、それを到達可能な目標であると思い誤ると、その理想はわれわれを励ますよりはむしろ苦しめることの方が多いように思われる。われわれとしてはただ自分の至らなさを恥じるばかりで、ついには自己嫌悪や自己否定にまでおよんでしまう。

完全性は欠点を排除することによって達成されると考えられるが、全体性はむしろ欠点を受け容れることによって、そこに生じる統合を目標としようとする。この際、完全性は多くの人にとって共通の目標を提供するが、全体性の方は、ある個人がその影の部分を受け容れることによって達成されるものであるために、そこには各人の個性が強く関係してきて、万人共通の目標やモデルを与えてはくれない。ユングが個性化という言葉を用いるのもこのためである。このように考えてくると、ユングの生涯を単純に自己実現のモデルと考えること自体、ユングの考えからはずれているのではないかと思われる。しかも、ユングに完全なイメージを投影し、それをモデルと考えるならば、なおさらのことである。私のユングの死に対するこだわり方にも、このような傾向があったと今は反省している。各人が各人の影を受け容れつつ個性化の道を歩むといえば聞こえがよいが、それにしても、この世のどこかに完全な人が存在し、それに従ってゆくという考えを拒否することは淋しいことだ。われわれは依存への道が断たれた淋しさを味わう。思えば、個性化の過程がいかに孤独を強いるものであるかは、ユングがしばしば指摘しているところである。単純なモデルとしてのユングの否定こそ、本来的な意味でユングの考えに従うことになるものと思われる。

あれほどの偉大な仕事をなし遂げながら、なおかつ死に至るまで普通の人間でもあり得たところにユングの測り知れぬ偉大さがあると感じられるのである。

注

(1) アーネスト・L・ジョーンズ、竹友安彦他訳『フロイトの生涯』紀伊國屋書店、一九六四年。

解　題

■ユング心理学入門

スイスより帰国して二年後に、私の処女出版として一九六七年に発表した。自分が学んできたユング心理学について、それについて知る人がほとんど居ないと言ってもいい日本に紹介するので、できる限りわかりやすく、受けいれやすい形で述べることに苦心した。そのためには単なる「受け売り」にならないように、自分が体験的に自分のものとして感じることに頼り、できる限り自分の言葉で語るように努めた。その試みは成功したようで、発刊後四半世紀経った今も、広く読まれているのは嬉しいことである。

これは入門書であるが、本著作集の他の巻と重複する部分の多い、原著の、一、二、一〇、一一章は本巻では割愛することにした。一一章の「東洋と西洋の問題」は、当時としてこのような点を論じる人も少なく、あまり注目もされなかったが、貿易摩擦が問題視され、文化比較のことが一般の関心をひくようになって、その重要さが認められるようになった。そんな点で歴史的には意味があるが、内容的にはここに述べた論旨は後で拡大され発展させられて、それらは本著作集の他の巻に収録されているので、ここでは割愛することにした。

ユングの心理学は「序説」にも述べたように、体系化し難く、明確さを欠くところが多いが、入門書としてできるだけ筋がとおるように述べるように努力した。本書の「はしがき」に「この本のどの一章をとり出しても、それについて一冊の本を書くことができるほど」であると述べているが、まさにそのとおりで、これ以後、それぞれの問題点をふくらませて多くの書物を上梓してきたと言える。今、読み返してみると、自分も書いたことを忘れているが、その後の自分の考えの出発点となったようなことが、ちょいちょいと書いてあって、このあたりから既に考えていたのか、と我ながら何だか不思議に感じるようなところもある。

■ユングの生涯

ユングの心理学を知る上で、ユングの人となりについて知ることは必要不可欠と言ってもいいほどである。従って、『入門』とともに『ユングの生涯』が本著作集の第一巻に収録されるのは意義あることである。ここで、もうひとつ注目すべきことは、前者が一九六七年、後者が一九七八年の出版で、両者の間に十年の年月が経過していることである。この間に、わが国におけるユングに対する理解と受けいれが急速に進み、前者ではあまり触れられなかった、ユング心理学の深い部分について相当思い切って言及している。読者はその差を明確に感じられるであろう。これもやはり「入門」であるが、視座が深くなっていると言える。私自身としても、これを書いたあたりから私の分析治療も、以前より一段と深くなっていったと感じている。

何と言ってもユングの書いた『自伝』が凄いので、これも『自伝』に至る橋渡しという気持で書いたが、私なりに見聞したエピソードなどを適当に配して、興味をもって読めるように工夫したつもりである。

ユングは子ども時代からそのユニークな個性が明らかであり、成人するまでの時代も注目すべきことが多いが、やはり何と言っても、ユングの創造の病の体験と、その癒しの過程に生じてきた「マンダラ」体験のあたりが、本書で特に重要と感じて力を入れて書いたところである。ユングが無意識の深層へと降りてゆく伴侶として必要とした女性、トニー・ウォルフについて私が述べたのも、このときがはじめてである。

ユングの死についてあれこれと考え、一九七六年にユング研究所を再訪したときに、彼の死をみとったベイリー夫人の手紙を偶然に見ることができて感激したことは、今も忘れ難いことである。ユングの死との関連で最後に述べた「完全性と全体性」という点は、ユング心理学の理解のため、というよりは、自分自身の生き方を考える上で、今も大切と考えていることである。

初出一覧

序説　ユング心理学に学ぶ　　書下し。

Ⅰ

『ユング心理学入門』　　一九六七年十月、培風館刊。

Ⅱ

『ユングの生涯』　　一九七八年十月、第三文明社刊。

■岩波オンデマンドブックス■

河合隼雄著作集 1
ユング心理学入門

1994年 7月11日 第1刷発行
1997年 12月5日 第2刷発行
2015年 11月10日 オンデマンド版発行

著 者 河合隼雄（かわいはやお）

発行者 岡本 厚

発行所 株式会社 岩波書店
〒101-8002 東京都千代田区一ツ橋 2-5-5
電話案内 03-5210-4000
http://www.iwanami.co.jp/

印刷／製本・法令印刷

ISBN 978-4-00-730310-4 Printed in Japan